O que você está pensando?

Renove seus pensamentos e crie oportunidades

O que você está pensando?

Renove seus pensamentos e crie oportunidades

André Luiz Gomes Coelho

O que você está pensando?
Renove seus pensamentos e crie oportunidades
André Luiz Gomes Coelho

Copyright @ 2014 by Lúmen Editorial Ltda.

1ª edição – abril de 2014

Direção editorial: Celso Maiellari
Direção comercial: Ricardo Carrijo
Coordenação editorial: Sandra Regina Fernandes
Revisão: Profª Valquíria Rofrano
Projeto gráfico: Vivá Comunicare
Impressão e acabamento: Gráfica Paym

DADOS INTERNACIONAIS DE CATALOGAÇÃO NA PUBLICAÇÃO (CIP)
(CÂMARA BRASILEIRA DO LIVRO, SP, BRASIL)

Coelho, André Luiz Gomes
    O que você está pensando? : renove seus pensamentos e crie oportunidades / André Luiz Gomes Coelho. -- São Paulo : Lúmen Editorial, 2014.

Bibliografia.
ISBN 978-85-7813-146-3

1. Atitude (Psicologia) 2. Autoconhecimento 3. Autorrealização 4. Conduta de vida 5. Felicidade 6. Metas (Psicologia) 7. Motivação I. Título.

14-02036   CDD-158.1

Índices para catálogo sistemático:
    1. Autorrealização: Psicologia aplicada
        158.1

Rua Javari, 668 - São Paulo – SP • CEP 03112-100 • Tel./Fax (0xx11) 3207-1353
visite nosso site: www.lumeneditorial.com.br
fale com a Lúmen: atendimento@lumeneditorial.com.br
departamento de vendas: comercial@lumeneditorial.com.br
contato editorial: editorial@lumeneditorial.com.br
siga-nos nas redes sociais:
twitter: @lumeneditorial
facebook.com/lumen.editorial1

2014
Proibida a reprodução total ou parcial desta obra sem prévia autorização da editora
Impresso no Brasil – Printed in Brazil

Sumário

Dedicatória 07
Agradecimentos 08
Introdução 09
Capítulo 1 - Por que sou como sou? 15
Capítulo 2 - O poder do pensamento e suas dimensões 25
Capítulo 3 - O templo de realizações do homem 31
          Você é o que acredita ser 36
Capítulo 4 - A fé remove montanhas 45
Capítulo 5 - A mente que cura a mente 53
          A mente capaz de desejar também é capaz de curar. 53
          Ansiedade 55
          O que aconteceu? 63
          A ansiedade e o pensamento 66
Capítulo 6 - A depressão 83
          A depressão e as doenças crônicas 89
          A depressão e o pensamento 93
          A depressão e os acontecimentos difíceis e irreversíveis 97
Capítulo 7 - Amadurecendo atitudes 107
          Amadurecimento das crianças e dos adolescentes 126
Capítulo 8 - Hábitos e vícios 131
Capítulo 9 - Pensamentos venenosos e seus antídotos 143
          O imediatismo 143
          Antídoto para o imediatismo 150
          Baixa autoestima e vaidade 154
          Imagem falsa de si mesmo 163
          Autoestima e o acaso 169
          Autoestima e o transtorno de personalidade narcisista 176
          O termo narcisista e a mitologia grega 176
          Os narcisistas em suas funções e trabalho 182
          Os pensamentos do narcisista 187
          Antídoto para baixa autoestima, vaidade e narcisismo 189
          Diminuindo o narcisismo 189
          Melhorando a autoestima 191
          Deixar para depois 195

     A procrastinação e os pensamentos automáticos..205
     A procrastinação e a recorrência 208
     A procrastinação e seus efeitos na saúde mental e física do
     indivíduo 210
     Antídoto para a procrastinação..216
Capítulo 10 - O pensamento em forma de oração..223
     A oração e suas origens 229
Capítulo 11 - Os profissionais que oram têm mais sucesso na vida 233
     Harmonização mental 237
Capítulo 12 - O pensamento é capaz de destruir aquele que o criou 239
Capítulo 13 - O ser limitado pela herança cultural de pensamentos destruidores 249
     Cultura e o preferencialismo 254
     Cultura e a modernidade..255
Capítulo 14 - Ter em mente, acreditar 259
Capítulo 15 - O poder do pensamento e a ordem 263
     Existem pequenos pensamentos ou pensamentos insignificantes? 273
     A disciplina nos pensamentos 274
     Quando você melhora, o mundo fica melhor 279
     A disciplina do pensamento e a vida financeira 282
     A disciplina do pensamento e a disposição...288
     O poder do pensamento diante da frustração..298
Capítulo 16 - O poder do pensamento somado a drogas e álcool 305
     Um pouco de história 309
     A contracultura e a liberdade 315
     O pensamento do dependente de drogas e álcool...327
Capítulo 17 - Pensamentos e melindres 335
Capítulo 18 - O pensamento e a resiliência 341
     Resiliência 346
     Questionando as crenças - Albert Ellis...348
     Identificando momentos importantes...351
     Comunicação positiva 354
Considerações finais 357
Bibliografia..359

Dedicatória

Não é fácil escrever todas as razões que me fazem dedicar este livro a minha querida esposa Eliana Machado Coelho. Essas razões são muitas.

Eliana, assim como você leva aos leitores de seus livros o conforto, a esperança e a perseverança, você foi capaz de iluminar os meus caminhos com graça, harmonia, alegria e paz, como o sol presenteia o dia em cada amanhecer. Sem o seu carinho, compreensão e apoio, este literário não sairia do berço das ideias e não estaria aqui.

Você, minha amada, é coautora emocional desta obra. Foi o motivo de eu querer espalhar meus humildes conhecimentos pelo mundo de forma simples e acessível, porque foi a primeira a acreditar nisso, sempre me dando exemplo, incentivo e apoio incessante e muito necessário.

Isso fez de mim uma pessoa melhor.

Dedico também a nossa filha Ellen, um presente divino que veio encher os nossos dias de alegria e esperança em um mundo melhor.

Ellen, você trouxe consigo o brilho da estrela que nos torna repleto de luz e de alegria profunda em tê-la conosco todos os dias.

Você, minha filha, é a luz dos nossos dias.

Não consigo imaginar a minha vida e tudo o que temos sem vocês, a quem amarei eternamente.

Um beijo carinhoso a vocês duas.

Agradecimentos

Agradeço a Deus, a Luz Maior e razão absoluta da nossa existência, por ter me ungido com o conhecimento que disponho a todos os queridos leitores, no qual faço votos de iluminação profunda.

Agradeço a Jesus, nosso Mestre e Irmão Maior, a quem sempre recorro em minhas preces com a certeza de ser ouvido e amparado.

Agradeço a minha querida esposa Eliana e a nossa filha Ellen por acreditarem em mim, pelo apoio e incessante carinho que me dispensaram durante este trabalho.

Aos meus pais Luiz e Lúcia e aos meus sogros Fernando e Neusa, obrigado por tudo o que fizeram e fazem por mim. Aos meus irmãos Paulo e Tânia (in memoriam), um abraço carinhoso a todos.

Introdução

Quando um ser humano vem ao mundo, traz consigo seu único e maior bem: a sua mente. Nela o ser vive, cria, experimenta, sofre e ri. E é através dela também que evolui, ascende e transcende.

André Luiz Gomes Coelho

No Universo, os recursos são infinitos, tanto na questão material visível, palpável e mensurável quanto nos recursos que ainda não conhecemos ou aqueles que, de certa forma, desconfiamos que existem mas estão no mundo do invisível, para a ciência, por falta de provas.

Na história da humanidade, muito já se estudou em termos de descobertas científicas. Algumas simples, outras nem tanto. Pensando assim, paira uma dúvida: Será que existem outras coisas a serem descobertas?

Ah! Mas é claro que sim! Sempre há!

Há pouco, foi dito que o Universo possui recursos infinitos. Pois é. Muito se tem a explorar ainda.

Se você pensou que tudo já foi descoberto, provavelmente, não observou à sua volta para verificar que todos os dias novos produtos e serviços surgem para atender às necessidades do ser humano. Enquanto houver necessidades, ainda existirá algo a ser inventado ou modificado a fim de supri-las.

Um exemplo claro são os medicamentos. A cada dia, surgem novos produtos mais atualizados e contendo um fármaco mais apropriado a cada necessidade de cura ou alívio para as dores e doenças. Isso sem contar as tentativas inúmeras para se desenvolver um remédio ou um composto que possa curar ou diminuir os efeitos de doenças incuráveis até o momento.

Partindo desse ponto, pode-se verificar que ainda existem muitas coisas a serem inventadas ou melhoradas a fim de atender as necessidades, quaisquer que sejam, do ser humano.

Muitas ciências criadas pelo homem ainda precisam de aprimoramento, como a Matemática, a Engenharia, a Medicina, o Direito, a Política, a Psicologia, a Administração, a Economia etc. Todas elas, mais velhas como a Matemática e Medicina, como as mais novas, Sistemas de Informática e Administração de Empresas, ainda precisam de aprimoramentos essenciais ao atendimento das necessidades humanas.

A Psicologia teve seus primeiros anúncios nas obras gregas antigas[1].

Embora a Psicologia tenha sido reconhecida como ciência tão somente em 1873 / 1874 – não quer dizer que ela já não vinha sendo utilizada sem mesmo ter esse nome. O mesmo ocorre com outras ciências naturais, como a Filosofia, a Biologia, a Medicina etc.

Desde a origem dos humanos no planeta, através de estudos antropológicos, a Psicologia era utilizada entre eles para determinar as suas funções dentro dos grupos, pois era primordial pertencer a algum. Caso contrário, o sujeito estava à mercê de um mundo primitivo extremamente violento.

Instintivamente, desde a Pré-História, o homem já se utilizava de psicologia para designar as tarefas para o grupo. Cada um entendia a questão da liderança e se submetia aos mais fortes a fim de manter o grupo unido, ligado ou conectado, como dizem hoje em dia. Nos momentos de caça, cada indivíduo assumia uma função dentro do

---

1 - A Psicologia foi formalmente reconhecida em: *Principles of Physiological Psychology* (Princípios de Psicologia Fisiológica), publicado em dois volumes entre 1873-1874 pelo alemão a quem geralmente se atribui a "fundação" da psicologia experimental, Wilhelm Wundt (Goodwin, 2005).

grupo, de acordo com as suas limitações e habilidades para ter mais efetividade no momento da perseguição e ataque às suas presas.

Como este livro tratará do pensamento e dos seus poderes, a Psicologia é a ciência mais indicada para abordar tal questão, pois seus recursos serão utilizados para explicar os processos relacionados a esse fenômeno tão importante para a nossa existência e progresso.

Esta obra lhe trará maneiras de conhecer a si mesmo, conhecer seus limites. Descobrir o que provoca suas inseguranças, seus medos e o que o prendem na cadeira do comodismo que o coloca, muitas vezes, até em último lugar dos seres humanos dignos de sucesso e felicidade.

* * *

O homem pode realizar muito mais do que ele acha que pode.

Explorando melhor essa frase, vamos descobrir que o homem pode fazer muito mais do que já fez. Ele é portador de um poder extremo que pode estar presente em todas as fases de sua vida e em todas as circunstâncias. Esse poder irá melhorar o seu desempenho e torná-lo superior, mais sensato e positivo em todos os aspectos de sua vida.

Você pode fazer muito mais do que já fez até hoje, basta conhecer as técnicas de exploração desse poder e acreditar nele.

Muitos pensadores da humanidade, em toda a sua história até aqui, disseram inúmeras vezes que a maior luta do homem não é a luta contra o tempo nem a luta com outros homens, nem tampouco é a luta contra a natureza ou forças cósmicas desconhecidas. A maior luta do homem é a luta que ele trava consigo mesmo. Só você pode derrotar a si mesmo. E isso pode acontecer se não tiver conhecimento, controle e domínio sobre si. Só você pode tornar-se alguém tão especial, capaz de mudar o seu mundo interior e o mundo que o cerca.

A maioria das pessoas tem algo que as impede ou atrapalha de viver melhor. Uns são autoritários; outros, nervosos, irritados, sem paciência, ansiosos, medrosos, lentos, desatenciosos, preguiçosos e outras coisas mais. Todas essas características impedem o sucesso, a prosperidade e a felicidade. Esses são instintos primitivos que as pessoas ainda não dominaram, não controlaram, por isso estragam situações que poderiam lhes trazer paz e resultados positivos na vida pessoal e profissional.

Quando o homem souber dominar a si, dominar seus instintos primitivos e aprender que só o bem promove a vida, ele controlará seu comportamento para ser melhor a cada dia e não só irá influenciar a si mesmo como vencerá naturalmente na vida, terá sucesso e prosperidade.

Dominando sua natureza instintiva e focando sua energia positiva no ponto certo, que é o seu crescimento e seu desenvolvimento, consequentemente, obterá uma existência repleta de possibilidades indiscutivelmente útil e otimista. Será uma pessoa confiante e produtiva, bem-sucedida e feliz.

Todo esse poder está à sua disposição, basta querer utilizá-lo.

Dessa forma, explorando a si mesmo, descobrindo seu potencial, poderá você, caro leitor ou leitora, descobrir que é capaz de fazer coisas, realizar sonhos e obter aquilo que, aparentemente, seria muito difícil.

Acredite, você pode!

Algumas pessoas com quem conversei me disseram que não conseguiram encontrar esse poder dentro delas. Mais tarde, analisando-as, o mais comum que encontrei entre elas é que não acreditavam em si mesmas, por isso se achavam incapazes de explorar e utilizar seus próprios poderes.

Outro fator comum era a falta de autoestima. Não tinham amor próprio. Elas simplesmente não gostavam de si mesmas, não gostavam de sua aparência ou de algum outro aspecto em particular e diziam que não conseguiam estabelecer um vínculo entre aquilo que desejavam fazer ou se tornar. Por causa da falta de amor próprio, não conseguiam estabelecer um relacionamento entre o que queriam e o que sentiam no momento em que desejavam, pois, de alguma forma, não se achavam merecedoras daquilo que almejavam, daquilo que mentalizavam para si, como sendo o melhor a conseguir naquele momento. Se não consciente, faziam isso inconscientemente. Essa era a razão de não obterem êxito.

A pior coisa que pode acontecer com uma pessoa é ela duvidar de si mesma. Outro fato igualmente ruim é a falta de amor próprio, ou seja, não se considera merecedora de melhores cuidados vindos de si mesma. Muitas pessoas não se cuidam devidamente, abandonam-se. Deixam-se ao acaso, deixam a vida levá-las, assim como o vento leva a poeira. Onde cair, caiu.

Existem pessoas também que se deixam cuidar pelos outros, como se esses fossem suas babás, pois consideram que são merecedoras do jeito como estão sendo tratadas. Ficam numa posição cômoda, e o resultado do seu sucesso ou fracasso estará sempre atribuído à pessoa que lhe dispensou cuidados, pois dessa forma terá para si uma justificativa de que seu futuro está assim devido ao seu cuidador. Vão colocar a culpa em outra pessoa, menos nelas mesmas.

Você aprenderá que o seu futuro é fruto de você mesmo! E isso não depende dos outros!

Você poderá, ao longo da leitura, aprender sobre os poderes do pensamento e a aumentar sua autoestima. Valorizar-se mais e, a partir daí, tirar benefícios e aproveitar todo o potencial que desconhecia ter, gozando de maior bem-estar, qualidade de vida e paz profunda.

Boa Leitura!

Nota do autor: Esta obra literária é de autoajuda. Todos os nomes de pessoas nele mencionados foram trocados a fim de preservar sua identidade. Em alguns casos, os locais e situações sofreram alterações, pois foram citados em caráter de exemplo, a fim de elucidar o leitor. Qualquer semelhança é mera coincidência.

CAPÍTULO 1

Por que sou como sou?

A falta de autoestima e amor próprio são dois atributos que não andam sozinhos; geralmente, um atrai o outro.

O que ocorre, muitas vezes, é que sempre que um se mostra, em primeiro lugar, o outro se faz aparecer, como resultado das ações do primeiro.

Quando esses dois atributos estão prejudicados e ativos na mente, irão atrair uma variedade enorme de outros pensamentos improdutivos ou desnecessários e que servirão como uma trava para a evolução do indivíduo. Isso ocorre nas mais diversas atividades em que se esteja empenhado ou que futuramente se pretenda estar.

A questão básica é: quem você é, você atraiu para si.

Vou explicar melhor.

Tudo na nossa vida, todos os acontecimentos, felizes e infelizes, foram atraídos até nós por causa dos nossos pensamentos.

Isso mesmo. Foi por causa deles que você atraiu para si os momentos de tristeza e sofrimento ou de felicidade e alegria.

Parece estranho? Você acha que tem mais alguém culpado pelo seu sofrimento? Ou acha que Deus foi o causador? Você acha que o seu destino está traçado e que nada pode desviá-lo dele? Você acha que o destino é algo que está escrito antes de você nascer? E ainda acredita que nada pode mudar isso?

Se sua resposta for sim para todas as perguntas, pode haver um grande engano.

Deus não castiga ninguém. É a nossa própria consciência que nos cobra e nos coloca nos caminhos necessários para consertarmos o que desajustamos, e também não existe mais ninguém a quem culpar pelos nossos sofrimentos. Somos vítimas ou heróis de nós mesmos. Além disso, Deus sempre está do nosso lado, nunca contra nós. É só isso.

É bom lembrar que somos sempre os protagonistas de uma obra literária chamada *Vida*.

Você já se perguntou por que algumas pessoas são mais felizes do que outras?

Por que conseguem oportunidades ímpares, desejadas pela maioria e outras não?

Por que algumas pessoas conseguem ser bem-sucedidas em oportunidades que abraçaram em suas carreiras profissionais e outras fracassaram no meio do caminho?

Por que alguns casais são felizes e vivem bem, independente da sua situação financeira?

Por que alguns trabalham tanto que não lhes sobra tempo para a família ou lazer, e outros conseguem trabalhar menos e em atividades muito mais produtivas e ainda se divertem com elas?

São muitas as perguntas, não?

Como responder a todas de uma maneira satisfatória?

Se você não conhece o poder da mente, não saberá respondê-las. Porque só os poderes da mente infinita que há em você serão capazes de explicar todos esses acontecimentos que se veem no cotidiano.

Todos têm direito de brilhar e ser merecedor de alegrias infinitas e de oportunidades únicas, que abrirão portas para conduzi-lo a lugares jamais vistos antes e que o colocarão no destaque que merece dentro das possibilidades do seu desejo e do seu querer.

Quanto mais quiser, mais terá.

Você está pronto?

Você já se perguntou, por que você descobriu este livro?

Por que você o notou na prateleira de alguma livraria ou por que alguém o emprestou, indicou ou deu a você?

E mais ainda... Por que o está lendo?

Você acredita que isto é o resultado do acaso? Não.

A resposta é simples.

Você estava pensando e desejando encontrar algo que pudesse tirá-lo de uma situação atual que, na maioria das vezes, é insatisfatória e o colocasse em destaque, em evidência, nas suas oportunidades em alguma área de realização da sua vida, quer seja pessoal ou profissional. Em outras palavras, você está desejando ser melhor do que é em muitos aspectos da sua vida, e este livro pode ajudá-lo nisso. É por isso que você o tem em suas mãos. Você o atraiu para si.

Quando alguém me procura para dizer que a sua vida está uma bagunça, que não está conseguindo ir adiante com os seus projetos ou que não aguenta mais viver como está vivendo, eu lhe digo que seus pensamentos, junto com os seus desejos, levaram-no por caminhos desconhecidos até que a sua vida se tornasse assim. Provavelmente, foram pensamentos sem foco, pensamentos imprudentes que o prejudicaram e que não o levaram a lugar algum.

Muitas pessoas reclamam da vida que levam, porque vivem dizendo que o seu trabalho é uma droga, um transtorno e que a sua vida pessoal é um completo fracasso. Quer seja com os filhos, com a esposa ou o marido, sempre há uma reclamação. Descobriram que não sabem viver bem com os recursos de que dispõem e que não sabem como viver melhor. Não enxergam alternativas sensatas. Não conseguem lidar com as pessoas ao seu redor de forma a se sentirem melhores e fazerem com que essas pessoas também se sintam bem com a sua presença.

Em contrapartida, existem aquelas que se acham agradáveis e necessárias nas vidas de outras. Mas o que ocorre de verdade é que são insuportáveis de se conviver por tornarem a vida delas e de outros um completo transtorno, um convívio irritadiço ou um tédio. Sua maior queixa é de que os outros não a entendem, não reconhecem os seus valores e os seus feitos.

Não há algo pior do que não conhecer suas próprias fraquezas.

Não há algo pior do que não conhecer suas próprias virtudes.

Quem não conhece as virtudes daqueles com quem divide espaço, não conhece as próprias. Quem só vê os defeitos dos outros, não vê os próprios. E se não melhorarmos a nós mesmos no convívio diário, não melhoramos os outros através do nosso exemplo.

Temos como exemplo os cargos de chefia. Muitos acreditam que chefe, para ser bom, tem que ser chato e manifestar atitudes desdenhosas ou extremamente exigentes. O mesmo se aplica aos professores e outras áreas que lidam com um número razoável de pessoas. Todos acham que cara feia, arrogância ou agressividade são atributos natos de um líder que precisa ser obedecido.

Existem outras maneiras de se tornar líder sem ser opressor, arrogante, ou ainda, ser um professor exigente sem ser chato, disciplinador, brutal e castigador com atitudes desdenhosas.

E todas essas maneiras de ser líder, de liderar estão em sua mente subconsciente, e é preciso se conhecer para ter acesso a elas e saber quando e onde é necessário manifestá-las.

Muitas pessoas precisam fazer algo em suas vidas, mas não têm conhecimento de como fazê-lo. Tive a oportunidade de conhecer e conversar com pequenos e médios empresários fracassados que me disseram que foram à falência por causa do governo, das altas taxas de impostos e da difícil concorrência de mercado. Reclamaram que não conseguiram colocar um preço a contento do cliente ou que não conseguiram contratar pessoas certas para os cargos na empresa, afirmando que a falta de tudo isso levou ao fracasso.

Em conversa com essas pessoas, pude observar que elas, muitas vezes, não haviam feito treinamentos em cursos que ensinavam sobre as vendas ou de administração empreendedora. Não sabiam fazer planos de negócios, não estudaram a região onde iriam abrir suas empresas, não conheciam o mercado e, como consequência, não conseguiram clientes suficientes para obterem o retorno financeiro necessário à manutenção da sua empresa.

Muitas dessas pessoas acreditavam que cursar uma faculdade era perda de tempo e citavam personalidades famosas e grandes empreendedores que deram certo sem nunca terem cursado uma universidade.

Quantas pessoas podem ser citadas nestas condições, não é mesmo?

Vamos lá.

Uma coisa é uma coisa. Outra coisa é outra coisa.

É importante entender que estamos falando de duas coisas diferentes.

Uma é ter o pensamento e o desejo voltados ao sucesso, na obtenção da felicidade. A outra é nos prepararmos para isso, o que exige o nosso papel como contribuidores, para que a mente subconsciente nos auxilie a conseguir o que desejamos.

No caso dos nossos amigos empreendedores fracassados, eles queriam ter sucesso sem ter conhecimento. O conhecimento vem com o aprendizado e com muita dedicação ao que se deseja. Por isso utilizar a mente subconsciente não significa que o conhecimento, vindo através do aprendizado, possa ser dispensado. O que está sendo proposto a você não é magia.

Peguemos um exemplo bem conhecido: Um ator cheio de talento quer estrelar um filme. Seu charme, sua beleza, sua voz, sua postura são atributos e talentos naturais, mas se o filme exige que ele esquie, lute com espadas, cavalgue com perfeição, nade em alto mar, dance divinamente, faça atletismo, esse ator, mesmo com todos seus talentos naturais, precisará aprender e se dedicar muito física e mentalmente, além de adquirir conhecimento e destreza. Sem conhecer e dominar profundamente o papel do personagem a representar, ele não terá sucesso.

Outro exemplo é o de um empresário sem sucesso, apesar de todos os cursos e treinamentos. Seu sucesso pode não ter acontecido por falta de tato, educação e gentilezas. Sorrir e tratar bem o cliente, dar atenção, tratar com educação os colaboradores, permitem não só tornar a tarefa agradável, como também deixa o ambiente calmo e produtivo. Isso cria atrativos e satisfação para todos.

Quem não gosta de ser bem tratado? O cliente bem atendido volta. O funcionário tratado com educação, mesmo quando é advertido, faz seu trabalho corretamente, cumpre com suas obrigações e pouco reclama. Esse clima de bem estar atrai sucesso.

A mente infinita precisa de ferramentas para trabalhar a seu favor. O tato, o aprendizado e a instrução que você tiver, todos serão utilizados para o seu sucesso.

Quanto mais instrução e conhecimento tiver, mais o seu subconsciente poderá ajudá-lo.

Precisamos entender que a mente subconsciente age em nosso favor, mas ao mesmo tempo precisa de ferramentas, subsídios com que lidar, combinar e criar alternativas para nos mostrar o caminho a ser trilhado na obtenção do que desejamos.

Não basta simplesmente querer, é preciso ter instrução e bom ânimo, necessários ao sucesso. Se quiser ser um engenheiro bem-sucedido e conseguir executar projetos audazes e que irão pronunciar seu nome dentro do seu ramo de atividades, não basta ser só engenheiro, é preciso estudar, aperfeiçoar-se ainda mais, para que a mente subconsciente o ajude a utilizar esse potencial a seu favor, criando um diferencial competitivo aplicado ao talento de que a engenharia necessita.

Uma parte da tarefa é sua: aprender e se aperfeiçoar. A outra parte é da mente subconsciente, que você vai aprender neste livro.

Mas não pense que somente aqueles que têm curso superior, uma faculdade ou títulos de doutores são os detentores, os donos do sucesso ou dos resultados felizes, satisfatórios e de êxito. Aqueles que se empenham em funções que não precisam de graduação também poderão ter sucesso, prosperidade, dinheiro, desde que usem os poderes de sua mente e seus talentos. Todos nós somos importantes no Universo. Todos nós temos valores a serem utilizados. Basta nos proporpmos a fazer melhor o que quer que tenhamos decidido fazer. Isso implica usar tudo o que temos de bom, de positivo, a começar pelos nossos pensamentos.

Você, provavelmente, já ouviu ou até conheceu pessoas que se curaram de doenças terríveis. A questão que fica é: por que algumas pessoas se curam após os tratamentos e outras em mesmas circunstâncias não?

Como responder a isso? Somente a disposição e a atitude da pessoa, junto com a mente subconsciente e o desejo de curar-se, pode ser a diferença nesse caso.

Há muito tempo, lembro-me de ter acompanhado um caso de câncer em uma família que era conhecida no bairro em que eu morava. Um jovem adolescente de dezesseis anos, aproximadamente, apresentou um quadro típico de câncer de tireoide que precisava ser operado. Mas, antes, algumas sessões de quimioterapia foram feitas. Dois meses depois, o rapazinho passou por uma consulta no oncologista para ser avaliado antes da cirurgia, só que o médico constatou que a cirurgia não seria mais necessária. O câncer estava regredindo vertiginosamente. Foi perguntado à família o que o rapaz estava comendo ou bebendo para ver se existia algo que pudesse estar relacionado à diminuição da doença. Porém, nada foi identificado. Quando perguntado ao garoto o que ele havia feito de diferente em sua vida nos últimos dois meses, ele disse que gostava muito de assistir à televisão e que os seus filmes prediletos eram de ficção científica. Adorava ver as naves espaciais e os combates entre elas e, às vezes, até sonhava com isso.

Dentro da sua imaginação ativa e ciente de sua doença, ele comentou que, antes de dormir, imaginava que seu corpo era o espaço e que a sua doença era seu inimigo. O rapazinho ficava alguns momentos, às vezes, até adormecer, imaginando que uma série de naves minúsculas estava viajando em seu corpo e que quando se deparavam com o seu câncer, atiravam nele destruindo-o dia a dia, pouco a pouco.

Na época, esse acontecimento me impressionou muito.

O fato é: o garoto fez uso de sua mente subconsciente, imaginando uma situação em que o seu mal pudesse ser destruído e estava conseguindo. O mais curioso é que, provavelmente, ele nem sabia que poderia dispor desse recurso a seu favor. O resultado final não poderia ser outro: o jovem adolescente libertou-se totalmente da doença.

Infelizmente, podemos notar que pessoas abastadas financeiramente, muitas vezes, não conseguem cuidar dos seus parentes doentes utilizando os seus recursos disponíveis e obter resultados parecidos. É importante lembrar que as doenças não olham a questão financeira do paciente nem tampouco dos parentes. Para fazer uso do poder do subconsciente a mesma regra se aplica.

O subconsciente age de acordo com o objetivo a ser alcançado e com a vontade com que se quer atingir tal objetivo. A condição financeira ou as limitações que você possui não importam no momento da utilização dos poderes do subconsciente.

? ? ? O que você está pensando?

Em outras palavras, não importa seu nível social, sexo, etnia e religião, o seu subconsciente pode e vai atender seus desejos, se você souber trabalhar com ele.

Toda doença tem seu início na mente, mesmo que a pessoa não saiba disso. Porém, nós possuímos recursos psicológicos para suportar e reverter o quadro, diminuindo a luta e o tempo para alcançar a cura. Não falo só da cura do corpo, mas também da cura da mente. Não é possível um estar bem e o outro em desequilíbrio.

Observa-se isso em algumas enfermidades corriqueiras.

Posso até citar um exemplo de quando encontrei um amigo que me relatou não estar muito bem de saúde. Contou-me que estava, aproximadamente, há duas semanas com uma inflamação de garganta que o incomodava muito, além da tosse persistente que importunava a ele e a quem mais estivesse por perto. Disse ainda que nem os remédios estavam ajudando.

Conversando um pouquinho mais, perguntei como ia a vida e foi então que ele começou a contar sobre a família. Falou dos consertos de que sua casa precisava. Eram manutenções em pontos específicos. Por fim, comentou sobre estar de férias da escola em que lecionava e que acabariam em dez dias e nesse tempo não conseguiria terminar, em sua casa, o que precisava. Além disso, estava sem ânimo para retornar suas atividades profissionais.

Quando ele comentou isso, foi nítido o seu descontentamento. Sua expressão facial, bem como toda sua linguagem corporal, mostrou-se sofrida, cansada, desgastada.

Ao perceber isso, perguntei se ele desejava voltar a dar aulas e ele respondeu: sinceramente, não.

Perguntei se ele acreditava que a inflamação de garganta poderia ser de fundo emocional, psicológico, pelo fato de ele precisar voltar a dar aulas. Ele chegou a esboçar um sorriso e disse que não havia pensado nisso. Então comentei sobre o fato de a voz ser o instrumento de trabalho do professor e que tem sua origem na garganta. Preso no estresse de sua atividade como professor, ele somatizou seu aborrecimento em lecionar, manifestando os efeitos físicos desse descontentamento na garganta, principal instrumento de sua atividade.

Via-se que todo o seu aborrecimento, toda a sua contrariedade por ter de voltar a lecionar, deixou-o tão desmotivado que, durante todo o período de férias, ele não conseguiu fazer o que precisava, ficando sem atitude para as suas prioridades em sua casa.

Esse amigo estava parado e pensativo no que conversamos e foi daí que perguntei sobre as suas possibilidades de mudar de emprego.

Ele me disse que já havia pensado nisso, mas que se sentia amedrontado pelo mercado de trabalho.

Perguntei se era medo ou acomodação, porque, muitas vezes, nós nos acomodamos e nos acostumamos a reclamar sem tomar uma atitude a respeito.

Ele sorriu mais uma vez e eu disse que o problema dele era falta de atitude.

Adverti-o de que deveria pensar a respeito de uma mudança. Uma mudança para melhor, antes que toda a sua vida fosse mais prejudicada por isso.

Aconselhei que usasse o poder da sua mente subconsciente e para isso deveria relaxar, procurar não pensar em nada agitado e, caso encontrasse alguma dificuldade, deveria imaginar-se próximo ao mar, numa praia deserta como se pudesse ouvir as ondas, os pássaros... imaginar sentir o vento suave tocando sua pele, imaginar respirar o ar marinho sentindo o cheiro da maresia etc. Poderia ser outra paisagem que muito lhe agradasse também. Sugeri que, quando estivesse tranquilo, respirasse profundamente, sentindo como se o ar estivesse enchendo os seus pulmões e também o abdômen e que segurasse a respiração um pouquinho, só um pouquinho, depois soltasse tudo, completamente. E repetisse essa respiração por mais três vezes. Então, bem relaxado, que se imaginasse feliz e satisfeito no novo emprego, atuando, agindo de forma qualificada, repleto de vigor e energia.

Orientei que repetisse esse exercício três vezes por dia, principalmente à noite, antes de dormir, naquele estágio onde nós nos encontramos entre a vigília e o sono, pois é nesse momento que a nossa mente está pronta, receptiva para atrair o que desejamos.

Por essa razão, desde os tempos mais antigos, ouve-se falar sobre a importância da prece antes de dormir. Mas, sobre isso vamos falar mais adiante.

Pois bem, esse amigo decidiu aceitar a sugestão.

Nós nos despedimos e ele se foi.

Aproximadamente três meses depois, recebi um telefonema. Era ele contando sobre sua mudança de emprego, sobre ter deixado de dar aulas. Estava com um salário bem mais satisfatório e havia colocado a sua casa em ordem. Ficou curado de sua inflamação de garganta, que parecia não melhorar nunca. O curioso é que, além disso, havia melhorado seu relacionamento com a esposa, com os filhos, e o convívio com a família não poderia estar mais satisfatório. Comentou que estava mais feliz e otimista. Toda a sua vida era outra, bem mais positiva. Disse ainda que havia descoberto a chave para o progresso e o sucesso pessoal em todos os sentidos.

Diante desse relato, vemos como o poder da nossa mente possibilita a abertura de portas e nos conduz à prosperidade.

Por isso é muito importante saber o que desejar, saber o que pensar, para que o seu desejo não se vire contra você, pois tudo na vida tem uma consequência. Portanto, que os resultados do que pensamos e desejamos sejam a fonte de atração de energias, fatos e acontecimentos bons ou ótimos para todos. Para todos! Nunca devemos visar ao nosso sucesso com o dano ou prejuízo de outra pessoa ou atrairemos para nós, hoje ou futuramente, a mesma coisa que provocamos nos outros. Isso é lei de atração. Assim como atraímos coisas boas, atraímos o seu oposto, ou o que fizemos a outro.

Essa é a razão da importância de você sempre selecionar o que você está pensando.

CAPÍTULO 2

O poder do pensamento e suas dimensões

Não seria ótimo montar uma empresa que nos desse um bom lucro?

Não seria ótimo ser um profissional bem qualificado e ser contratado por uma empresa conceituada?

Não seria ótimo apresentar soluções criativas e inteligentes nos momentos mais precisos?

Não seria excelente acordar de manhã motivado a atuar com bom ânimo e perseverança?

Não seria ótimo ser uma pessoa ponderada e prudente na qual todos confiam?

Não seria ótimo estar bem e sentir-se bem o dia inteiro?

Tudo isso é possível através da utilização do poder da sua mente infinita. Basta saber como.

É bom deixar claro uma coisa: mágica e sorte nada têm a ver com os poderes da mente subconsciente.

A mente subconsciente trabalha de acordo com a sua vontade e da forma como foi direcionada. Ela agirá assim e não de outro modo.

Lembro-me de que, em 1994, conheci um jovem que estava decidido a escrever um livro sobre conceitos de programação de computadores. Ele trabalhava com isso numa época em que quase ninguém tinha computador pessoal, como hoje, inclusive ele. Quando Osvaldo veio conversar comigo a respeito, falei que tudo era possível e que se quisesse mesmo escrever o livro, poderia começá-lo de imediato, pois sua mente seria capaz de fazer tudo o que ele se determinasse. Daí decidiu, bravamente, que escreveria seu livro à mão e foi o que fez. Algum tempo depois, esse mesmo rapaz me procurou contando sobre ter escrito todo o livro à mão. Então comentei sobre seu esforço e determinação louvável, mas que não precisava ter sofrido tanto. Poderia ter usado sua mente subconsciente para conseguir um computador pessoal para tal tarefa. Osvaldo me falou que ainda precisava de um computador para digitar o livro. Disse, então, que ele não poderia perder essa oportunidade. Ensinei como deveria relaxar, tranquilizar sua mente e seu corpo e imaginar-se digitando seu livro e, no final, sorrindo frente ao término do trabalho realizado com sucesso.

Otimista e sempre desejando um computador pessoal para que pudesse digitar o seu livro, Osvaldo decidiu usar o poder de sua mente subconsciente para conseguir tal aparelho. Ao longo de umas duas semanas, junto com alguns colegas de trabalho, resolveu participar de um consórcio entre amigos para a compra de computadores importados que, diga-se de passagem, custavam uma fortuna naquela época. Não demorou muito, pois foi um dos primeiros a ser sorteado. Adquirindo o computador, pôde digitar o livro. Depois o outro desafio foi encontrar uma editora que o publicasse.

Novamente, esse amigo, fazendo uso da mente subconsciente, empregou as palavras certas e mentalizou que obteria sucesso naquela empreitada. Duas semanas depois, sua esposa conseguiu fazer contato com uma editora que mostrou interesse no trabalho, marcaram uma data para a reunião de apresentação do livro. Quando chegou a data prevista, ele levou o livro impresso para avaliação. Uma semana após esse episódio, recebeu um telefonema da editora em que disseram que seu livro havia sido aprovado e que seria editado em breve. Solicitaram que comparecesse à editora para acerto de detalhes contratuais.

Acontecimentos assim não estão relacionados à sorte, mas a um poder mais elevado e supremo acima de tudo, ao poder do subconsciente, ao poder da atração do interesse da editora e do interesse dele em publicar o seu livro. O poder da mente infinita proporcionou o encontro entre as duas partes interessadas: a editora e o rapaz.

Algumas pessoas, na época, também disseram que Osvaldo teve sorte, porque achar editora que quisesse publicar um livro com conceitos de programação em informática não era fácil, principalmente por tratar-se da primeira obra literária. Podemos ver que não se trata de sorte, mas sim da utilização da mente poderosa que habita nesse rapaz, e também habita em todos nós. Porém, é bom lembrar que Osvaldo se empenhou para que o resultado do seu projeto fosse positivo. Ele não deixou simplesmente que tudo isso acontecesse somente por conta dos seus desejos e sonhos.

À medida que se aprende a utilizar os poderes da mente subconsciente, veremos maravilhas se realizarem, e talvez nem acreditemos no que iremos conseguir, mas, com o tempo, vamos ter a certeza de que estamos atraindo para nós tudo o que há em nossos pensamentos.

O poder da sua mente, o poder dos seus pensamentos ou o poder do subconsciente não pode ser subestimado. Eles atuam vinte e quatro horas, mesmo quando não sabemos que o estamos usando. Então, tomemos cuidado com tudo o que pensamos e desejamos para nós e para os outros.

Outra coisa importante de se falar é que sempre que conseguimos o que desejamos, atraímos as consequências do que conseguimos.

Usar o poder de sua mente, de seus pensamentos para o seu bem e de outras pessoas, terá como resultado o sentimento de bem-estar do que realizou. Agora, se desejar o mal, ele também vai atuar em você. Lembre-se sempre disso.

Ao utilizar os poderes da mente subconsciente, ter o desejo do que se quer conseguir é fundamental. Esse desejo passa por você, através de você, para ganhar força na sua realização.

Se uma pessoa desejar o mal e colocar o seu desejo, a sua energia para conseguir o mal para outras pessoas, a energia que será utilizada para obter o que deseja será criada e passará por ela primeiro, antes de atingir os seus objetivos. Isso significa que essa pessoa, que deseja o mal, que pensa em algo não harmonioso, estará se enchendo dessa energia negativa antes de conseguir seus objetivos maléficos. Isso não é bom, pois, ao longo do tempo, essas energias negativas, certamente, vão se manifestar em seu ser, no corpo ou na mente. Além disso, é duvidoso que se obtenha sucesso no sentido de se conseguir o mal, pois devemos lembrar que o Universo conspira sempre a favor da harmonia e da paz. Se uma pessoa tem objetivos nobres e saudáveis, as forças que serão utilizadas estarão compatíveis com os seus desejos e estarão paralelas com as ações harmônicas do Universo.

Este livro se destina às pessoas que querem melhorar a si mesmas e superar seus próprios limites, irem além do que já foram até agora e proporcionar ajuda para que sejam melhores em todos os sentidos, desfrutando sempre de harmonia e paz profunda em seu ser, além de sucesso e prosperidade em todos os sentidos. Para isso devemos, acima de tudo, vigiar os pensamentos. É muito importante saber por onde eles andam e o que é que estamos pensando. Isso é o que define quem somos e o que temos e determina o que seremos e o que teremos.

Tudo o que pensamos vibra em nós. Esse é o motivo pelo qual devemos pensar no bem, no melhor, no amor, na paz, na harmonia. É a razão de sermos positivos, afetuosos, perseverantes, otimistas, leais, fiéis. Em vez de viver nas sombras, devemos viver na luz, para sermos melhores.

Fazer isso é possível e é questão de treino. Algo a que precisamos, às vezes, forçar-nos no começo, mas que, com o tempo, será automático. Por isso é importante começar a vigiar o que pensamos e o que desejamos, agora.

Não há como ser feliz, ter paz, ter harmonia, ter sucesso, ter prosperidade se o que pensamos for negativo, inferior, chato, crítico. Se o que pensamos for sobre inveja, desejo no mal, no insucesso, mesmo que dos outros, se vibramos no negativo, na sombra, no que é ruim, vamos ficar presos no tempo e no espaço e não conseguiremos prosperar.

Tudo o que somos por dentro exteriorizamos ao nosso redor.

Se alguém é bem-sucedido, mas é chato, implicante, nervoso, grita quando quer algo, exige com veemência aquilo que deveria pedir com educação, nunca diz obrigado, não pede desculpas quando reconhece que errou e outras coisas mais, eu diria que essa pessoa poderia ser muito mais bem-sucedida e, acima de tudo, feliz por completo, porque ninguém vive em paz se não emana paz. Ninguém vive em harmonia se não deixar sair de si a harmonia. Ninguém pode ser feliz pela metade e viver bem com isso.

Unir a paz ao sucesso é o segredo da felicidade.

Iniba os pensamentos negativos. Mude seu hábito de pensar e atraia tudo o que é bom, tudo o que é alegre.

É esse o propósito deste livro.

Você está pronto? Então, siga adiante!

CAPÍTULO 3

O templo de realizações do homem

O subconsciente é inerente ao ser humano, ou seja, já nasce com ele. Ele é o nosso atributo, a nossa propriedade principal no campo das realizações pessoais.

É impressionante a maneira como funciona.

Incontáveis vezes, eu o vi operar e mudar a vida de muitas pessoas.

Certa vez, participando de um grupo de estudo, estava conversando com um amigo muito próximo, seu nome era Roberto. Ele estava quieto. Parecia preocupado. Quando lhe perguntei se estava tudo bem, respondeu-me que não, pois havia sido demitido e não sabia muito bem o que fazer.

Comentei sobre o poder do subconsciente e de como agia. Esse amigo me pareceu incrédulo quanto ao funcionamento dos poderes da mente infinita e disse que não funcionaria só porque ele desejasse. Roberto oferecia resistência para aceitar essa verdade.

Conversei com ele um pouco mais e disse-lhe que não tinha nada a perder por tentar utilizar os poderes de sua mente. O máximo que conseguiria, se não desse certo, era permanecer na mesma. Então consegui que se abrisse para a ideia e aceitasse o desafio.

Não acreditar nos seus poderes é algo que pode anular o funcionamento do poder do subconsciente, anular o poder da sua mente, pois não se pode conseguir algo através de um poder em que não se acredita ter. É o passo inicial e principal. É preciso acreditar que ele irá funcionar a seu favor.

Roberto, então, pediu-me que o ensinasse. A partir daí, continuei com as demais explicações do que precisaria fazer.

Pedi que formulasse uma frase que resumisse a situação em que queria estar num futuro próximo.

Ele me disse que desejava estar empregado e trabalhando em algo que gostasse com uma remuneração satisfatória. E completou dizendo que não queria continuar desempregado, pois era uma condição humilhante para qualquer pessoa.

Ouvi e observei bem sua frase e, diante do negativismo, orientei que seus desejos na frase deveriam ser de algo positivo, nobre, que o elevasse, o fizesse se sentir bem, otimista, e que suas reflexões, sentimentos e sensações também fossem elevados, valorosos.

Orientei que formulasse uma frase que contivesse aspectos positivos de desejos sublimes. Não é correto usar frases acionadas por negativas, seu subconsciente não sabe distinguir o que é bom do que é ruim. Portanto, livre-se de tudo que não seja elevado e não seja valoroso. Vigie os pensamentos para consigo mesmo e para com os outros.

Não é correto elaborar uma frase negativa, como:
- nunca mais quero estar desempregado!
- nunca mais quero tirar notas baixas!
- nunca mais quero tirar conclusões erradas!

Eu disse a Roberto que quando se formula uma frase pela negativa corre-se o risco de o subconsciente entender o contrário do que se quer.

Da frase "nunca mais quero estar desempregado", a parte "estar desempregado" é a última coisa dita, e é exatamente nisso que o subconsciente ficará preso e irá obedecer, ou ficar confuso e não saberá o que fazer.

Lembre-se de que a mente subconsciente obedece cegamente ao que você deseja e o que coloca nas frases de imposições mentais serão seguidas ao pé da letra.

Nesse caso, "estar desempregado" é o que a mente capta e irá agir de acordo, mobilizando recursos do Universo para tornar isso verdadeiro.

Tome cuidado ao formular as suas frases, pois elas irão se tornar verdadeiras.

Tome cuidado com seus pensamentos do dia a dia, são eles que mandam mensagens, sentimentos e sensações ao seu subconsciente, que atuará de acordo com os pensamentos que recebe.

Eu disse para Roberto pensar na seguinte frase:

"Eu já estou empregado e trabalhando em um lugar agradável". – dizer ou pensar isso com aquela sensação de satisfação e felicidade como se estivesse, mesmo, na situação.

"Eu estou recebendo um salário digno e sou bem-conceituado neste novo trabalho". – dizer ou pensar como se estivesse se vendo nesse momento em um novo emprego.

Usando o pensamento e a imaginação, ele deveria se sentir tão satisfeito como se aquilo que colocou nas frases já estivesse acontecendo. É importante reforçar isso.

Disse a ele que mentalizasse, imaginasse tudo o que estivesse nessas frases e as repetisse, algumas vezes por dia, após relaxar por alguns instantes serenando o corpo e os pensamentos.

O sentimento deve vir das suas entranhas, lá do fundo. Deve-se desejar ardentemente que tudo aquilo aconteça. Depois, esquecer e relaxar como se já tivesse conseguido aquilo que almejou.

E Roberto fez exatamente o proposto.

Passados três dias, ele estava no emprego antigo para pegar algumas coisas que deixou em sua mesa de escritório. Disse que entrou constrangido na empresa, pois, na verdade, nem queria estar ali. Mas entrou e dirigiu-se ao antigo chefe dizendo que precisava pegar alguns objetos pessoais que esqueceu em sua gaveta, pois após a demissão, em plena sexta-feira, saiu tão atordoado que se esqueceu de tais pertences. O chefe pediu que outro funcionário acompanhasse Roberto no resgate de suas coisas. Quando chegou à sua antiga mesa, abriu as gavetas e foi pegando seus objetos pessoais. Nesse momento, o telefone tocou à sua frente. Ele olhou para o funcionário que o acompanhava e disse para que atendesse, pois não trabalhava mais ali. O colega atendeu e começou a conversar com Miguel, um consultor que trabalhou ali por uns dois anos e que estava agora alocado em outra empresa. De repente, o funcionário que atendeu ao telefone o passou para Roberto dizendo:

"Hei! Quer um emprego? Estou com o Miguel, do outro lado da linha, perguntando se tem alguém aqui disponível com o seu perfil profissional."

Roberto imediatamente atendeu ao telefone, conversou com Miguel e anotou os dados necessários para entrar em contato com a empresa em que o outro trabalhava.

No mesmo dia, Roberto ligou para a empresa e pediram para que ele se apresentasse no dia seguinte, na terça-feira. Ele disse que precisaria aguardar alguns dias, pois sua homologação contratual nem havia saído ainda, ou seja, não haviam dado baixa em sua Carteira Profissional.

O gerente de Recursos Humanos disse que não se importava em esperar. Queria Roberto assim mesmo, pois era um caso de emergência e que precisavam dele para atender um cliente muito importante e muito exigente dali a uma semana.

Na segunda-feira seguinte, ele estava trabalhando em uma empresa muito conhecida e conceituada no mercado, fazendo o que mais gostava.

Lembro-me de que no mesmo dia em que tudo isso aconteceu, Roberto me ligou afobado e começou a contar o que havia ocorrido sem mesmo acreditar. Ele analisou muitas coisas que poderiam ser chamadas de coincidências, mas não eram. Após desejar da maneira certa a coisa que mais queria e sentir-se vitorioso, seu subconsciente direcionou-o na hora certa para estar ali, em sua antiga empresa, em sua antiga sala, em sua antiga mesa e atraiu alguém da nova empresa para ligar no momento em que ele estivesse ali. Uma série de fatores precisaram estar em harmonia para que o contato entre Roberto e o emprego ideal se fizesse naquele momento. Tudo só foi um sucesso por causa do poder do subconsciente usado de modo correto.

Roberto ainda se admirou: – "É incrível! Como não descobri os poderes da mente subconsciente antes? Por que nunca me contou que eles existiam? Puxa! Fiquei impressionado como isso funciona! Quero saber mais sobre isso!" E conversamos muito.

É importante lembrar o quanto devemos ser flexíveis a novas e boas propostas que nos conduzam à felicidade.

Toda mente está pronta para receber as instruções para uma vida melhor, mais próspera, assim como está pronta para receber o oposto. E isso nós conseguimos através dos nossos pensamentos.
Seja positivo.

O que quer que esteja pensando, agora, é uma instrução que está dando ao seu subconsciente que, automaticamente, está preparando o seu futuro.

Se a pessoa não estiver pronta para receber os ensinamentos sobre os poderes infinitos da mente, ela por si só irá desacreditar e suas imposições mentais não irão funcionar de acordo com suas intenções e, por conseguinte, não irá ver seus objetivos realizados.

Ao tomar conhecimento dessa história, muitos vão dizer que foi sorte de Roberto. Mas sorte nada tem a ver com isso; foi a mente que atraiu esses acontecimentos. Ele desejou, no fundo de sua alma, que aquilo se realizasse e foi o que aconteceu.

O fato de estar desempregado aumentou as expectativas de Roberto, fez com que abrisse sua mente para algo novo.

O pavor que algumas situações provocam no consciente de algumas pessoas, às vezes, atrapalham, criando um padrão de vibração mental mais negativo do que positivo. Isso pode anular os efeitos futuros da mente poderosa, da mente subconsciente.

O padrão negativo que se apossa das pessoas está ligado ao fato de elas não acreditarem, a princípio, de que conseguirão alguma coisa somente fazendo uso da imaginação ou mentalizando algumas frases e desejando o que se quer. Elas pensam que isso não basta. Acreditam piamente que precisam partir em busca de alguma solução desesperadamente e de forma imediata. Já saem atrás de alguma solução sem nem mesmo dar chance aos poderes infinitos da sua mente para atrair o que é bom para elas. Logicamente, não se deve ficar parado esperando que tudo aconteça, mas é importante, antes de tudo, atuar mentalmente para, só depois, atuar fisicamente.

A atitude afoita e agressiva que está por trás de muitos acontecimentos para se conseguir algo muito depressa ou de forma imediata contém também armadilhas e nem sempre a mente suprema, ou seja, seu subconsciente, irá entender e realizar o que precisa e o que se quer no tempo desejado.

É preciso estar em estado de passividade, bem relaxado no momento em que se fizer as mentalizações, no instante em que se usa a imaginação e os pensamentos ordenados, aspirando tudo o que é bom e harmonioso e usando frases otimistas. Além disso, o seu lado emocional dever estar calmo e desejoso, de verdade, do que quer conseguir. Não deve titubear, pois o vacilo nos desejos anula a efetividade de se conseguir aquilo pelo que se anseia. Fora isso, não se deve ser ansioso. É necessário dar um tempo para seu subconsciente agir.

Você é o que acredita ser

Como já foi dito, tudo o que acontece nas nossas vidas foi atraído até nós por nós mesmos.

Fatos e acontecimentos estão relacionados ao que você crê, ao que você pensa a todo instante, por isso você é o que acredita ser.

Aquele que se acha um fracassado, um nada, um zero à esquerda, assim será.

Mude isso!

Acredite em vencer. Acredite que irá progredir na vida e que já é tudo o que deseja ser. Invista em você. Empenhe-se em fazer algo agradável, bom e lucrativo.

Um dos fatores mais importantes para fazer funcionar os poderes de sua mente é unir o que se pensa e acredita com o que se faz. Muita gente pensa e acredita, mas não faz nada para que aquilo que deseja aconteça, por isso não é bem-sucedida.

Por exemplo, aquele que pensa e acredita que é um vencedor, mas não faz nada para isso, é pouco provável que obtenha sucesso. É preciso lembrar disso.

Você acredita ser um estudante dedicado e que obterá sucesso em todos os empreendimentos em que se embrenhar? Assim será!

Você acredita que as oportunidades irão sempre se apresentar a você e que irá percebê-las e agarrá-las para o bem de sua carreira profissional? Assim será!

Mas tem que acreditar mesmo! E fazer por merecer!

Quando digo que você precisa acreditar, é o mesmo que sentir como se aquilo já tivesse acontecido.

Agora, se você deseja algo, mas o seu desejo está sendo afetado por uma descrença qualquer, a partir desse momento você já não tem mais certeza daquilo que quer, então o prejuízo é certo.

Não pode haver dúvida daquilo que se quer obter, e se isso acontecer é porque você não deseja realmente e que, por algum motivo, está titubeando em ter ou ser aquilo que mentalizou.

Se não tiver certeza do que quer, se uma simples dúvida, uma leve suspeita ou qualquer incerteza, por menor que seja, aparecer nos seus pensamentos, tudo irá por água abaixo.

Com a dúvida em mente, o seu subconsciente não irá se movimentar a favor de seu pedido. Irá ignorar a ordem que recebeu por não ter a carga de desejo suficiente para mobilizar recursos apropriados para produzir os resultados desejados.

Você pode achar que é muito difícil operar o subconsciente para obter o que deseja, mas não é. O poder da sua mente vem atuando em sua vida desde o princípio de seus dias. É sua mente subconsciente que faz seu coração pulsar, suas células se multiplicarem, seu cérebro funcionar e todo o seu organismo viver. Ele atua em sua vida, atraindo situações boas ou más, de acordo com o que você pensa, e você nem mesmo sabe disso.

Por essa razão, é importante selecionarmos os pensamentos e não deixarmos que os sentimentos direcionem de forma irracional nossas vidas.

O que pensamos é o que atraímos.

O poder de seu subconsciente é infinito em sua constituição. É algo ainda a ser descoberto por muitos. Apesar de que, pessoas bem-sucedidas, em sua maioria, já conhecem os seus poderes e fazem uso desses recursos. Aqueles que ainda não conhecem precisam instruir-se a respeito dos infinitos bens desse poder, precisam aprender a utilizá-lo. Este livro irá ajudá-los a entender e os instruirá a perceber os caminhos necessários à sua aplicação.

Esse poder está disponível em você. Não é necessário comprá-lo, adquiri-lo em uma loja de conveniências ou casas especializadas do ramo. Basta aprender como utilizá-lo. Basta aprender como usufruir plenamente dos seus recursos para realizar-se na vida e ter dias mais prósperos, felizes e harmoniosos.

Você quer atrair pessoas influentes para o seu convívio?
Quer atrair o parceiro ou parceira ideal?
Quer descobrir qual a profissão que corresponde às suas expectativas, qualificações e prazer, além do seu sucesso?
Quer alcançar a felicidade em tudo que faz?
Quer inventar, mudar ou renovar o seu trabalho, sua casa?
Quer aumentar o seu empenho em tudo o que faz?

Tudo isso poderá acontecer, basta utilizar os poderes da sua mente e conquistar o que sonha e deseja. Mude os seus pensamentos, os sentimentos, as ideias para melhor. Isso significa mudar de verdade. Mudar mental, física e verbalmente. Tudo para melhor, para o bem, para o otimismo.

Ninguém nasce para ser infeliz. Todos nós nascemos para vencer e prosperar plenamente. Nascemos para ocupar os nossos devidos lugares na vida. Alguns preferem ficar paralisados pela inveja e por possuir sentimentos de inferioridade sobre tudo e todos. Outros preferem ocupar o lugar dos rejeitados ou ainda de vítimas das circunstâncias.

A miséria mental é pior do que a miséria material. Muitas pessoas permanecem abaladas fisicamente, porque mentalmente não aprenderam a melhorar a si mesmos e a viverem de forma mais produtiva e próspera. Quando a miséria mental é muito forte, a pessoa fica atraída por uma energia de baixa vibração. Isso faz com que essa pessoa não progrida, não cresça de forma plena. Essa atração por energias de baixa vibração faz com que se tenha um efeito de redemoinho, atraindo ainda mais infortúnios ao longo de sua vida.

O seu subconsciente não quer isso nem aquilo. Não quer que você seja melhor ou pior. Ele apenas é e atrai o que você pensa e deseja. Ele existe para servi-lo.

A mente subconsciente realiza aquilo que você quer. Ela não irá manifestar-se por si mesma. Precisa de um impulso. Precisa de um propósito, de um objetivo, de uma meta. E que, preferencialmente, essa meta ou esse objetivo tenha um fim visível para que possa acionar os mecanismos universais a fim ajudá-lo a conseguir tal feito. Caso contrário, não atuará de acordo com o que você deseja.

Como foi dito antes, todos podemos nos aperfeiçoar naquilo que realizamos independente do que realizamos. Isso vai nos fazer sentir melhor.

Conheci um feirante, senhor Valdir, que vendia batatas. Sua barraca era pequena, simples. Ele era calado, muito quieto e sisudo, agindo sempre mecanicamente ao atender os poucos clientes que ali compravam. Ao olhar para a barraca ao lado, com o mesmo produto, podia-se ver que a atitude da mulher que ali trabalhava era melhor, mais positiva e educada.

Certo dia, ao me ver fazendo compras na sua barraca, porque a outra, que ficava ao lado, não estava lá naquele dia, o senhor Valdir reclamou baixinho: só está vindo aqui porque a outra vendedora de batata não veio, não é mesmo?

Então, meio palpiteiro, disse a ele: O que será que atrai os clientes ali, se os preços e os produtos são iguais?

Ele me olhou de modo diferente e ficou pensativo. Ao me entregar as batatas, eu o vi sorrir pela primeira vez, e foi então que me perguntou: Será que o povo não vem muito aqui por causa do meu jeito?

E eu respondi: Sempre há um clima agradável quando existe gentileza e quando o sorriso e bom ânimo são usados. Todos gostam de ser bem tratados. O senhor não acha? — Vendo-o ainda reflexivo, eu disse: Toda mudança para melhor deve começar de dentro para fora. Deve começar pelos nossos pensamentos e sentimentos. Atraímos tudo através do que pensamos. Pense no que os seus clientes gostariam de receber do senhor. Pense positivo e aja de forma positiva.

Na semana seguinte, o senhor Valdir, de modo educado e respeitoso, cumprimentava a todos os que passavam na frente da sua barraca, e assim se seguiu. Aos poucos, fui observando mudanças como gentilezas e um tratamento melhorado, ao vê-lo atendendo

O que você está pensando?

os clientes com sorriso e agrado, ao colocar uma batata a mais para elevar o peso da compra. Gradativamente a barraca foi melhorando a sua aparência, ficando mais bonita. O senhor Valdir passou a usar um avental azul-escuro, que melhorou seu visual. Fez a barba, que antes vivia crescida. Ele, de carrancudo, tornou-se sorridente e educado. Passou a conversar com todos e, surpreendentemente, quem precisou se preocupar foi a dona da barraca ao lado.

Tempo depois, ao efetuar uma compra em sua barraca, ele me disse: Pensei muito no que me falou e decidi mudar. No começo não foi fácil, mas agora sinto necessidade e prazer de tratar meus fregueses com educação, respeito e alegria. Tudo ficou melhor quando eu passei a pensar melhor.

Vejam o que esse homem simples confessou. Vejam a importância dessa frase: *Tudo ficou melhor quando eu passei a pensar melhor*.

O senhor Valdir só precisou de um impulso: a sua vontade e de um propósito: desejar mais clientes. Ele pensou positivamente e obteve como resposta a visão do que era necessário mudar para melhorar a clientela. Consequentemente, passou a ter mais lucro e viver mais feliz.

Todos podemos melhorar, prosperar, ser mais produtivos a partir dos nossos pensamentos. Só atraímos o que é positivo se formos positivos, se estivermos abertos e dispostos para uma mudança, para uma reforma total a começar com o que pensamos.

O nosso sistema solar funciona em perfeita harmonia. Os planetas giram, cada um em sua órbita, para garantir o entrelaçamento de cada corpo celeste, sem que haja o perigo de colisão entre eles. Tudo isso está sendo orquestrado por Leis Universais que ajudam a preservar o funcionamento perfeito, não só do sistema solar em que vivemos, mas também em todos os outros sistemas e galáxias que existem por aí afora. Tudo está em perfeita harmonia.

Essa perfeita harmonia é ordenada por um funcionamento divino e preciso. Por sua vez, o homem é o microcosmo, ou melhor, o homem é um pequeno universo dessa perfeição. Por isso ele está também influenciado por todas essas Leis Universais que são responsáveis pelo funcionamento do Universo. Como consequência, essas Leis também estão disponíveis para o homem poder utilizar-se delas.

O caminho certo de utilização dessas Leis tem como meio o poder do pensamento, que é uma energia proveniente dessa organização universal. Por sermos filhos dessa harmonia, podemos também nos utilizar dela para sermos melhores e mais produtivos e contribuirmos enormemente para a nossa vida, para o convívio comum entre os nossos familiares, ter uma vida produtiva e próspera para com a comunidade e a sociedade da qual fazemos parte. Ainda seria possível destacarmo-nos em determinadas áreas da nossa atividade de trabalho e ainda beneficiaríamos uma quantidade enorme de pessoas com o que quer que seja que possamos fazer, realizar, inventar em incontáveis ramos diferentes, seja na área da saúde ou no avanço tecnológico, seja em prestações de serviços ou criação na área de lazer ou cultura. Tudo em prol da nossa harmonia e da harmonia do ambiente a nossa volta, digna do ser humano, filho cósmico da Criação. Devemos ter em mente levar harmonia e paz, em nosso ser, onde quer que estejamos, e isso se inicia no pensamento.

O nosso planeta passa por inúmeras transformações, principalmente pelo crescimento desordenado, que está neste momento exigindo uma forma de pensar diferente de todos nós.

Essas transformações nos impulsionam a pensar de forma global, produtiva e positiva, e não destrutiva, repleta de descaso, como vem ocorrendo.

Pensar de forma produtiva e positiva é estar alinhado ao funcionamento bem ordenado do Universo, é estar alinhado ao lado harmônico desse funcionamento e favorecer o crescimento da vida no planeta de forma plena e não de forma limitada como se pode perceber.

O pensamento é atributo exclusivo do ser humano, por isso só ele tem o poder de mudá-lo de forma decisiva. A natureza só reflete suas ações.

Para termos um mundo melhor, os pensamentos e os desejos emitidos devem ser de harmonia, paz, amor, progresso, união e respeito mútuo.

? ? ? O que você está pensando?

Assim é para você, que é o microcosmo, um pequeno universo. Você deve mudar o mundo começando por você primeiro.

Mude a si mesmo e estará contribuindo para a mudança do mundo. Faça um ato de caridade, de bondade e de respeito para com os outros e ame a si mesmo, como nunca amou, dando-se o respeito que você merece. Cuide de sua mente. Cuide de seu corpo. Não cometa abusos alimentares nem de outra coisa qualquer que venha a prejudicá-lo de alguma forma. Escolha o bom e o belo, o útil e próspero, a paz e a harmonia em tudo o que faz, iniciando pelos seus pensamentos sempre produtivos, positivos e assertivos.

Os pensamentos irão marcar o novo ciclo da humanidade. É através de nossa mente, dos nossos pensamentos, que iremos nos expressar de forma correta, deixando de lado o que fazemos de improdutivo e supérfluo. Devemos focar nas atividades mais produtivas e úteis como nunca.

O pensamento é a principal ferramenta que podemos dispor para mudarmos a situação caótica da humanidade para uma situação de coexistência plena entre as nações.

Se você não gosta do que você é, então comece mudando os próprios pensamentos.

Nós somos os únicos responsáveis por nós mesmos. Nós nos fizemos assim. Você ou eu somos o que atraímos para nós. Se está feliz ou infeliz, é porque pensou de uma forma que atraiu felicidade ou tristeza.

Mude seus pensamentos e mudará sua vida.

Não os mude só por agora. Mude de uma vez por todas. Mude a sua maneira de pensar, de sentir, de se manifestar e de vibrar pelas coisas. Foque suas ideias e seus desejos nas coisas reais e boas de que necessita e passe a ser uma pessoa mais feliz e próspera consigo mesma e com os outros.

Reflita sobre esta frase: *Os pensamentos do passado me tornaram o que sou. Agora tenho pensamentos e ideias melhores, saudáveis, harmoniosas e íntegras. Sou um ser de essência evoluída, digna, honrada, por isso atraio para mim tudo o que é bom, seguro, salutar, próspero, feliz e vivo de forma plena.*

A partir do momento que você entender que o único responsável por tudo o que lhe acontece é você mesmo, tudo fica mais fácil. E, a partir disso, começará a pensar melhor, desejar melhor, planejar melhor. Tudo o que fizer a partir de hoje pare e se pergunte:
– Para que servirá isso?
– Qual o objetivo do que estou fazendo?
– Vou me arrepender, de alguma forma, pelo que estou fazendo?
– Estou provocando ou provocarei dor moral, física ou mental em alguém ou em mim mesmo, hoje ou no futuro?
– O que faço é ou será motivo de orgulho e de prosperidade?

Fazendo uso dessas ou de outras perguntas desse tipo, você pode se guiar para um futuro melhor, mais feliz e harmonioso.

Muitas pessoas acreditam no destino ou que é feliz ou infeliz por conta de outras pessoas. Acredita que elas são responsáveis pelos bons e maus momentos em sua vida.

Acredite, a partir de agora, que o responsável por você é você mesmo!

Pense certo. Haja corretamente. Eleve as ideias. Haja melhor e você será tudo isso.

CAPÍTULO 4

A fé remove montanhas

Todas as pessoas já devem ter ouvido falar essa frase que Jesus proferiu há mais de dois milênios.

O grande Mestre nos deixou essa mensagem para nos orientar na questão das conquistas eternas. Ele queria que entendêssemos, de uma vez por todas, que a nossa mente subconsciente é guiada pela fé e que as grandes realizações estavam e estão sujeitas a ela.

Quando desejamos algo lá no fundo de nossas almas, queremos muito que esse algo se realize ou que aconteça, de verdade, em nossas vidas.

Esse querer, esse desejar, nada mais é do que a fé.

Estar imbuído, impregnado de fé é o mesmo que sentir que todo o seu ser está envolvido por um desejo único do que se quer: Ter ou Ser.

Ter fé é ter certeza do que se quer. A certeza é tão aguda que não existe possibilidade para a dúvida. Não existe nenhum momento em que o indivíduo, envolvido pela fé, fique vacilante daquilo que quer conquistar.

Quando você quer uma coisa, mais que tudo na vida, não vai existir montanha que o desanime, que o impeça de continuar na caminhada. Você irá transpor, ultrapassar os obstáculos que se apresentarem à sua frente a fim de conduzi-lo ao seu destino e a obter o que deseja.

A fé remove montanhas porque não existem montanhas quando se tem fé. Quando se quer realmente algo, nada o impedirá de conseguir o que verdadeiramente deseja. Os obstáculos que vão aparecendo serão superados com segurança e tranquilidade.

O que você está pensando?

Há cerca de um ano lembro-me de um homem, na faixa dos quarenta anos de idade, que chegou até mim dizendo ter dores nas costas que eram fortes e muito incômodas.

Seu nome era Adilson. Ele me contou que já havia feito de tudo. Nos últimos tempos, já não dormia direito, porque as dores eram cada vez mais fortes, mais terríveis.

Após conversamos um pouco, ele me contou que não estava feliz com o seu desempenho no trabalho. Era empresário e não podia mudar de emprego naquela altura dos acontecimentos. O trabalho de sua empresa era repleto de competições e muitos o pressionavam durante o dia inteiro, exigindo e cobrando. Na maioria das vezes, sentia essa pressão nas costas ou como se tivesse de "carregar" a empresa nas costas. Disse que, no começo, ao chegar à sua casa, sentia dores e, por conta própria, fazia uso de analgésicos e relaxantes musculares. No dia seguinte estava bem. Isso funcionou a princípio, mas com o tempo não surtia efeito algum. Em seguida, foi a médicos que lhe receitaram remédios que amenizavam seu problema, mas esse voltava. As sessões de fisioterapias também promoviam algum alívio, mas não era a solução ideal. Massagens não resolviam, muito menos os géis, cremes e pomadas para esses tipos de dores. Até mesmo o colchão ele havia trocado.

Logo ficou claro que Adilson havia somatizado, ou seja, transferido para o corpo físico o sofrimento de ordem emocional, que nesse caso, eram as dores nas costas.

A competitividade, a pressão sofrida na empresa o haviam tornado um homem repleto de energia pesada pelo próprio ambiente de trabalho.

As dores nas costas era o aviso de que ele precisava mudar a maneira como via o próprio trabalho. Precisava mudar sua atitude diante das situações, mudar a forma de encarar sua tarefa, seu cargo, exercendo sua função de maneira mais suave e não dar importância à pressão que, naturalmente, por vezes, era normal.

Muitas vezes, não é a situação que precisa mudar, é a nossa forma de vê-la.

Adilson precisava entender que se ele era eficiente no que fazia. Era honesto e cumpridor de seus deveres, não precisava se preocupar com a pressão ou com as exigências de alguns. Ele não deveria considerar como predadora a competitividade existente em seu ramo, mas aceitável, sem pensar muito naquilo. Isso devido a sua qualificação, eficiência e capacidade.

Nesse caso, podemos perceber que o problema de Adilson não estava em um único campo. Seu problema existia por preocupações excessivas, por querer "carregar a empresa nas costas", quando, na verdade, deveria acreditar na própria capacidade, continuar cumprindo com seus deveres e deixar as coisas fluírem.

As dores e doenças, físicas ou psicológicas, simbolizam sofrimentos emocionais.

É provável que não adiantasse para esse homem frases focadas só na cura de suas dores nas costas, se o que gerou aquele problema foi algo de ordem emocional.

Diante do que ele apresentou, indiquei que fizesse uso dos poderes de seu subconsciente para se livrar definitivamente do problema.

Por nunca ter ouvido falar nisso, Adilson ficou em dúvida e pediu mais explicações a respeito do funcionamento da mente e solicitou que me colocasse à sua disposição, algumas vezes, para que pudesse entender melhor a maneira de utilizar esse poder de forma bem eficaz.

Reunimo-nos poucas vezes e expliquei o funcionamento do subconsciente.

Era uma ideia nova. Um novo conceito. Teria de convencer a si mesmo de que aquilo operaria, não um milagre, mas sim uma mudança muito benéfica em toda a sua vida, explicável pelas Leis Universais.

Como a maioria que entra em contato com essa ideia pela primeira vez, ele também ficou apreensivo com o funcionamento. Porém não tinha nada a perder, uma vez que já havia tentado de tudo, ou melhor, quase tudo.

Após passar a aceitar e acreditar nos poderes de seu subconsciente e de como iria funcionar, Adilson começou a elaborar as frases de efeito e de impressão ao seu subconsciente que iria ajudá-lo.

O que você está pensando?

Verificamos se as frases estavam corretas e se não iriam levá-lo a outros resultados senão o que queria, a princípio.

E a melhor frase para ele mentalizar foi: "*O poder infinito do meu subconsciente está em harmonia com as Leis Divinas da Criação. Proporciona-me paz, leveza de sentimentos, saúde perfeita. Sou otimista. Tenho ânimo e disposição bem ordenada. Vivo de forma agradável e feliz com melhor qualidade em todos os sentidos. Trabalho no que gosto e sinto prazer. Sou compreensivo, otimista, prudente e competente. Tenho sucesso, prosperidade, sou saudável física e mentalmente. Vivo em paz profunda*".

Feito isso, pedi que Adilson se retirasse para um local isolado, calmo e tranquilo. Indiquei que fizesse um bom relaxamento físico e mental para que, depois disso, repetisse em pensamento ou em voz baixa cada uma daquelas palavras, concentrando-se nelas, procurando se encher de fé enquanto as repetisse. Pedi que treinasse os sentimentos de crença enquanto fizesse as mentalizações. Depois disso, que se esquecesse, como se entregasse os seus desejos, os seus pensamentos ao poder que rege o Universo, àquelas Leis Universais de que falamos anteriormente e que trabalha para harmonizar tudo o que existe. Orientei que, após fazer isso, procurasse se concentrar em outras coisas, retomando suas atividades normais, com fé, com a certeza de que o que mais desejou estava acontecendo.

Adilson confessou que, no início, foi um pouco difícil, mas aos poucos se convenceu de que essas frases o estavam ajudando. Ele se sentia mais otimista e esperançoso.

Após três semanas, ele começou a sentir certa melhora física que duravam algumas horas e depois a dor voltava, embora fraca.

Pedi a ele que continuasse com as imposições mentais.

Na sétima semana, Adilson retornou dizendo que havia conseguido dormir melhor. Acordou sem as dores nas costas e ficou maravilhado.

É comum verificarmos que algumas pessoas não conseguem ter sucesso com o uso do poder de seu subconsciente, ou quando têm a solução para um problema outro aparece como que substituindo o primeiro. Isso acontece pelo fato de seu problema ter origem em outra fonte, na maioria das vezes, emocional. Então, resolvido um problema, surge outro. Por essa razão, é necessário atingir a raiz do que causa determinado conflito emocional que impede ou afeta o equilíbrio psicológico da pessoa e até sua saúde física.

Não se é feliz pela metade. Não se tem paz pela metade. Se nós somos um todo, é o todo que deve alcançar a paz e a felicidade plena.

Antes de qualquer coisa, é preciso que se faça uma análise em vários campos de atividade a fim de indicar uma imposição de frases focada num único problema.

Seria completamente incoerente ou inadequado indicar a Adilson alguma frase que impregnasse seu subconsciente no sentido de mudar de ramo, mudar de trabalho. Ele é um empresário de sucesso. Só estava ansioso, e a ansiedade, inimiga em várias circunstâncias, não o deixava relaxar e enxergar a própria competência, entender que muitas coisas, à sua volta, eram normais. Existem situações que não podemos mudar, então o ideal é mudar nossa maneira de vê-las diante de nós.

Não é raro casos como esse, em que problemas físicos tenham como origem outros aspectos da vida da pessoa. Um trabalho estressante ou situações difíceis que se esteja vivendo, de forma conflitante, a ponto de a pessoa não suportar emocionalmente, transporta-se psicossomaticamente para o corpo, resultando em dores físicas e muitas vezes, sem causas aparentes.

O poder do subconsciente não conhece os seus problemas e dificuldades, mas aciona mecanismos de correção no próprio comportamento ou onde quer que ele esteja ocorrendo, atuando através do pensamento. Se seus pensamentos forem voltados para a dúvida, para o que não é bom, assim será sua vida: instável e nada boa. Se seus pensamentos forem positivos, assertivos, voltados para a prosperidade, isso acontecerá com você.

Os poderes do subconsciente podem ser utilizados em infinitas aplicações. Todas elas devem ser, cuidadosamente, preparadas para que se obtenham os resultados esperados pela pessoa. Por isso é importante que você aprenda, neste livro, todos os detalhes do funcionamento dessa mente poderosa.

Dependendo do caso, não haverá êxito se você usar o pensamento positivo desejando algo pelo qual não fez nada para conseguir, não se qualificou para ser. Um exemplo: ninguém será um excelente médico- cirurgião, se não tiver cursado uma Universidade de Medicina. É pouco provável que isso aconteça. Mas, se a pessoa estudou em uma faculdade no curso de Medicina, formou-se, especializou-se e desejou ser o melhor médico, o melhor cirurgião, ela terá todo o êxito, pois o Universo conspirará a seu favor por causa de seu empenho e qualificação.

Ninguém será apto para aquilo que não se qualificou, não se esforçou para ser, mas pode ser o melhor naquilo que se dedicou a ser.

Os atletas paralímpicos emocionam o mundo com os seus exemplos de superação e persistência. Eles aprenderam que suas limitações são desafios à superação mental de obstáculos que precisam ser removidos para que se sintam livres dentro de suas limitações.

Esses atletas poderiam simplesmente ficar em casa reclamando de suas amputações, más-formações, de suas condições limitadas ou ainda vivendo de algum auxílio do governo para o resto de suas vidas, mas não. Eles tiveram fé em si mesmos e lutaram bravamente para treinar e sentirem-se aptos a competirem.

Para aqueles que têm fé, isso não representa obstáculo algum. Como todas as dificuldades que uma limitação física pode causar, inclusive a psicológica. Isso não se apresenta como algo insuperável para eles, pois, pessoas que têm fé podem superar as montanhas que a vida lhes impõe e removê-las, fazendo com que isso seja apenas mais uma fase em suas vidas.

Essas limitações, para atletas paralímpicos, representaram desafios a vencer. Quantas dores físicas e mentais cada um deles aguentou, quantas lutas eles precisaram experimentar e superar, vencer inclusive os "nãos" que devem ter ouvido de muitos, ou as indagações de "para que estão fazendo isso?" Cada um deles fez isso para mostrar o seu poder, a sua vantagem sobre ele mesmo e para ele mesmo. Mostrar a sua capacidade, o seu dinamismo. Cada um deles só conseguiu porque acreditou, talvez sem saber, no poder do seu subconsciente, através do seu pensamento positivo de:

Eu quero! Eu posso! Eu vou conseguir! Se tivessem duvidado, por um só momento, nunca teriam conseguido. Foi seu querer, sua força de vontade, sua disposição, seus treinos, que os levaram até onde chegaram.

Quantos poderiam se imaginar competindo em uma olímpiada, não é mesmo?

As montanhas que esses atletas viram em suas vidas foram removidas quando decidiram participar de competições de atletismo. A fé junto com os seus desejos de superação fizeram com que eles acionassem mecanismos dos seus subconscientes para superarem os problemas que os separavam de uma vida cheia de realizações.

Ao acionarem esses mecanismos, as possibilidades de um dia participarem de competições como essa foram aproximando-se deles até que se tornaram realidade.

Outro exemplo de superação pode ser encontrado na atleta olímpica Joanna Rowssell, britânica e medalhista de ouro em competições de ciclismo, na Olimpíada de 2012 em Londres.

Joanna foi diagnosticada, aos dez anos de idade, como portadora de Alopecia, uma doença que provoca a queda de todos os pelos do corpo.

Aos onze anos, ela começou a perder os cílios, depois as sobrancelhas e, por fim, os cabelos.

Por não entender o que lhe ocorria, perguntava aos pais o que estava acontecendo, e eles lhe diziam que se tratava de uma doença e que um dia a cura poderia vir e devolver os seus cabelos.

A revolta, comumente, é a primeira coisa que ocorre às pessoas com problemas consideráveis e cuja cura não se encontra nem na iminência de acontecer. Muitas vezes, a descrença e o desespero tomam conta dessas pessoas.

Joanna começou a evitar suas saídas para lugares públicos e enfrentava a discriminação por parte dos colegas. Sentia-se envergonhada quando despertava olhares por parte das pessoas que desconheciam o seu problema.

Aos quinze anos, começou a dedicar-se ao ciclismo e descobriu uma paixão por esse esporte. Após algumas visitas de alguns olheiros, que perceberam que ela tinha talento nas pistas de ciclismo, foi incentivada a continuar praticando, pois era dona de um grande potencial.

O que você está pensando?

Começou a vencer as primeiras competições, e daí a ausência dos seus cabelos já não a incomodava mais, pois agora a sensação de vitória era tudo para ela. Sentindo-se realizada, a sua aparência ocupou um grau menor de preocupação em sua vida.

Joanna almejou algo maior para si. Isso fez com que o seu problema com os cabelos se tornasse menos importante. Ela desejou ardentemente conquistar vitórias nas pistas e superar os seus limites. Esses novos objetivos tornaram o seu modo de vida mais produtivo e mais prazeroso, não se preocupando com coisas menores. Sua forma de pensar e agir atraiu oportunidades, a realização de seus sonhos e a superação de si mesma.

A sua aparência não a perturbava mais, pois voltou sua atenção ao seu desempenho nas pistas.

Quando uma pessoa coloca seus problemas ou dificuldades à frente das grandes realizações, dispersa sua energia e dificulta sua capacidade de vitória e domínio de sua vida. Esse é o diferencial dessas pessoas que apresentam características de superação: elas dão foco a algo maior, vislumbram o que há de mais expressivo nelas mesmas e em tudo o que podem conseguir em suas vidas. Focam suas mentes nessas realizações e ignoram os detalhes que poderiam atrapalhá-las para conseguir seus objetivos.

A fé, juntamente com os pensamentos corretos, poderá projetá-lo em suas realizações pessoais e fazer com que os seus obstáculos, suas montanhas, sejam superadas e não voltem mais a incomodá-lo, deixando-o livre para seguir adiante, com harmonia, paz e prosperidade.

Quando sua mente está focada no que quer se tornar ou melhorar em sua vida, tudo à sua volta começa a mudar. Claro que nem tudo acontecerá de um dia para o outro. Mas a vida se movimentará a fim de acomodar as coisas de uma forma bem apropriada às suas necessidades de realização. É como se a vida desse as suas voltas e o levasse ao lugar certo na hora certa, para falar e encontrar as pessoas certas que irão orientá-lo de forma certa, daí tudo se encaixa perfeitamente nos seus propósitos. E, dessa forma, você estará alinhado na vida com os seus objetivos, e a partir daí tudo passa a acontecer bem na sua frente.

CAPÍTULO 5

A mente que cura a mente

A mente capaz de desejar também é capaz de curar

Nos livros de psiquiatria, existem inúmeras enfermidades, transtornos e distúrbios que são originados na mente do indivíduo. Na sua maioria, tais enfermidades são oriundas da própria inadaptação do indivíduo ao mundo que o cerca.

Claro que não podemos descartar as enfermidades que são de origem endógena, ou seja, originam-se a partir das disfunções orgânicas e acabam provocando, no indivíduo, comportamentos adversos e também desadaptativos ao bom convívio com os outros. Cabe lembrar que esses comportamentos são independentes de suas vontades. Essas pessoas estão sujeitas às limitações impostas pelo organismo que, geralmente, são irreversíveis. Como por exemplo: portadores de Síndrome de Down, demência, acidentes que danificam áreas cerebrais etc.

Quanto aos desajustamentos que geram transtornos, um dos mais comuns que se pode diagnosticar, principalmente nos dias de hoje, é a temida ansiedade. A grande vilã do homem moderno.

Somos diferentes. Todos temos um gosto particular por carros, lugares, leitura, programas de televisão, tipos de pessoas, cães, gatos, paisagens, roupas, tipos e estilos de penteados, sapatos, profissões, filmes etc.

Todas essas diferenças nos tornam únicos. Não há no mundo uma pessoa igual a você, a mim, aos seus pais, avós, tios, primos, sobrinhos etc. Nem mesmo irmãos gêmeos, mesmo os univitelinos ou gêmeos idênticos são totalmente iguais, quando a questão é personalidade.

Todos nós temos um mundo em particular, algo só nosso. Um mundo que só nós mesmos podemos ver, por isso somos diferentes em opiniões e ideias, damos preferências por assuntos culturais diferentes ou ainda nem queremos saber deles.

O importante aqui é ressaltar que as diferenças existem e que tudo no mundo diverge no formato, textura ou cor.

Diante dessa realidade, cabe a nós respeitarmos essas diferenças étnicas, religiosas, sexuais e outras, quaisquer que sejam, e dar a atenção que elas merecem, justamente por serem únicas.

Quanto ao mundo atual, observando-o de forma generalizada, ele está dominado pela pressa e indiferença.

O ser humano é subserviente da economia, ou seja, é escravo da economia, vive para ela e por ela. Isso o torna defensor de si mesmo, pois não pode contar com a proteção justa e sólida de uma sociedade de ordem e progresso. Por conta disso, a competitividade acirrada das nações, empresas e até disputas por espaços de trabalhos, que estão cada vez mais concorridos, elevam em forma de escalada a usurpação dos trabalhadores, pagando o mínimo por tarefas que merecem melhores salários, devido à sua importância à sociedade. É o caso dos professores, enfermeiros, médicos e outros. Em contrapartida, paga muito a cargos que pouco contribuem efetivamente para o engrandecimento real da população.

Todo esse movimento frenético nos deixa atordoados, sem referência do que é bom para nós ou não. Deixa-nos confusos com o funcionamento de tudo.

Diante disso, uma epidemia de transtornos psicológicos está assolando a humanidade. O Brasil, já considerado o país que mais tem pessoas depressivas no mundo, vem demonstrar essa realidade. Com isso, quero fazer uma pergunta a você:

Por que estamos tão mal assim? É nossa culpa?

Claro que é!

Sem saber o que fazer, ficamos desolados e *correndo sempre atrás do prejuízo*, como diriam os ditos populares. Sem um objetivo claro de vida e de como se sair melhor das situações que se apresentam no cotidiano, só o prejuízo irá apresentar-se em nossa vida. Quando na verdade, deveríamos *correr sempre atrás do lucro*, e não do prejuízo.

A ansiedade é um dos transtornos que também assola uma boa parte da população mundial. Vamos falar um pouco dela.

Ansiedade

A ansiedade é um estado, em sua maioria, desagradável, que instala um sentimento de apreensão nas pessoas que as tem. Ela se apresenta em momentos que antecedem acontecimentos incertos. Acontecimentos que apresentam uma insegurança diante de situações que ameaçam a vida do indivíduo.

O mecanismo da ansiedade é inerente ao ser humano, ou seja, nasce com ele que o possui, a princípio, em grau de normalidade. A utilidade da ansiedade é despertar o estado de alerta no indivíduo, levando-o a se defender e a se proteger em determinadas situações que porventura ameacem sua integridade física.

Nos primórdios da humanidade, os seres humanos, dotados de mecanismos de ansiedade, conseguiam perceber com antecedência um perigo iminente com tempo adequado para disparar em fuga ou prepará-lo para uma luta em prol da sua sobrevivência e dos seus.

Os seres humanos, dotados desse recurso de forma apropriada, transmitiam geneticamente essa característica aos seus descendentes. Dessa forma, garantiu-se a sobrevivência da espécie humana preservando esse recurso.

Podemos, então, chegar à conclusão de que a ansiedade é normal ao ser humano?

Sim, é um mecanismo de defesa e nos ajuda a perceber as situações de ameaça iminente, próxima e de perigo real.

A ansiedade, assim como o medo, tem a função básica de preservação da vida humana. Os dois ajudam a impor limites saudáveis nas ações humanas e protegem a integridade física do indivíduo.

Vejo, no dia a dia, que muitas pessoas confundem ansiedade, medo e estresse.

Cada coisa é uma coisa. Não vamos nos confundir com isso, apesar de que os três estão interligados. Sendo que um aciona o outro independente da ordem que sejam acionados.

A ansiedade é sentida no dia a dia, basicamente, em quase tudo que vamos fazer. Por exemplo:

Uma pessoa acorda um pouco atrasada para ir ao trabalho. A partir do momento em que percebe isso, começa a apressar-se na realização da preparação matinal rotineira que costuma fazer antes de sair de casa. Nesse momento, essa pessoa apresenta um estado de ansiedade considerado normal para a situação. Nesse exemplo, vamos entender que essa pessoa não acordou muito atrasada, só um pouco.

Agora, quando uma pessoa acorda muito atrasada para ir ao trabalho e percebe isso, o desespero é maior do que o exemplo anterior. É normal que algumas tarefas que deveria cumprir antes de sair de casa acabem por falhar. A pressa encurta os caminhos e também anula alguns feitos. Então a pessoa acaba por não completar o que precisava não só porque esqueceu, mas também porque, muitas vezes, não teve tempo necessário. Esse estado de ansiedade também é normal e adequado à situação em que se encontra esse indivíduo. O estado de ansiedade se apresenta com o intuito de evitar situações embaraçosas e indesejáveis como: punições, ameaças ao corpo físico, dor, separação, ameaça ao crescimento individual, alcançar status etc. Ela leva o indivíduo a evitar ameaças ou diminuir suas consequências.

Outro exemplo seria o de alguém que fosse fazer uma entrevista de emprego e que, antes de ela ocorrer, apresente um pouco de nervosismo, sudorese, um pouco de dores ou contrações na região abdominal ou ainda apresente uma garganta seca. Esse estado de ansiedade é diferente da pessoa que acordou só um pouco atrasada, porém é adequado para a situação. Perceba que as situações se apresentam para a pessoa com um grau de importância que é reconhecido como "normal" e que a sua reação a esse acontecimento está apropriada para a ocasião. Seria patológico, doentio se essa pessoa diante da situação de realizar uma entrevista de emprego quisesse sair correndo da sala de espera onde aguardasse a tal entrevista por não aguentar a pressão da espera ou, ainda, entrar em choro compulsivo. Nesse caso, a ansiedade é patológica, pois a pessoa atribui um grau de importância demasiado à situação vivida. A sua resposta comportamental ao estado de ansiedade a que está exposta não é proporcional, por isso é considerada fora do normal.

Já o medo é um sentimento que está em funcionamento a fim de auxiliar a ansiedade. Ele aciona a ansiedade em nós. Porém deve acioná-la como mecanismo de defesa, de proteção, de preservação da vida e não de forma patológica em que a pessoa perde o controle e age de forma impensada, muitas vezes, ou ainda, passe muito mal, sofrendo em excesso sintomas físicos associados à ansiedade extrema.

Por exemplo: uma pessoa foi atacada por um cão da raça Pit Bull e, na época isso foi muito sério, doloroso, penoso. Com o tempo, ela nem se lembra mais do fato. Mas ao visitar alguém que tem um cachorro da mesma raça, nessa situação, existe uma grande chance dessa pessoa despertar um estado de ansiedade só em pensar em se deparar com esse cão. O medo, pelos problemas e sofrimentos que experimentou, aciona um estado de ansiedade a fim de ela preservar-se, proteger-se do perigo que pode ocorrer novamente.

Nesse caso, podemos chegar a outra conclusão: que é o medo de ter medo. As pessoas com experiências ruins provavelmente temem diante da possibilidade de algo que as façam sentir o mesmo medo novamente. Em outras palavras, elas querem evitar a situação pelo medo de sentir medo.

Isso não é uma regra. Existem pessoas que experimentaram situações difíceis e agem normalmente diante de circunstâncias semelhantes. Nem todos os que foram mordidos por cães temem se deparar com um.

Já o estresse, palavra que vem do latim: *stringere*, e significa "tornar apertado", é associado a uma reação do organismo como uma resposta às novas situações de mudança. Esses acontecimentos levam o indivíduo a uma adaptação que esteja fora da sua zona de conforto, fora do habitual e que modifica todos os comportamentos habituais do sujeito, levando-o à adaptação muito rápida à nova situação que, por vezes, pode ser boa ou não.

Quando o estresse é gerado por uma situação caótica de perda de emprego, separação conjugal, morte de parentes ou pessoas queridas, esse estresse é chamado de "distresse". Ele apresenta sobrecarga no organismo, levando-o a graus extremados de adaptação que, dependendo do tempo em que essa situação permanecer na vida de uma pessoa, pode até vir a apresentar danos psicológicos e físicos.

Quando o estresse é positivo na sua adaptação como, por exemplo, o momento de assumir uma nova promoção, o de avançar nos estudos ou ainda ir para o primeiro dia em um novo emprego, o termo apropriado para esse estresse positivo é "eustresse".

O estresse é o representante fisiológico para o estado emocional da ansiedade. É o resultado do funcionamento sincronizado entre os aspectos neurológicos, psicológicos e biológicos do indivíduo.

O estado de ansiedade atua no funcionamento neuropsicobiológico do indivíduo e é representado pelo estresse que, em outras palavras, é o resultado do organismo ao movimento adaptativo, diante da sobrecarga que sofre em determinadas situações.

Tanto o medo quanto o estresse acionam o estado de ansiedade do indivíduo, que o prepara através de um aparato biológico à sobrevivência do ser, tornando-se uma das ferramentas fundamentais nos processos adaptativos do ser humano face às dificuldades da vida.

Nos primórdios da humanidade, o ser humano era cercado de ameaças em um ambiente hostil e selvagem. Hoje, para o homem civilizado, esse ambiente igualmente hostil não existe na zona urbana. Devido a sua convivência em sociedade, exclusivamente, o ambiente hostil e selvagem foi substituído pelo ambiente hostil, agressivo, adverso, provocante do homem moderno que está representado pela perda do emprego, falta de acesso à rede de saúde apropriada e humanizada, dificuldades e problemas familiares, falta de segurança nas ruas, a crescente escalada da violência urbana, os domínios das facções do mal ao governo estabelecido em determinadas regiões, a corrupção financeira em detrimento do progresso nacional, o assédio moral nas empresas, as ameaças constantes das intempéries econômicas etc, etc, etc...

Dessa forma, quando o homem colocou a ansiedade a serviço da sua convivência social, esta, por sua vez, tornou-se geradora de inúmeros distúrbios psicológicos.

Assim, a ansiedade passou do campo biológico de preservação para o campo social de sobrevivência, onde o mais adaptado socialmente sofre menos hoje.

Aquelas pessoas que possuírem mais propensão, mais vocação aos desajustamentos adaptativos, ligados aos moldes qualitativos e quantitativos atuais de exigência, terão mais dificuldade para enfrentar situações que exijam uma grande flexibilidade adaptativa. Em outras palavras, devido às dificuldades do mundo moderno com todos os seus problemas, aqueles que tiverem uma tendência maior à ansiedade e ao estresse sofrerão muito para se adaptar nessa sociedade competitiva.

Nessa história, o poder do pensamento entra justamente aqui, quando o processo de adaptação do indivíduo está ameaçado por conta dos seus pensamentos inseguros e inadequados ao processo de construção de uma mente íntegra e sadia, ou melhor, quando ocorre uma distorção cognitiva. Distorção cognitiva é entender as coisas de forma errada. É uma distorção do entendimento. Uma distorção cognitiva se caracteriza quando a pessoa apresenta uma resposta ilógica, absurda ou não adaptativa a determinadas situações.

Quando a pessoa interpreta determinadas situações de forma inadequada, passa a desencadear uma série de outros pensamentos que têm como ponto de origem o primeiro, daí desencadeia uma série de pensamentos que não seriam necessários de serem trabalhados pelo simples fato de que, se a pessoa tivesse entendido a situação de forma correta, esses outros pensamentos nem existiriam.

Um exemplo: alguém que se encontra em uma situação de trabalho, na sua sala com paredes de vidro, consegue observar o que ocorre na sala ao lado, mas não escuta o que está sendo dito. Essa

O que você está pensando?

pessoa vê o chefe dirigindo-se até o colega e fazendo gestos de agressividade, colocando o dedo em riste, apontando para o subordinado, franzindo a testa e levantando a sobrancelha ao gesticular com um papel na mão que, em seguida, entrega ao funcionário e sai. A pessoa que observa tudo, da sala ao lado, vai perceber e concluir, através de seus pensamentos, o que viu. Poderá imaginar que o colega estivesse levando uma bronca enorme do chefe que não se mostrou satisfeito ou, ainda, poderá deduzir que o chefe estivesse contando e gesticulando enquanto comentava sobre o filme que assistiu no dia anterior ou, ainda, o chefe estaria, talvez, relatando o que foi que viu outro chefe fazer com um outro subordinado.

Com esse exemplo, conseguimos entender que é possível deduzir e interpretar várias situações a partir de uma mesma cena.

Pelo fato de a pessoa que está na sala de vidro não saber qual é a verdadeira versão da história que se passa do outro lado, ela toma para si o que deduz e interpreta isso como verdadeiro mesmo sem saber. Em seguida, ela gera outros pensamentos baseados na situação que interpretou, como: *"o próximo a levar a bronca serei eu"*, ou *"o que será que ele estava contando? Será a cena de um filme?"*, se for: *"eu gostaria que o chefe brincasse assim comigo"*, ou outra coisa qualquer.

Uma outra situação muito comum, a qual sei que muitos vivenciaram, é aquela em que duas pessoas conhecidas estão conversando e, quando uma terceira chega perto, elas param de falar ou mudam de assunto.

Essa terceira pessoa fica imaginando o que as outras estavam conversando.

Será que falavam de mim? Será que fiz algo errado? O que uma pode ter inventado para a outra que eu tenha dito? Estão comentando mal de mim? Outro dia eu não cumprimentei a primeira e será que ela está triste comigo e quer convencer a outra a se aborrecer comigo também?

Essa pessoa fica temerosa e começa a ter sua mente totalmente voltada para todas as perguntas possíveis, imaginando o que as outras estariam falando a seu respeito. Ela desencadeia uma série de pensamentos desde os mais lógicos até os mais absurdos sobre a possível conversação. Ela, praticamente, não consegue se concentrar em mais nada. Além disso, só pensa e só falará nisso se tiver oportunidade de conversar com outra pessoa a respeito.

Podemos perceber que essas ideias fustigantes, que açoitam a imaginação, não são próprias de uma mente sadia. Isso faz a pessoa esquentar, ferver por dentro.

Muitas vezes, só depois, ela pode saber que a conversa daquelas pessoas não era a seu respeito e sim sobre valores financeiros a serem emprestados e que, no combinar de um empréstimo, não queriam que outros soubessem.

Diante disso, quais são as dificuldades e os problemas associados a ansiedade?

Vamos lá! Chegamos a um ponto bem interessante neste momento.

Vou explicar por que a ansiedade gera os chamados Transtornos de Adaptação ou, como também são chamados, Transtornos de Ajustamento, ou ainda, Transtornos de Ansiedade.

Como já foi dito, a ansiedade atua no biológico, no corpo, a fim de disparar uma defesa em resposta à ameaça à sua integridade. Ela não faz isso simplesmente, a ansiedade dispara todo um aparato neuropsicobiológico para fazer com que o indivíduo se prepare para salvar-se e isso inclui o rebaixamento do estado de consciência, aumentando consideravelmente a atenção seletiva, ou seja, aumentando a atenção em seu objetivo principal que, por sua vez, foca a mente do indivíduo naquilo que está prestes a atingi-lo, quer seja real ou imaginário, fazendo-o estar desatento a questões menores que não o ameaçam.

Esse mecanismo funciona muito bem quando se fala em uma defesa contra um animal raivoso e feroz. Mas será que esse mecanismo funciona para os processos adaptativos sociais da atualidade?

Vamos analisar algumas situações:

O fato de a atenção seletiva estar ativa nos momentos de ansiedade faz com que o indivíduo preste menos atenção ao que está à sua volta. Imaginem uma situação no banco escolar, no qual um aluno está ansioso pelo fim da aula ou está ansioso por sair daquele ambiente por qualquer motivo, ou ainda que já tenha chegado ansioso à sala de aula. O grau de afetamento desse sujeito está associado ao grau de ansiedade do qual é portador, somado aos seus recursos psicológicos em lidar com a questão da ansiedade em situações assim, ou seja, irá depender das suas habilidades em lidar com a ansiedade nesses momentos para então anular os seus efeitos danosos e aproveitar para perceber que não está concentrado e que não está presente totalmente na aula. As pessoas ansiosas apresentam dificuldade maior em prestar atenção no foco principal que, no caso, é a aula e focam seletivamente em aspectos irrelevantes nessas situações. Eis a importância de se trabalhar os aspectos da ansiedade em ambientes educacionais devido a esses motivos, desde a infância.

Algumas empresas, principalmente hoje, procuram usar o aspecto da ansiedade de seus clientes em benefício próprio. Mas nem sempre isso funciona de forma positiva para elas mesmas quando o cliente sabe lidar com sua ansiedade.

É comum chegarmos a lojas de roupas, hipermercados, lojas de departamentos, principalmente nos finais de semana e ouvirmos músicas muito agitadas e em volume alto. Isso é usado a fim de o cliente ficar inquieto, ansioso e, sem pensar muito, começa a pôr no carrinho de compras mercadorias que, em momentos menos estressantes, mais calmos e menos perturbados, não compraria. Mas isso não funciona quando o cliente se conhece, controla-se e não se deixa afetar por situações que provocam ansiedade.

Tive a oportunidade de presenciar, em uma loja bem grande, que vendia materiais para decoração e construção, a seguinte cena: no departamento de tapetes e cortinas, o marketing da loja decidiu colocar um grupo de aproximadamente cinco contratados, vestidos de palhaços, dançando de modo espalhafatoso ao som de uma música excessivamente alta e agitada. Esse grupo, enquanto dançava, tomava o corredor, que apesar de largo não permitia as pessoas andarem e observarem as mercadorias com facilidade.

Alguns clientes, principalmente os que estavam acompanhados com crianças, paravam e olhavam o grupo por algum tempo, os outros passavam pelo local rapidamente para fugir do barulho intenso. Observei um casal que parou ao lado de uma pilha de tapetes e começou a olhá-los, analisando as cores das mercadorias. O casal não conseguia conversar a respeito da mercadoria devido ao som alto e olharam com ar de insatisfação para o grupo que os perturbava. Após alguns minutos, retiraram-se sem consultar um vendedor e sem levar qualquer tapete. Minutos depois, a cena se repetiu com outro casal que também foi embora sem levar nada. Um tempo depois, duas mulheres, que pude deduzir serem mãe e filha, também olharam mercadorias perto dos palhaços dançarinos e, insatisfeitas por não conseguirem decidir o que precisavam, foram embora. Para dizer a verdade, até eu e minha esposa, que procurávamos almofadas e outras peças para decoração, também não suportamos o barulho e fomos para outros setores da loja. Quando o som parou e percebemos, de outro setor, que o grupo havia se retirado de perto dos tapetes e cortinas, eu e minha esposa voltamos ao lugar e, tranquilamente, escolhemos o que nos interessava. Logo vi que um dos casais que estiveram ali antes, junto conosco, observando os tapetes, também voltou, mas os outros não.

O que aconteceu?

As pessoas que sabiam controlar a ansiedade, não decidiram nada no momento de agitação, de estresse para não se arrependerem depois e se afastaram do lugar perturbador, só que poucas foram as que voltaram mais tarde. O ambiente estressante, proporcionado pela empresa, muitas vezes não é tão atrativo como se pensa e acaba prejudicando as vendas. Penso que a empresa teve prejuízo, pois muitos outros clientes se afastaram do local, sem sequer dar uma olhadinha, pela mesma razão dos outros. Os que ali ficavam olhando o grupo dançando não estavam a fim de comprar nada, estavam a fim de se distrair e matar o tempo.

Empresas que lidam com clientes de forma tão direta devem oferecer atrativos agradáveis, que os façam ver e entender a utilidade do que eles proporcionam e oferecem, não provocar situações que desconcentre e distraia. Quando se oferece o que é bom, o que é útil de forma agradável, o cliente, satisfeito, volta.

Pessoas ansiosas que fazem suas compras em momentos agitados não focam sua atenção naquilo que precisam e acabam não comprando a coisa adequada ou compram aquilo que não é necessário.

Eis a razão de se concentrar naquilo que se quer e, muitas vezes, isso é questão de treino.

Da próxima vez que for fazer suas compras, leve uma lista daquilo que precisa exatamente. É preferível ter de voltar à loja para comprar o que se esqueceu do que levar para casa aquilo que não precisava. Durante a compra, prenda sua atenção naquilo que quer. Caso se distraia, volte quantas vezes for preciso. Volte sua atenção para aquilo que foi buscar ali. Fique atento com as finanças. Isso mesmo. Lembre-se, constantemente, de quanto pode gastar para não ultrapassar seu orçamento. Isso é controlar a ansiedade e não se deixar levar pelos atrativos ou distrações que o fazem perder o controle de si mesmo.

Outra situação comum em grandes empresas é o Departamento de Marketing junto com o Departamento de Recursos Humanos promoverem atividades para os funcionários, durante o expediente, para que esses parem com o que estão ocupados a fim de fazê-los participar de dinâmicas com o intuito de acionar a ansiedade deles, dizendo que isso os motiva e os "acorda" para o cumprimento de meta. Dependendo de como isso é realizado, tal atividade pode ser danosa, prejudicial ou pouco estimulante. Na maioria das vezes, é prejudicial, tendo em vista a sociedade agitada em que vivemos, pois todos levam para o trabalho a bagagem dessa agitação diária, mesmo quando não a manifesta.

Um exemplo do que estou dizendo são funcionários que atuam em determinada área e estão concentrados no trabalho. Muitas vezes, já ansiosos para cumprirem metas, resolverem desafios, buscarem soluções e, de repente, um grupo vestido de forma extravagante, muito chamativo, promovido pelo Marketing e Recursos Humanos, entra no departamento em que muitos estão concentrados e fazem algazarras, *apitaço*, cantoria, gritaria, tirando a concentração, a atenção daqueles que há horas estão debruçados em um problema. A equipe que promoveu tal apresentação diz que isso "acorda" os funcionários, faz com que se sintam motivados. Na verdade, essa atividade pode provocar o contrário do que se pretende. Essa interrupção só por ser uma interrupção das atividades, desconcentra a todos e os coloca num estado de ansiedade muito acima do que já se encontravam, pois a consciência fica prejudicada e a atenção seletiva fica focada em aspectos irrelevantes, deixando o raciocínio prejudicado e à mercê de interpretações equivocadas. Dessa forma, o que se pensa ser bom é danoso. O que se pensa ser algo dinâmico e motivador é um exercício estressante.

O estresse pode chegar a um grau elevado. Quando assim for, é chamado de *"burnout"*, palavra do inglês que quer dizer queimar, e, literalmente, o indivíduo se sente queimar por dentro, sente que está fervendo.

Para despertar no funcionário o espírito de colaboração e aumentar seu rendimento, deve-se prepará-lo antes do início da atividade, antes de ele assumir sua função. Tirar sua mente do estresse que já o invadiu anteriormente por conta do trânsito ou do transporte coletivo, que usou para chegar à empresa. Fazê-lo relaxar para livrá-lo da tensão, fazê-lo tomar consciência de si, de sua capacidade, de sua importância para si, dizendo o quanto ele é importante para a realização das tarefas da organização, bem como do seu estado de espírito que desperta a criatividade, abrindo a sua mente para soluções inovadoras. É importante que a organização reconheça o trabalho do funcionário, valorizando-o, demonstrando para ele a sua importância, seu potencial em todo o processo de crescimento da empresa, dessa forma o manterá motivado, alerta para a realização de suas tarefas.

Vamos lembrar que foi assim, com palavras convincentes, estimulantes, valorosas que muitos líderes mundiais conseguiram fazer com que povos inteiros se superassem e realizassem além do necessário para vencer. *Apitaço* e algazarras não estimulam, só irritam, desconcentram ou distraem.

O que você está pensando?

É muito comum indivíduos ansiosos terem dificuldades em apresentar as informações de forma ordenada, caso não estejam bem preparados ou quando pegos de surpresa. Não conseguem elaborar um material organizado e que sirva de orientação para outras pessoas. Indivíduos ansiosos nem sempre são bons como professores e podem confundir os alunos, pois vivem mais estressados do que os outros, sofrendo muito com isso. Os chefes ansiosos nem sempre conseguem ser claros em seus pedidos e explicações e podem acabar confundindo e atrapalhando os seus subordinados. Geralmente, um aluno ansioso não consegue estudar de forma sistemática, pois estuda de forma desordenada, não encadeando as ideias de forma sequencialmente crescente. De tanto não prestar atenção, ele, muitas vezes, não sabe o que e nem por que está estudando.

Na solução de problemas, os ansiosos, que não controlam a ansiedade, apresentam uma inflexibilidade ao procurarem novos caminhos a fim de superarem obstáculo. Eles têm dificuldade para encontrar soluções que precisem ser meticulosas para problemas delicados ou que necessitem de um grau de manobras que vão além do que sua ansiedade permite, devido a sua falta de concentração e controle sobre si.

A ansiedade e o pensamento

O estado de ansiedade compromete a capacidade do indivíduo de perceber e interpretar a realidade, bem como a sua capacidade de julgamento. A pessoa que é ansiosa dispõe de processos mentais rebaixados em relação ao seu estado normal, assim ela não entende plenamente a situação em que vive e possui uma clareza relativa de sua situação real. Não dispondo de sua total consciência, faz-se necessário que procure ajuda psicoterapêutica para auxiliá-la a entender-se, controlar seu estado de ansiedade e decidir pelo melhor em suas escolhas.

As dificuldades de ajustamento são seguidas de um sentimento de frustração pelas pessoas que possuem ansiedade em demasia. Dessa forma, ela é depositária de uma inundação de sentimentos e de pensamentos derrotistas a seu respeito e é justamente aí o grande perigo.

Nesse momento de desesperança e de confusão, a pessoa deve tentar bloquear os pensamentos frenéticos, procurar um lugar reservado, mesmo que seja um banheiro, fechar os olhos, respirar fundo algumas vezes, tentar experimentar um momento de calma ao mentalizar, refletir e acreditar na frase:

Tudo está calmo e em ordem. Eu estou em paz. Eu sou paz. A minha mente está no controle dos meus pensamentos e das minhas emoções. Estou confiante em mim mesmo e nas possibilidades infinitas de prosperidade que alcanço e que a cada dia são mais abundantes. A cada nascer do dia que participo, sinto uma alegria e um bem-estar profundo em minha vida.

Repita essa frase pelo menos três vezes ou até que se sinta realmente calmo e confiante em si mesmo.

Dessa forma, cada vez que repetir a frase para si, estará dominando os pensamentos que lhe impõem medo ou insegurança e que disparam confusão em sua mente.

Cada vez que se vir tomado pelo estado de ansiedade, repita essa frase até que se acalme e retome a sua rotina em seguida. Deixe, se possível, essa frase sempre à mão para que possa fazer uso dela em qualquer lugar que esteja.

Caso a pessoa não tome atitudes para diminuir ou até extinguir os pensamentos que aumentam a sua ansiedade, principalmente pensamentos derrotistas, pode acontecer de eles levarem-na ao abandono de si mesma e ter consequências graves como apelo para fumo, álcool, drogas, compulsão alimentar resultando em obesidade ou, ainda, levam-na a prática de sexo compulsivo, banalizado, ou a ausência de desejo sexual e outros. Podendo chegar a casos mais graves como: ataques de pânico, transtornos obsessivos compulsivos ou, ainda, um estado depressivo por não conseguir compreender os problemas pelos quais está passando.

O estado deprimido alcançado, geralmente, se dá quando a pessoa se vê "girando" em torno de si mesma pelos pensamentos ansiosos e não consegue, sozinha, achar uma saída.

Para ser vítima de Transtornos de Ansiedade ou Neurose de Ansiedade, não é necessário trabalhar por muitas horas com enormes responsabilidades e encargos que não dê conta. Para ser vítima da ansiedade, basta estar vivo e não controlar o que se pensa e o que se sente. Também independe de idade, sexo, etnia ou credo religioso.

Ao contrário do que se acredita, a ansiedade não é uma característica exclusiva de pessoas adultas. Adolescentes e crianças são igualmente ansiosas e sofrem com isso.

Às vezes, as pessoas se perguntam por que são ansiosas. A resposta, talvez, esteja na sua infância ou na sua adolescência, pois pode ter vivido em um grau de exigência máxima de seu potencial na questão adaptativa, principalmente nos tempos modernos.

Os pais de hoje querem, a todo custo, deixar seus filhos prontos para o mercado de trabalho, colocando-os em escolas e em cursos de reforço ou, ainda, exigindo uma atividade de adulto, quando ainda são crianças ou simplesmente adolescentes.

As fases da mente não podem sofrer saltos. Elas precisam ocorrer em sua ordem natural. Assim é.

Não se pode mudar uma natureza que, há milhares de anos, procede da mesma forma, simplesmente porque nos últimos cento e cinquenta anos, logo após a Revolução Industrial, as novas circunstâncias sociais se tornaram mais rápidas e exigentes.

Os pais desejam tão ardentemente uma vida melhor para os filhos que começam a sobrecarregá-los com atividades que chegam a oprimi-los, a angustiá-los, sem perceber, criando um estado de ansiedade nos pequenos que, na vida adulta, vai custar a eles muito sofrimento pelos desarranjos de ordem emocional e, talvez, decepções e muitos anos de psicoterapia.

É evidente que queiramos o melhor para nossos filhos. Prepará-los adequadamente é a missão dos pais ou responsáveis. Mas não podemos jogá-los em uma escola e esperarmos que saiam dali adultos preparados, assim como numa linha de produção industrial.

Educação escolar é uma coisa e educação familiar é outra. O que acontece é que os pais da modernidade, talvez, não se sintam confiantes para educarem seus filhos. Isso ocorre, provavelmente, por não terem sido educados de forma adequada. Alguns pais, até inconscientemente, encontram-se inaptos ou inseguros para ensinarem e educarem, por essa razão passam essa responsabilidade para os professores. Eles colocam, muitas vezes, o filho em várias escolas ou atividades, mantendo-o atarefado o dia inteiro, talvez para fugirem da responsabilidade de, simplesmente, estarem com o pequeno. Como se não bastasse, muitos pais ou responsáveis "terceirizam" a educação familiar dos filhos, deixando-os com babás, empregadas, motoristas ou outro funcionário do lar, ou, pior ainda, deixando-os com a babá eletrônica chamada televisão com programas, muitas vezes, violentos e inadequados para a idade, ou os deixam com a sua irmã, a internet, que possui conteúdos ainda piores e de difícil monitoramento, para não dizer impossível.

O que os pais, hoje, precisam entender é que a escola não é um lugar para se aprender um conjunto de preceitos instrutivos ou morais sob regime disciplinar, no qual se colocam crianças para lhes dar conhecimentos gerais, educação moral, civismo, habilitação em artes e ofício, adaptação à sociedade, ajustamento social, correção e toda a espécie de tratamento e instrução, como se fosse alguém com defeito ou desvio de caráter, para que saia de lá uma pessoa "sem defeito", "consertada", retinha, perfeita, equilibrada para a sociedade, sem a participação dos pais.

Escola não é reformatório! Escola não é o seio de uma família!

Por mais que se tenha amigos, colegas e professores dedicados, na escola, não se tem parentes!

Na escola, não se encontra carinho, amor e moralidade como as que devem ser recebidas e ensinadas pelos pais ou responsáveis. Os pais que acreditam nisso estão errados, enganados.

Essa pressão de ter que estudar em várias escolas ou ter várias atividades, ter de ser o melhor, ter de ser o mais educado, ter de dar conta, não poder errar, ter de ser mais rápido, ter de ser o mais bonito, ter de fazer isso ou aquilo e, ainda, ser criticado pelos pais quando não conseguem algum objetivo, sobrecarrega, estressa, angustia a criança ou adolescente que, com certeza, será ansioso nessa fase da vida, será um adulto ansioso e poderá ter sérias consequências por conta disso tudo.

? ? ? O que você está pensando?

O trabalho de desenvolver o caráter em uma criança e torná-la equilibrada para a sociedade é da família. Queiram admitir ou não.

A pressão por muitas atividades ou a ausência dos pais que abandonam seus filhos, mesmo estando com eles, pode gerar muitas consequências desagradáveis, pois seus filhos irão sofrer na escola quando crianças, terão problemas de relacionamento agravados na fase da adolescência, chegando, algumas vezes, a se tornarem os "rebeldes sem causa" e, na fase adulta, irão atrapalhar-se nas suas escolhas profissionais e na escolha dos companheiros que o irão desposar, podendo chegar a separações prematuras, com uniões que durem menos de um ano, por não conseguirem estabelecer uma relação afetiva estável, porque, talvez queiram que as coisas andem mais rapidamente do que o natural. As pessoas ansiosas exigem muito de seus companheiros.

Não custa nada repetir que as pessoas ansiosas, que não conseguem controlar sua ansiedade, normalmente, são menos produtivas, em qualquer idade. Elas não se estabelecem de forma adaptativa nas relações interpessoais, podem se sentir com dificuldades em estabelecer um diálogo construtivo, produtivo e permanente com as pessoas, podem fracassar em sua maioria nessas questões. Portanto, para elas a vida social é comprometida em alguns sentidos.

Os relacionamentos conjugais da atualidade, muitas vezes, fracassam pelo fato de as pessoas não se unirem de forma verdadeira, tendo uma relação sem companheirismo, amizade ou fidelidade. As relações não possuem firmeza de sentimentos, afeição, perseverança, rigor na verdade, exatidão própria que lhe é devida, pois um ou ambos são egoístas, com visões torpes ou fundadas em interesses financeiros ou, ainda, atraídas pela aparência física de uma beleza ditatória que se tornou padrão hoje e que muitos sofrem para poder conseguir. Um ou ambos esquecem que o outro é uma pessoa que merece compreensão, cuidados e carinho tanto quanto ele. Conversa, diálogo, paciência são fundamentais. Os ansiosos, normalmente, têm grande dificuldade quanto a isso tudo, pois querem viver o futuro, podendo não se importar com o presente ou com quem está ao lado.

Há quem diga que a ansiedade possui um lado positivo. Deve-se ter muito, muito cuidado ao se afirmar isso, pois a verdade é outra.

Infelizmente, certo dia, deparei-me com alguns textos na internet e com alguns artigos de revistas afirmando que a ansiedade pode ser positiva, porém há algo a se considerar a esse respeito e que deve servir como alerta, pois esse assunto necessita de mais cuidado. A ansiedade não é algo banal, tampouco deveria ser alvo de especulação por parte daqueles que pouco se empenharam em adquirir conhecimento sobre essa área da Saúde Mental.

Definitivamente, não vejo como a ansiedade pode ser considerada positiva para quem a tem, para quem sofre com ela. Por ser considerada um dos males do século XXI, talvez, alguém esteja argumentando tal fato por querer provar que a ansiedade deva ocupar um lugar definitivo no sentimento das pessoas por não saber mais o que fazer para atenuar seus efeitos. Mas lembremos que a ansiedade é um *estado* e não uma *característica permanente* a qual as pessoas deveriam abrigar, adotar no seu dia a dia.

Não se deve adotar ou optar por ter ansiedade como uma característica permanente, nunca! Porque não é normal nem bom viver ansioso.

Se ela é um estado, deve permanecer como tal. Se a ansiedade for considerada importante ou normal e a pessoa perder o controle sobre ela e sobre seus sintomas psicossomáticos terríveis, pode ter todo o seu curso de vida alterado.

Muitos falam bastante, mas não conhecem os efeitos nocivos, as minuciosidades da ansiedade e os danos terríveis que ela provoca. Por conta disso, alguns acabam confundindo o estado de otimismo, de excitação ou de empolgação, chamando-os de ansiedade positiva.

Por exemplo, uma pessoa pode se empolgar e estar otimista, além de feliz pelo fato de ir viajar, isso não quer dizer que esteja ansiosa. Precisamos ser cautelosos ao usar um termo em substituição de outro parecido. A pessoa que vai viajar está risonha, alegre, fazendo as malas, sentindo-se afortunada, intimamente contente, com sorte pelo que está por conhecer ou desfrutar. Faz planos de acontecimentos positivos e não vê a hora de desfrutar seus sonhos, seus planos.

Porém, se uma pessoa que vai viajar fica pensando em demasia no que vai ou no que pode acontecer, ansiosa para saber se a viagem vai dar certo, se o tempo vai ou não cooperar com seu passeio, se a roupa que está levando é adequada, se o carro vai dar problema, se onde ela vai se hospedar vai ser bom, se o carro, ônibus ou avião vai sair na hora certa e tudo isso a deixa inquieta, insegura provocando uma inquietação impiedosa, incômoda com pensamentos frenéticos, isso é ansiedade e jamais pode ser considerada positiva, pois essas preocupações, muitas vezes inúteis, fazem com que o indivíduo sofra antecipadamente por algo que não aconteceu e que, provavelmente, não acontecerá, e, se acontecer, pode não ser algo tão terrível assim como ela imagina. Essa pessoa deixa de viver o momento em paz em harmonia. Quando é que isso é bom? Como é que pode ser considerado algo positivo se é um sentimento de expectativa que tira a paz e a harmonia?

Não podemos nos esquecer de que a ansiedade tem o seu papel na sobrevivência do ser humano e que aparece, de tempos em tempos, quando é acionada convenientemente para sua preservação. Portanto, não devemos, nunca, considerar a ansiedade um estado permanente, normal, muito menos positivo, como defendem alguns autores, os quais, às vezes, fazem-no até de forma alegre e descontraída. Isso não deveria ser feito, pois a ansiedade é algo sério a se considerar e a se observar, não cabendo, nesse momento, manter um clima de brincadeira a seu respeito, pois de acordo com a teoria clássica da Psicologia e da Medicina Psiquiátrica sua definição original e acadêmica foi muito bem observada no *Manual Diagnóstico e Estatístico de Transtornos Mentais* (DSM-IV-TR).

É importante deixar bem claro que o Manual Diagnóstico e Estatístico de Transtornos Mentais nunca abordou a ansiedade, em qualquer aspecto, como Ansiedade Positiva. Isso não existe lá. Muito menos foi mencionado algo sobre a ansiedade ser aplicada de forma estratégica ou benéfica para a pessoa atingir destaque profissional ou ser eficiente por possuir tal Transtorno.

O que podemos observar, hoje, por exemplo, é que empresas, bem astuciosas, ao observar um funcionário ansioso, coloca-o em lugar estratégico, onde esse atributo, a ansiedade, possa ser usado como ferramenta em benefício da empresa, não importando o quanto de inquietação, incômodo ou de sofrimento psicológico isso traga a esse funcionário, que depois do seu turno de serviço vai para casa, muitas vezes, nervoso e preocupado com o que tem para resolver. Se o funcionário é ansioso, ele vai ficar planejando, intensamente, o que tem para realizar, fica preocupado com as metas, com os prazos e muitas outras coisas juntas e ao mesmo tempo. Se ele desconhece ser ansioso ou se não sabe lidar com a sua ansiedade, com o tempo, isso pode lhe trazer problemas de ordem psicológica como o Transtorno de Ansiedade, Depressão ou Síndrome do Pânico ou até mais graves como: enxaquecas, problemas cardíacos ou Acidente Vascular Encefálico (AVE) ou mais conhecido como derrame cerebral.

É aí que observamos o uso "positivo" da ansiedade, mas de forma alguma esse benefício é voltado ao funcionário, à pessoa, ao ser humano.

Nesse caso a ansiedade é positiva e produtiva aos negócios, aos interesses empresariais.

Pessoas que falam ou escrevem sobre ansiedade positiva superficialmente, sem conhecimento ou visando o lado empresarial e não o lado humano, o lado daquele que sofre de transtorno de ansiedade, podem cometer sérios enganos. A não observância desses conceitos confunde o leito, levando-o a considerar que o estado ansioso que se encontra pode ser algo positivo, bom e produtivo para ele. Os que abordam a questão da ansiedade, de modo exploratório ou irresponsável, esquecem-se ou se omitem de mencionar a evolução da ansiedade para casos mais graves e agudos e que as pessoas que sofrem com ela têm personalidades e características diferenciadas, psicologicamente. A pessoa ansiosa precisa se conhecer muito, conhecer muito sobre ansiedade para saber lidar com ela e tirar algo positivo desse estado, mas algo positivo para si em primeiro lugar. Portanto nem todos conseguem fazer uso dela, positivamente, sem que o seu estado se agrave, chegando a um ponto sem retorno breve, sofrendo de grandes e graves incômodos físicos e emocionais, pois os sintomas da ansiedade são relatados como sintomas horríveis, de muito sofrimento psicológico e físico. Isso poderá custar muitos anos saudáveis de vida dessas pessoas.

Caro leitor, se já ouviu dizer que a ansiedade tem o seu lado positivo e pretende continuar assim, aconselho primeiro você consultar um psicólogo, responsável, para avaliar se o seu estado de ansiedade é normal ou se está evoluindo para quadros mais graves. Só então tomar a decisão que lhe convier.

A ansiedade, natural ao ser humano, é um estado temporário de alerta para nos preservarmos diante de um perigo, não uma característica permanente. Por isso devemos estar atentos aos seus sintomas e não considerá-la normal em momentos onde nada põe em risco a nossa vida, a nossa integridade.

É bom lembrar que preocupações e responsabilidades todos temos, e, assim como não é normal sermos negligentes e desleixados diante do que precisamos e devemos realizar, não é normal também sofrermos aflitivamente, ficarmos atormentados, sentirmo-nos ferver, termos sintomas físicos por precisar buscar soluções ou por não ver soluções diante de situações a resolver.

Só para se ter uma noção, principalmente para aqueles que desconhecem o assunto, as pessoas que sofrem do Transtorno de Ansiedade reclamam de incontáveis sintomas físicos, além dos sofrimentos psicológicos. Tais sintomas podem ser: tremores nas mãos ou em todo o corpo, tremores nas pálpebras, estremecimento, sensação de que os nervos ou músculos da face ou de alguma parte do corpo permanecem contraídos ou retesados, fadiga inexplicável, dor muscular e nas articulações, dores de cabeça, nó no peito, dor no peito como se fosse enfartar, palpitação cardíaca como se sentisse o coração bater rápido demais ou sentindo o coração batendo na garganta, nó na garganta, sensação de desmaio, tontura, tensão súbita, vertigem que, muitas vezes, é confundida com labirintite, sudorese, náuseas, tensão mental, ideias confusas, sensação de que algo horrível vai acontecer e a impressão de que está ficando louco, dificuldade de concentração ou o famoso "deu branco", prejuízo da memória, insônia, sono não reparador ou sono excessivo, falta de desejo para o sexo ou desejo sexual excessivo, dificuldades para engolir, inapetência ou apetite excessivo, arrepios de frio e ondas de calor, aumento de peristaltismo, que é a diarreia, insegurança, mal-estar indefinido, vontade de chorar e outros, muitos outros sintomas.

Há pessoas que se queixam de um ou alguns, mas outras chegam a sentir quase todos esses sintomas ao mesmo tempo, em maior ou menor grau de intensidade. Esses sintomas de Ansiedade e os da Depressão com sintomas físicos ou de outros Transtornos de Humor são quase idênticos. É algo incômodo e intensamente desgastante.

Lembra aquilo que foi dito lá no início deste livro? "A maior luta do homem é a luta que ele trava consigo mesmo. Só você pode se derrotar. E isso pode acontecer se não tiver conhecimento, controle e domínio de si mesmo".

Isso se aplica perfeitamente para aquele que tem ansiedade ou já sofre com o Transtorno de Ansiedade.

Esse estado está relacionado a acontecimentos ou fatores extremamente estressantes.

Aquele que não sabe que é ansioso, não tem seus pensamentos ansiosos sob controle e usa todo o seu potencial ansioso para trabalhar em serviço estressante e exigente. Usa a ansiedade de forma positiva para a empresa e não para si mesmo. Esse poderá chegar a sofrer muito por conta disso, uma vez que a ansiedade existe e aflige em diferentes graus de intensidade.

A não atenção aos aspectos da ansiedade pode levar uma pessoa ao Transtorno de Ansiedade. Essa doença pode, em alguns casos extremos, necessitar de hospitalização e, ainda por cima, vir somada a um estado de Depressão. Além disso, seu tratamento pode ser lento e prolongado.

Voltando a exemplificação da ansiedade em caso de uma viagem ou acontecimentos, como simples passeios ou festas. Quando uma pessoa vai viajar ou participar de uma festa e está se prepa-

rando para tal, ela abarca um sentimento de ansiedade, o qual, alguns autores, menos avisados, diriam que a pessoa está com um sentimento de ansiedade "positiva" porque algo bom vai acontecer a ela, que é a viagem em si. Mas se analisarmos bem, com "olhos clínicos", de quem entende e estudou o assunto, diremos que essa pessoa teve sua ansiedade acionada pelo medo. Puro medo! Medo de não estar com a roupa certa, medo de não dar certo, medo de...
...de qualquer coisa.

Portanto viajar ou ir à festa, para ela, representa um medo de que algo dê errado, que venha a ter problemas e de como vai ser se estiver em uma situação que não consiga solução. Seus pensamentos giram em torno da insegurança, do inesperado, de ter de planejar tudo bem certinho ou não, de querer agradar sempre, de não querer falhar em nada. Isso significa medo, medo puro.

Entende que ansiedade positiva não existe se o que a está mobilizando uma agitação mental é o medo?

Se existe o medo, existe um sentimento de inquietação, temor, insegurança, de ameaças ante a noção de um perigo real ou imaginário pronto para acontecer.

Onde é que esses sentimentos de ansiedade podem ser bons ou positivos para alguém?

A ansiedade vem como um medo para proteger de algo que está prestes a acontecer. Ela é como um alerta, um aviso e, se esse medo aumentar a cada vez que se prepara para viajar ou festejar, consequentemente a ansiedade também aumenta até que atinja níveis preocupantes ou patológicos. Cabendo lembrar que o que está ou o que pode acontecer negativamente, talvez, não aconteça. e se acontecer pode não ser algo terrível, de perigo de morte, que seja uma tragédia. Aí vemos que a pessoa sofre antecipadamente, e pior, desnecessariamente.

Não podemos nos esquecer de que as pessoas são diferentes. Para algumas, o medo da viagem não existe ou é uma preocupação normal, algo que podemos chamar de preocupação cautelosa. Enquanto que para outras o preparo para uma viagem ou festa a leva a um estado mental de apreensão, desassossego, inquietude, aflição, nervosismo, chegando até a um estado de pânico. Talvez isso possa acontecer por conta de experiências nada boas adquiridas em viagens ou acontecimentos anteriores.

Lembre-se sempre de que as pessoas encaram de maneira diferenciada experiências em comum. Por exemplo: quando se faz uma excursão, geralmente o grupo que viaja é grande e de uma variedade considerável de personalidades. Podemos verificar que, no final da viagem, alguns gostaram muito, enquanto outros se demonstraram indiferentes e vai existir até os que não gostaram.

Por que isso? Porque as pessoas viram a viagem, cada uma, do seu jeito, e por isso aquela viagem representou uma experiência diferente para cada uma delas. A experiência pessoal não pode ser compartilhada com outras pessoas justamente pelo modo diferente que cada pessoa a vê e a sente, cada qual a seu modo. O que pode ser bom para um pode não ser para outro.

Quando uma pessoa está acostumada a fazer uma viagem para o mesmo lugar, essa pessoa dificilmente estará ansiosa por ir, pois já conhece a rotina dos acontecimentos que essa viagem pode proporcionar e já se precaveu contra eles. Então eu pergunto: para onde foi essa ansiedade positiva?

A ansiedade está onde o medo está, e se a pessoa tem medo é porque ela tem dúvidas e está preocupada com o que vai acontecer. Ela não atingiu o grau de segurança ou a maturidade para lidar com determinadas situações. E, se está com medo, é porque aquilo representa uma ameaça ou insegurança para ela. E se essa ameaça ou insegurança forem duradouras, podem desenvolver uma fobia ou sofrer com sintomas psicossomáticos ou ainda atingir níveis de ansiedade debilitantes. Vamos tomar cuidado com essa tal de ansiedade "positiva", hein! É bom se conhecer e se trabalhar melhor, psicologicamente falando, para ter uma vida mais saudável e verdadeiramente feliz, em paz profunda.

Enquanto existir medo ou insegurança em nossas experiências significa que não nos dotamos da capacidade de superá-los de forma segura ao nosso modo de ver. Podemos sentir medo ou insegurança em três ocasiões:

1 - Quando somos extremamente responsáveis no que fazemos e acabamos por assumir uma carga muito pesada pelo que somos e realizamos. Nesse momento, sentimos muito medo ou muita insegurança. É a responsabilidade que nos torna temerosos.
2 - Quando nunca passamos por experiências parecidas daquilo que estamos prestes a experimentar ou realizar.
3 – Quando, em experiência anterior, o resultado foi insatisfatório ou de grande constrangimento, por não termos habilidades necessárias para lidarmos com a situação. Hoje, inseguros, tememos que tal episódio se repita.

Além de serem menos produtivos, os ansiosos, que não controlam sua ansiedade, apresentam um quadro geral doentio, aumentando a utilização dos serviços de pronto-atendimento dos hospitais com quadros de hipertensão, problemas cardíacos, dermatológicos e respiratórios, fibromialgias, fadigas, dores no peito, crises de enxaquecas, entre outros.

Não raro, algumas pessoas alcançam o estado de ansiedade através das suas crenças, algo em que acreditam ser verdadeiro, e a partir daí desenvolvem quadros ansiosos por não estarem atingindo os padrões exigidos pela sociedade. É a pessoa sofrendo para atingir padrões defendidos pelos membros dessa mesma comunidade. É isso mesmo!

A revisão de crenças se tornou um passo importante no processo de controlar e superar a ansiedade a fim de mantê-la abaixo dos padrões debilitantes.

Portanto, rever os padrões de conceito em nossas vidas é fundamental para entendermos como vemos o mundo. Se essa maneira como o vemos pode ser danosa a nós mesmos, de forma a criar um padrão altíssimo de vida, que para se viver nele o custo do sacrifício talvez seja a própria saúde mental e física, precisamos rever, repensar e analisar melhor todos os conceitos.

Uma maneira simples de lidarmos com a ansiedade é ter como base a experiência própria e dos outros.

Tomemos como exemplo a experiência de uma pessoa que, quando criança, foi atormentada por ameaças dos pais, dos irmãos maiores ou outra pessoa que lhe dizia: "Se não ficar boazinha, vou te levar ao hospital para tomar remédio! Fica quieta ou vai tomar injeção!" "Vou chamar um médico!" E outras coisas do gênero. Aconteceu que essa criança adoeceu e precisou realizar um exame de sangue a fim de que se soubesse o que a fez doente. No hospital, essa criança foi atendida por um médico que pediu um exame de sangue e ela já estava com medo do médico devido às ameaças sofridas. No laboratório, o enfermeiro que, ao realizar o procedimento de coleta de sangue, estava de cara feia, não foi amável, não conversou e, juntando a isso, a picada da agulha doeu. Aquilo tudo foi de imensa agressão. Talvez a picada da agulha não significasse nada se não tivesse a cara feia do enfermeiro e tudo que anteriormente lhe serviu de tormento quando foi ameaçada por aquele evento.

Nesse momento, essa criança estabeleceu uma associação entre o médico, o enfermeiro, a agulha, o exame de sangue, o laboratório ou o hospital em que foi colhida a amostra, o avental, o cheiro de hospital e outras coisas mais. Ela relacionou tudo isso ao medo e à agressão emocional da qual foi vítima, sem contar da dor que selou aquele acontecimento. Toda essa associação se passou rapidamente na cabeça da criança.

Com o passar dos anos, essa pessoa pode até ter se esquecido desse fato quando criança, mas o medo de tudo aquilo está lá, instalado em sua mente. Quando algo parecido com o fato de tomar injeção ou ser atendida por um médico, enfermeiro, cheiro de hospital estiver prestes a se repetir, todo o complexo de dados que estão associados àquela experiência ruim do passado irão compor o medo de colher amostras de sangue. Por essa razão, algumas pessoas chegam a desmaiar diante de situações desse tipo ou oferecem muita resistência para irem ao médico, ao hospital, fazerem exames, cuidarem da saúde etc.

Como desfazer isso? Afinal, esse medo está há anos instalado na mente de quem sofreu com aquela experiência.

Uma das formas é através da comunicação. Aquele que vive esse sofrimento pode conversar com outras pessoas que já fizeram um exame de sangue sem dor, a fim de dar início ao processo de descontaminação mental a respeito da crença que se tem, *"de que fazer exame de sangue é algo desesperador"*. Depois disso, ela deve se empenhar para mudar os pensamentos automáticos de que tal exame provoca dores absurdas. É claro que a pessoa sente certa dor, mas não de forma insuportável como está gravado em seu quadro de experiências. Feito isso, a pessoa deve ir para o campo prático: falar sobre o fato de não gostar de fazer exames e fazer exames de sangue novamente, conversando com os enfermeiros antes ou durante o procedimento para, aos poucos, ir trabalhando com os seus pensamentos e com novas experiências até extrair a dor absurda que colocou em sua mente a respeito da experiência, trazendo a realidade da dor pequena, normal e suportável, que é própria ao exame. Seria como se sobrepusesse ao conceito antigo um conceito novo a respeito da dor e do exame. Comparado a um processo de gravação em mídia digital, seria como se a pessoa gravasse "por cima" da gravação anterior.

O estado de ansiedade traz aumento do sofrimento, e quanto maior é essa carga mais traumática é a experiência. E quanto mais traumática ela for, maior será o medo, que resultará em um estado de ansiedade ampliado cada vez que tiver que fazer os exames.

Alterando os pensamentos e reconceituando suas crenças, à medida que experimentar novas situações com certo grau de similaridade, com as mesmas aparências às anteriores traumáticas, os sentimentos de medo do indivíduo vão diminuindo progressivamente e com ele a ansiedade.

Em suma, é experimentar o que causa medo em ambiente mais seguro do que as condições que geraram o trauma. Dessa forma, a pessoa irá perder o medo progressivamente, mantendo os níveis de ansiedade suficientes à sua preservação biológica instintiva e evitando atingir maiores graus na escala progressiva do transtorno.

Já foi mencionado, em várias literaturas de saúde mental, que as pessoas ansiosas que não conseguem controlar sua ansiedade são menos produtivas, mas quase nenhuma menciona que as pessoas ansiosas são dotadas de grande energia e, quando se conhecem, sabem o que são e como são, quando no controle de si, no controle de seus pensamentos, e por saber o que querem, são dinâmicas e procuram soluções.

Os ansiosos que dominam seus pensamentos ansiosos costumam ser ativos, buscam, trazem ou levam, esforçam-se para ter, descobrem, investigam, inventam, pesquisam, não se acomodam.

A propósito, dificilmente chegamos a ver um ansioso, que controla seus pensamentos, ser acomodado. Eu arrisco dizer que as pessoas ansiosas, pelo menos a maioria delas, nunca se acomodam. Elas querem obter, adquirir e conquistar. Esforçam-se, empenham-se e tentam. Imaginam, idealizam e planejam. Aliás, uma característica marcante do ansioso, que sabe se controlar, é planejar, procurar várias alternativas, viver o futuro. Só que, se não for bem orientado por um profissional responsável da área de psicoterapia, esse "viver o futuro" não o deixa viver o presente nem aproveitar os benefícios do aqui e agora. É nesse sentido que o ansioso deve sempre ficar atento para se chamar à realidade do momento. Precisa aprender a não sofrer quando não vê uma solução a seu contento e não se afligir por algo que ainda não aconteceu. É controlando os pensamentos e os sentimentos, é entendendo que nem todas as coisas estão sob seu domínio, que a pessoa ansiosa vai viver melhor. E se algo não der certo, é necessário compreender que fez o que podia naquele momento ou naquela circunstância com os mecanismos que tinha a seu dispor. É aceitando melhor algumas situações que ela será uma pessoa mais equilibrada e viverá em paz, mesmo sendo uma pessoa ativa, dinâmica.

Já vi pessoas com sérios Transtornos de Ansiedade, com sintomas psicossomáticos, cuidar da saúde mental através da psicoterapia e, sem qualquer medicação alopática, retomar suas vidas, deixar de sofrer tudo isso, tornando-se criaturas melhores, mais sensatas do que antes, porque se conheceram melhor, aceitaram-se mais, minimizando a ansiedade até o considerado "nível normal", e assim vivem de forma prazerosa, realizada.

Sim, isso é possível!

Mas é preciso que a pessoa busque ajuda. Isso não é nada difícil para um ansioso porque ele sempre quer mais: quer exceder e superar.

O que você está pensando?

Assim como nos primórdios da humanidade os seres humanos dotados de mecanismo de ansiedade conseguiam perceber com antecedência um perigo iminente e desse jeito garantir a sobrevivência da espécie humana, a pessoa que sabe que é ansiosa e tem o domínio de si tem o domínio dos pensamentos ansiosos por conta de seu entendimento e de suas ideias positivas sabe, com antecedência, identificar situações de risco e se sair melhor do que outras, sem ter que, necessariamente, sofrer, afligir-se, ter medo ou se estressar de forma acentuada.

Veja, ansiedade controlada não é ansiedade positiva. Ansiedade controlada é não sofrer com a ansiedade. É ser assertivo. É controlar os pensamentos e os sentimentos, estar consciente e ter o domínio sobre si.

Como já foi dito, e sempre é bom lembrar, a maior luta do homem não é a luta contra o tempo nem contra outros homens nem tampouco contra a natureza ou forças cósmicas desconhecidas. A maior luta do homem é a que ele trava consigo mesmo. Só você pode derrotar a si mesmo. E isso não pode acontecer se não tiver conhecimento, controle e domínio de si mesmo. Só você pode tornar-se alguém tão especial, capaz de mudar o mundo, o seu mundo em todos os aspectos.

São os pensamentos que desencadeiam a ansiedade e os sintomas psicossomáticos terríveis que um alto grau de ansiedade produz.

Por essa razão, é muito importante a pessoa ansiosa saber o que é que está pensando.

O mais adaptado sofre menos e vai mais longe.

CAPÍTULO 6

A depressão

Muitas pessoas confundem sentimento de tristeza com Depressão. Sentir-se triste nem sempre é estar deprimido.

Um exemplo: quando não temos uma ligação muito forte nem muito próxima com uma pessoa e essa vem a falecer, esse fato, provavelmente, deixa-nos triste por um tempo, mas isso não quer dizer que estamos depressivos.

Porém, se alguém muito próximo a nós venha a falecer, a situação pode mudar de figura. A ligação pode ser muito intensa ou até de muitos anos, podemos estar bastante unidos por laços de amizade ou convivência e isso aumenta a dor e o senso de perda. Nesse caso, o sentimento de perda, associado à frustração, por nada poder fazer, e diante da impotência perante as Leis Naturais, pode levar alguém a um sentimento de tristeza profunda. A insistência desse sentimento, de acordo com o prolongar do período e o grau de tristeza profunda, somado ao desencanto, desalento e desinteresse pela vida, pode vir a caracterizar um estado de Depressão.

O fato de uma pessoa apresentar uma tristeza, um rebaixamento no humor ou certo desinteresse pela vida ou pelas coisas que faz ou ainda chorar não são aspectos suficientes e confiáveis para que se possa estabelecer o diagnóstico definitivo e conclusivo de que a pessoa apresenta um estado depressivo.

É necessário muito cuidado ao tentar estabelecer as condições a que se faça jus ao estado depressivo. Adiante, isso será bem mais esclarecido.

Não se pode atribuir um estado depressivo a alguém que tenha experimentado algum fato na vida que tenha uma característica

83

temporária, como um estado emocional abalado, uma chateação ou tristeza de momento por não ter conseguido o emprego que queria ou não ter condições financeiras para comprar o carro dos sonhos naquele instante.

Geralmente, o Transtorno de Humor é considerado como síndrome, que é a união de certas características de vários sintomas que persistem por semanas ou meses e se apresentam com a mudança acentuada no comportamento habitual da pessoa, podendo até haver a recorrência, que é o aparecimento dos mesmos sintomas, vez ou outra.

Seja no trabalho, em casa, na escola ou com amigos é normal experimentarmos várias situações que nos levem à mudança no estado de humor. São os chamados "altos e baixos" em nossas relações.

Em alguns momentos, quando nos sentimos alegres, motivados, úteis no que fazemos e, de uma forma geral, estamos bem, podemos dizer que nosso estado de humor é positivo, otimista, confiante.

Em outros momentos, podemos experimentar um estado de humor menos alegre. Sentimo-nos rebaixados, tristes, como por exemplo quando no trabalho estamos fazendo alguma atividade menos desafiadora e repetitiva que nos leva a questionar sobre o que estamos realizando, se aquilo é produtivo e útil ou não. Esses pensamentos nos deixam desanimados, de uma forma geral, pois nos sentimos menos importantes diante de tantas outras pessoas que ocupam funções mais meritórias, de destaque, que ganham mais e estão a nossa volta. Passamos a nos sentir subutilizados ou até desvalorizados, mas, de certa forma, sabemos que isso irá passar com as horas ou com os dias, pois já experimentamos esses sentimentos antes e também passaram.

Normalmente, os indivíduos que não sofrem com a depressão e conseguem perceber esses momentos de altos e baixos na vida, em que se apresentam positivos ou negativos, veem oscilar, balançar seu estado de humor de forma natural. É uma característica interessante, das pessoas equilibradas, o fato de elas experimentarem variações de humor sem que isso se torne um pesadelo, algo sofrido para elas, pois, por saberem estar no controle de suas emoções e sentimentos, estão cientes de que esse estado vai passar.

Já os deprimidos, por não terem a sensação de estarem no controle de suas emoções e sentimentos, experimentam grande desconforto seguido de enorme sofrimento. Isso acontece pelo fato de considerarem a hipótese de que aquilo que sentem não irá passar jamais. Para eles é uma impressão, uma sensação infindável, uma dor forte, penetrante, intensa, chegando a ser um sofrimento prolongado, desmedido e enorme.

As pessoas normais apresentam estados naturais de humor. Estando de bem com a vida, planejam novas atividades e mantêm com isso um alto grau de motivação.

Já os deprimidos, normalmente, apresentam o humor rebaixado e sentem esvaziar suas energias. Não se animam com nada. Acreditam que nada vai dar certo. Não têm esperança, não planejam, não sonham, não conseguem se empolgar. Passam a ver o mundo com tonalidade cinzenta. Para eles a vida perde a cor, perde o brilho e atingem um estado de profunda tristeza. Muitas coisas erradas que acontecem ao seu redor ele acha que é sua culpa, mesmo não sendo. Acredita que não faz nada certo.

Com o agravamento do estado de depressão, se não procurarem ajuda, os deprimidos têm ainda sensação de rebaixamento, ou seja, no seu entendimento, diante de algumas situações cotidianas, eles percebem que seu raciocínio diminui, não conseguem ser ágeis com as ideias e decisões. Sentem-se desvalorizados, desacreditados, humilhados, reprimidos e, com isso, podem chegar a ter prejuízo no rendimento escolar ou no trabalho. Esse estado pode se agravar se não procurar ajuda, pois pensamentos com desejo de morrer e, muitas vezes, de prática de suicídio, podem ocorrer.

Se nada for feito e a depressão começar a se agravar, o deprimido sente que o seu funcionamento e a sua interação social ficam prejudicados com o seu abatimento, o seu desalento e a sua desesperança. O sentimento de desvalorização aumenta e passa a ser constante. Tudo isso, somado ao sentimento de culpa, pode levar a pessoa a ter pensamentos com ideias suicidas várias vezes ao dia. A convivência consigo e com os outros pode se tornar algo insuportável, que pode se tornar uma barreira difícil de ser superada, quase impossível.

Para o deprimido, ver o "fundo do poço" é uma constante. Ele faz desse lugar a moradia de sua alma, de sua consciência. O pessimismo e o desânimo que se apodera dele é tão grande que ele se vê pequeno demais diante dessa "gigantesca depressão", que o ameaça constantemente. Não vê as possibilidades de se libertar desse mal e, quando consegue perceber alguma saída, não acredita que essa possa ajudá-lo verdadeiramente, pois desacredita de tudo.

Sofrimento é a palavra que mais vem à tona nos pensamentos dos depressivos, bem como o fracasso e a inutilidade como pessoa. Mesmo sendo alguém bem-sucedido na vida, ele não consegue ver sua grandiosidade e importância no meio.

A depressão existe em vários graus, ou seja, sua intensidade e constância variam de pessoa para pessoa.

Algumas pessoas em depressão estão extremamente sem esperança e sem energia, a ponto de não encontrarem forças nem para ter pensamentos de desvalorização. Sentem um desânimo gigantesco por não entenderem e não saberem identificar o que acontece com elas.

Existem relatos de pessoas que, para descreverem seu estado, dizem ter acordado de manhã e se sentiram como se alguém tivesse "puxado o seu plugue da tomada". Elas dizem não conseguir pensar em nada, não conseguir falar nada, não conseguir sorrir. Tudo é um grande sacrifício, até pensar e se movimentar.

Embora existam aqueles deprimidos que sorriem e conversem o tempo inteiro, a tristeza e uma forte angústia são características marcantes em seus pensamentos. Eles podem usar algo, como que uma máscara, para disfarçarem o que sentem e pensam, mas no fundo são pessoas com todos os sentimentos e sensações, descritas anteriormente, em maior ou menor grau.

É muito comum a conversa de algumas pessoas, em estado de depressão, vir carregada de acontecimentos infelizes. Seus relatos ou opiniões podem ser pessimistas. Elas têm uma disposição natural de encararem tudo pelo lado negativo e esperarem o pior. Pode acontecer de elas nem mesmo se expressarem, não oferecerem opinião, pois sentem suas energias escoarem, sentem-se vazias, acreditando que suas argumentações não são relevantes nem importantes ou que não vão adiantar, pois nada vai dar certo mesmo.

No estado depressivo, quando a pessoa quer reagir e procura programas considerados normais para a maioria, tais como: visitar alguém, brincar com alguma criança, pegar um livro para ler, planejar um passeio, assistir a um filme ou simplesmente sair de casa, ela necessita de um esforço sobrenatural na tentativa de qualquer manifestação sobre esses propósitos. No instante em que lhe é sugerido tal ação ou quando busca, por si só, um intento para algo que lhe dê ânimo, é acometida por uma sensação de esgotamento, vazio e cai em desânimo geral, deixando-se derrubar por uma fadiga incontrolável.

Quanto aos seus pensamentos, esses podem variar de tragédias que possam lhe acometer. Ficam pensando o quanto são desgraçadas e o quanto nada significam para alguém.

Sentem-se culpadas com tudo o que ocorre a sua volta. É como se os problemas estivessem associados a elas e que os problemas se deram por causa delas. Tornam-se pessoas que são capazes de encontrar uma explicação para tudo o que ocorre de ruim em torno delas e ainda conseguem, incrivelmente, justificar para si mesmas a forma como contribuíram definitivamente para aquilo que aconteceu.

Os depressivos, além de acreditarem verdadeiramente que são culpados por tudo, não conseguem sobrepor, acrescentar ou considerar um pensamento que os livre da culpa, da responsabilidade, da imprudência ou negligência, mesmo que alguém possa explicar-lhes que não tiveram qualquer ligação com o que aconteceu. Ainda assim, sentem-se culpados ou responsáveis e dificilmente haverá alguém que consiga contradizer o que eles acreditam.

O choro ou a compulsão ao choro, de forma periódica, durante o dia ou à noite, também é uma característica do depressivo.

Outra característica que, às vezes, é comum é a irritabilidade que eles apresentam, de forma a se sentirem assim o tempo inteiro ou em sua maior parte. Depressivos podem oferecer crises de raiva, ataques de cólera ou impulsos violentos como resposta a eventos que exijam sua participação, culpando outras pessoas pelo seu insucesso ou por suas dificuldades.

A frustração é outra característica marcante em alguns casos de depressão. As pessoas sentem que não fizeram nada de útil na vida. Sentem que tudo o que quiseram fazer não deu certo e que Deus as odeia ou as esqueceu de uma vez por todas. Afinal, todas as outras pessoas são mais amadas e mais importantes para Deus do que elas.

A frustração não está restrita só ao passado, na vida dos depressivos, quando não valorizaram o que já fizeram ou o que conquistaram, mas compromete também o futuro deles. Assim como não valorizaram o passado e suas aquisições nem o que venceu a força de trabalho, não conseguem ter esperança ou perspectiva de um futuro melhor, mais promissor. Pensam que nada vai adiantar, pois nada será valorizado. O que por ventura realizar, será em vão. Não terá importância. Não será apreciado por ela nem por ninguém.

Então ela pensa e se pergunta: por que fazer? Por que perder tempo? O melhor, na opinião delas, é desistir e ficarem quietas, num canto, aguardando a morte chegar. Anseiam por ela o quanto antes.

A mudança no processo do sono e da alimentação também é notada nos casos depressivos. Os indivíduos assim podem apresentar o aumento ou a diminuição do sono e da fome.

Na alimentação, algumas pessoas apresentam extremos: ou comem demais, procurando principalmente alimentos calóricos como doces e carboidratos ou, no outro extremo, precisam fazer um esforço enorme para se alimentar.

No caso do sono, alguns podem ter dificuldade para começar a dormir; outros têm o sono entrecortado e acordam a noite toda. Há também os que apresentam um episódio de sono ininterrupto, mas não reparador, é como se não tivessem dormido; outros acordam de madrugada e não conseguem mais dormir. Em casos extremos, há os que apresentam a hipersonia, que é a sonolência excessiva, vista pelos psicoterapeutas como uma forma de fuga da realidade e de suas tarefas diárias.

A depressão e as doenças crônicas

Um episódio depressivo pode ocorrer em momentos que, devido a um diagnóstico médico, a pessoa apresenta uma debilitação que pode ser temporária ou não.

O aparecimento inesperado de uma doença preocupante, que tem duração temporária, pode provocar episódio depressivo, passageiro em uma pessoa. Porém, isso depende da condição psicológica e do enfrentamento unido às características de sua personalidade.

Doenças crônicas, muitas vezes irreversíveis e que demandam um grande esforço por parte da pessoa que luta com a sua condição, como são os casos de doenças hereditárias, podem igualmente levar a um estado depressivo, só que, em alguns casos, em grau maior ainda.

Em certas circunstâncias, quando a pessoa é diagnosticada com câncer, por exemplo, a situação pode ser ainda pior por causa da debilitação orgânica resultante dos tratamentos de radioterapia e quimioterapia. Os doentes com determinado tipo de câncer, falo dos mais agressivos, têm plena consciência sobre a gravidade da doença e a limitação do tratamento que nem sempre é totalmente eficiente. Pior ainda, quando em contato com outros pacientes no hospital que estão com o mesmo tipo de câncer que o seu mas em estágios mais avançados. Por essa consciência que têm a respeito de sua doença e da sua designação ao sofrimento pelos remédios, pelos tratamentos dolorosos e pelas inúmeras cirurgias e até mutilações, sabem que a morte ou a debilidade se aproxima e que nem sempre há atalho ou caminho de fuga.

O único caminho que essas pessoas encontram é o do enfrentamento, encarando diretamente a doença, falando dela, sofrendo com ela e vendo os parentes e amigos sofrendo junto.

O que você está pensando?

Como não ficar depressivo diante de tanto sofrimento?

As pessoas possuem seus limites para suportarem seus males e cada um tem seu grau de tolerância em escalas diferenciadas, ou seja, o sofrimento médio para um é um sofrimento insuportável para outro.

Isso mostra o respeito que se deve ter com o sofrimento das pessoas. Não podemos julgar o sofrimento de ninguém comparando-o com o nosso ou com o de quem quer que seja. Cada um experimenta o necessário para o seu aprendizado. O sentimento de resignação amenizará o seu sofrimento.

Apesar disso tudo, é bom e importante lembrar que as pessoas com enfrentamento positivo e otimistas a doenças sérias e graves tiveram seus quadros revertidos e sofrimento minimizado.

Já ouvi contar casos de pacientes desenganados que venceram a patologia e até se curaram e outros ainda que, apesar de doentes, viveram com qualidade de vida superior, harmoniosa, mais alegre.

Há muitos anos, conheci um pedreiro que, aos trinta anos, foi diagnosticado com câncer no estômago.

Ele dependia de atendimento e tratamento em hospital público e assim o fez, com todas as precariedades que se pode enfrentar no sistema de saúde existente hoje em nosso país.

Precisou passar por várias sessões de quimioterapia, radioterapia e, por fim, realizou uma cirurgia onde deveriam retirar três quartos de seu estômago. Durante a cirurgia, os médicos descobriram que seu problema era bem mais sério do que o esperado. Diversos tumores de tamanhos avantajados dificultavam qualquer procedimento. Os médicos retiraram o que puderam e encerraram a cirurgia. Houve tamanho pouco caso por parte dos clínicos que os pontos cirúrgicos para o fechamento da abertura realizada para essa operação foram dados com barbante. Sim. Esses barbantes de algodão utilizados antigamente para amarrar pacotes. Esse homem foi desenganado. Disseram que ele teria poucas horas de vida.

Para a família, já conformada, só restava aguardar.

Mas o Pedrinho, como era chamado, não morreu, contrariando todos os prognósticos.

Dias depois, ele mostrou-me os barbantes utilizados como material de sutura e que ainda estavam costurados em seu corpo. Estavam secos. Sem qualquer inflamação ou infecção. Ele precisou de novo procedimento para retirá-los.

Pedrinho se recuperou da cirurgia e voltou a fazer quimioterapia. Após um ano o câncer havia desaparecido.

Quando esse pedreiro foi trabalhar em minha casa, alguns anos depois, pedi que me contasse sua história mais detalhadamente.

Pedrinho me disse que, assim que a doença foi descoberta, tentou orar, pois estava com medo. Mas não sabia orar direito, pois nem religião tinha. Então, ele pensou em Deus e imaginou seu corpo perfeito, sadio, funcionando harmonicamente. Em sua imaginação, viu-se forte e saudável. Sentia que seu corpo reunia todas as qualidades necessárias aos padrões ideais. Sentiu-se tão saudável que nem pensou em cura, como se nunca tivesse aquela doença. Sua postura foi positiva, otimista, inabalável em sua crença de ter saúde. Essa foi a sua oração. Ele ainda me disse, entre outras coisas, que: "Se por acaso esses pensamentos positivos não derem certo, pelo menos minha consciência não vai estar doente, não vou sofrer. Que meu corpo experimentasse o que precisava, mas a minha mente não precisava sofrer". Ele me contou que todo dia ao se levantar e ao se deitar, relaxava e pensava em estar saudável, perfeito, ativo e depois seguia com alguma atividade corriqueira, sem lembrar mais daquilo. Não queria nem falar da doença. Contou também que o medo que tinha sumiu e que quando foi para a cirurgia pensou: "Vão tirar de mim tudo o que me causou mal. Já estou curado e perfeito".

Esse homem não tinha muita instrução nem escolaridade mas era e é um homem otimista, positivo e sabe lidar com sua mente subconsciente.

Com toda a certeza, foi a mente subconsciente que regenerou o corpo de Pedrinho, tornando-o saudável novamente.

Após a cura completa, ele, homem pacato e tranquilo, voltou às suas atividades normais como pedreiro. Soube depois que, quando estava um pouco cansado de trabalhar, comprou um terreno e construiu várias casas que alugou. Hoje, com mais de setenta anos de idade, vive de aposentadoria e dos aluguéis que recebe e ainda dá uma forcinha para os netos e bisnetos. Ele está com a saúde perfeita.

Aí está uma amostra de que a mente otimista pode se colocar em uma situação melhor, mais confortável.

Muitas vezes não conseguimos uma cura para uma doença tão terrível, mas é possível experimentá-la sem tanta angústia, sem tanto medo ou desespero e, melhor ainda, sem a depressão.

É aí que a orientação psicoterápica pode ajudar muito.

Pensando como o Pedrinho: "se meus pensamentos positivos e otimistas não me curarem, pelo menos minha mente não sofre tanto e, apesar de estar nesse estado, posso viver o que tenho para viver, com melhor qualidade emocional". Se eliminar o sofrimento não for possível em certos casos, tentar diminuí-lo se tornará o motivo da existência de qualquer pessoa. O mérito não está no resultado mas no movimento que se faz para crescer, a começar pelas mudanças no pensamento.

Por essa razão é importante trabalharmos nossos pensamentos, principalmente quando experimentamos uma situação inevitável como quimioterapia ou cirurgia. O fato de uma circunstância não agradável ser inevitável, por si só, já não é boa, mas nem por isso precisamos deixá-la pior, por conta de uma bagagem de pensamentos negativos que nada vai ajudar.

* * *

Na grande maioria dos casos de depressão, é possível a pessoa se recuperar, curar-se desse transtorno e seguir com uma vida melhor, com qualidade superior. Isso se ela entender que são os pensamentos e a forma de ver a vida que a alavanca. Mesmo em casos de depressão provocada por uma disfunção neuronal ou hormonal, isto é, a pessoa já nasce com transtorno de humor, também pode ser possível uma vida mais equilibrada, se, junto com o tratamento médico e psicoterápico adequado, ela se propuser a pensamentos e ideias mais saudáveis, equilibradas e confiantes.

Pense positivo. Seja otimista. Reaja com postura confiante e construtiva sempre!

Nunca se sabe o que a vida nos reserva ou o que a nossa mente pode atrair.

A depressão e o pensamento

Sabemos que a depressão se prolifera, não só no Brasil mas no mundo.

Por quê?

Todo complexo que nos cerca contraria nossa natureza íntima de alguma forma, levando-nos a produzir pensamentos degradantes. A sociedade violenta, a falta de segurança, o crescimento do uso de drogas e álcool, a falência da instituição família etc., todos esses problemas degradam a vida de uma forma geral. Tudo isso contribui para que os pensamentos diminuam em qualidade.

Como se não bastassem as tragédias diárias à nossa volta e no mundo, temos os conflitos e as dores pessoais, como o descaso de um, a ofensa do outro, a mágoa que atormenta, a traição sofrida, um ato impensado, o arrependimento, o não reconhecimento dos nossos valores e da nossa capacidade...

Estamos sujeitos a prejuízos de toda espécie, sujeitos a padecer com doenças e ter de enfrentar o desprezo dos órgãos públicos na área da saúde, que deveria nos guarnecer.

O elogio e o culto ao que é imoral e ao que não presta é veiculado a todo instante pela mídia. Com isso, muitas vezes, acabamos sendo vítimas dessa má informação e má influência que nos fazem crer no fácil, no promíscuo, gerando dores íntimas, arrependimentos cruéis àqueles que se deixarem levar por essas "ondas de modismos".

Parece que tudo a nossa volta gera insegurança, contrariedade ou tristeza. Insegurança no trabalho, nos negócios, na amizade, no amor... Contrariedade na família, com aquela pessoa ou parente difícil ou com aquele com quem dividimos o mesmo ambiente... É o autoritarismo de um, o desleixo de outro, a desconfiança de alguém, o desrespeito de outro ainda...

A exigência da nossa sociedade determina que sejamos bem preparados, cultos, educados, bonitos, não levando em consideração as nossas condições socioeconômicas, os nossos conceitos morais e psicológicos e as disponibilidades que, muitas vezes, não temos a nosso favor.

Precisamos corresponder aos padrões de beleza, que, às vezes, estamos longe de considerar ou de ter.

Por tudo isso, nós sofremos.

Tudo isso gera um pensamento individual e coletivo de contrariedade, indignidade que trabalha no negativo, que gera energias negativas. Já sabemos como funciona.

Que tal se o utilizássemos para o bem?

A cada dia, mais e mais pessoas se engajam nesse sentimento rebaixado, incentivado pelo coletivo na forma de descaso da figura humana em todos os sentidos, muitas vezes, tendo início na família. Por exemplo: uma criança que, educada sem muita atenção junto a sua família, pode seguir exemplos oferecidos por programação inadequada na televisão, internet, amiguinhos na escola etc. Por não ter orientação e esclarecimento de como a vida é de fato, tem uma compreensão equivocada sobre os princípios de equilíbrio que trará satisfação interior. Com isso, ela cresce e amadurece achando que o que é normal para os outros pode ser normal para ela; mas, na verdade, o que pratica, baseado no que aprendeu, é contra os princípios de sua natureza e isso a leva a experimentar grandes dores, arrependimentos e sofrimentos.

O mal existe para testar as nossas virtudes. Como a depressão tem origem em causas psicológicas e emocionais e também é considerada um mal, quais serão, então, as virtudes que esse mal vem testar?

Ela vem testar as virtudes da fé, da esperança, da superação, da resignação, da perseverança, da humildade, da empatia, da solidariedade, da compaixão e, principalmente, o sentimento de humanidade.

A depressão testa, com muita veemência, a inteligência, pois essa virtude só trabalha auxiliada pelo esforço próprio. Testa também a empatia, a harmonia de vivermos de forma verdadeira o sentimento de humanidade e de amor a nós mesmos.

Alguns indivíduos estão prostrados, abatidos, depressivos, inertes para si, para a sociedade e para a vida, porque foram, lentamente, afastando-se da fé em algo superior, da esperança de uma vida repleta de paz e alegrias verdadeiras. Afastaram-se da resignação do seu ser em submeter-se aos sacrifícios obrigatórios da vida pelo que é certo e bom para ele.

Outros estão depressivos porque deixaram a humildade para tornarem-se orgulhosos e presunçosos; pouco praticaram a empatia, que é justamente colocar-se no lugar de outro para sentir, por vaga noção, o que o outro sente diante das situações da vida e o quanto foi difícil para ele. Esqueceram-se da colaboração e da solidariedade para abraçarem o egoísmo, no qual suas satisfações individuais e imediatas são mais importantes do que a de qualquer outra pessoa, mesmo que o cessar do sofrimento dos outros dependa de sua participação solidária. O sentimento de compaixão aos menos favorecidos e reais necessitados deixou seus corações e neles deram lugar à indiferença e ao desdém. A humanidade, o sentimento de pertencer a um grupo enorme de pessoas que precisam umas das outras deixou de ser algo no qual se sintam dignos para se tornarem indiferentes e viverem acima dos outros e, para que estejam em destaque, outros precisam ser rebaixados e ocuparem lugares inferiores.

Outros, ainda, podem estar depressivos por conta do sufocamento de seus valores, por submissão ao autoritarismo de alguns, por terem reprimido seus talentos e seus sonhos de crescer, de melhorar, de brilhar, de subir, sabendo que são poderosos e capazes. Ainda assim, não têm forças para lidar com a própria libertação das amarras que os prendem a ter de fazer isso, ter de servir aquilo, ter sempre que se sacrificar por alguém ou por alguma coisa que não por eles mesmos.

Ou ainda a depressão pode atingir aquele que, após várias tentativas, não sabe o que fazer na vida e da própria vida.

Inúmeros fatores levam alguém à Depressão.

O movimento que uma pessoa faz rumo à Depressão geralmente inicia-se com a indignação e contrariedade a respeito de sua condição atual, que em seguida a leva à indiferença a tudo e a todos.

Alguns procuram preencher o vazio interior através da satisfação imediata e fútil dos seus sentidos de prazer sem nada conseguir. Perdem, então, o sentido da sua existência e o significado da vida, diminuindo sua autoestima e seu amor próprio, desrespeitando e tornando-se insignificante para si mesmo. Dessa forma, despreza também os outros. Larga-se ao acaso e atrai para si energias funestas e situações de sofrimento, de dor psíquica, de perda da identidade e, por fim, isola-se e se coisifica, ou seja, reduz-se a valores exclusivamente materiais, tratando a si mesmo como coisa. Essa pessoa se esquece de que é um ser humano e precisa de carinho e cuidados a começar de si para si mesma.

Esse caminho pode levar anos. Ele é silencioso e sutil a ponto de não se perceber, de imediato, que estamos nele. Geralmente, não possui placas de aviso quando entramos nessa autoestrada de destruição pessoal, que é a Depressão.

Diante de tudo o que foi explicado aqui, é preciso ressaltar a importância da força e do poder do pensamento, da atenção que precisamos dar a nossa mente, a fim de não nos deixarmos levar pelo caminho da Depressão.

Podemos levar anos para chegar a esse estado e pode-se levar outros tantos para se fazer um novo caminho. Isso vai depender da pessoa deprimida e do quanto ela está disposta a querer melhorar.

Então a Depressão com causas psicológicas e emocionais tem cura?

Sim, é claro!

Quando digo que tem cura, não quero dizer que um novo caminho à normalidade seja suave e rápido. Mas ele existe e precisa ser encontrado.

Às vezes, trilhar por um novo caminho pode ser demorado. Nunca se sabe ao certo, pois irá depender da pessoa, do seu querer e, principalmente, dos pensamentos que irá cultivar quando decidir viver plenamente, a fim de sentir-se feliz novamente, valorizar-se, valorizar a vida e querer viver com satisfação.

Para saírem do estado deprimido, muitos se apegam à religião, filosofias, realizam trabalhos voluntários em associações, centros sociais, hospitais ou creches. Alguns adotam animais domésticos abandonados, aprendem a fazer trabalhos artesanais, fazem cursos de jardineiros, pintores de tela artística, músicos etc. Partem para academias, clubes, caminhadas, trilhas, esportes de todos os tipos. Tudo isso só vai lhes fazer bem.

Muitas pessoas encontram, na família, o motivo para voltar a viver plenamente e a ter felicidade. O apoio familiar, em muitos momentos da vida, é fundamental para a construção sólida do estado mental equilibrado.

Quando isso não é possível, deve-se buscar suporte e auxílio em grupos saudáveis que impulsionem a pessoa a ser melhor, a fazer o melhor, a desenvolver o seu melhor.

O segredo está em nos esforçarmos sempre para aperfeiçoarmos as relações positivas, pensando, falando e agindo positivamente. Somente assim vamos atrair o que é sensato, o que nos eleva, revertendo o nosso padrão vibratório e estado mental.

Nunca vamos encontrar o positivo se agirmos ou pensarmos negativamente. Querendo-se melhorar, atrair amizades boas, verdadeiras, certas, seguras, deve-se começar a pensar e desejar de forma boa, verdadeira, certa, segura e positiva!

A depressão e os acontecimentos difíceis e irreversíveis

No caso da depressão provocada por acontecimentos difíceis e irreversíveis, como a perda de algum parente próximo, como um cônjuge, irmão ou irmã, pais ou ainda um filho querido, a dor que sente por causa dessa ausência não pode ser remediada por nada neste mundo. Nesse momento, por conta dessa ausência, a pessoa é arrebatada por uma tristeza profunda que, se descuidada, pode levar à Depressão. Esse estado pode e deve ser cuidado de forma que se encare e se entenda o processo natural das coisas. É importante a pessoa descobrir a sua utilidade e importância e que aquele que partiu cumpriu sua missão e seu período de vida. Agora, é a vez daqueles que ficaram.

O que você está pensando?

A evolução tem muitas formas de ocorrer. A evolução, no curso terreno, daquele que se foi, estava "marcada" para ser até onde foi. Não faria mais sentido para ele ir além, simplesmente para satisfazer o nosso desejo de querê-los perto de nós. Só por nossa causa. Eles precisavam partir e partiram.

Muitas vezes, é difícil, mas muito necessário, entender que a morte representa um passo na evolução do ser. Morrer é evoluir. Vamos todos para o mesmo caminho, só que alguns vão antes que outros. Isso é evolução.

Dessa forma, resta cuidarmos dos que ficaram, a começar por nós. Viver em paz e harmonia para honrar a morte daquele que se foi é nobre. Apesar de sua partida, não podemos nos deixar abalar definitivamente. Precisamos nos unir em memória daqueles que foram, porque temos uma missão, só nossa, que é ir adiante, sem pestanejar. Vamos seguindo o futuro até onde nos for permitido caminhar. Certamente, aquele que se foi não gostaria de nos ver deprimido.

Existe também a perda daquela pessoa que, embora não tenha morrido, partiu, foi embora, abandonando aquele que ficou. Essa é considerada uma perda muito grande e tão terrível quanto a da morte, pois aquele que ficou repleto de sentimento de amor, misto à contrariedade, indignação, surpresa, e tantas outras emoções complexas, frustrantes e extremamente dolorosas sente perder o chão, sente-se sem rumo, confuso, sem saber o que fazer, principalmente quando, muitas vezes, fica repleto de responsabilidades sérias para tratar, especialmente quando há envolvimento de filhos. Momentos como esses são combustíveis poderosos para dar início ao processo de combustão da Depressão. Se a pessoa que os enfrenta não tiver entendimento e conhecimento para superar essa situação, poderá dar início a um estado depressivo que irá crescer à medida que pensamentos desordenados e tristes ganharem força.

Casos assim são tristes e muitas vezes irreversíveis, portanto cabe a pessoa, que foi abandonada, tentar entender a realidade dentro da razão, a fim de que possa conscientizar-se do que aconteceu, analisar suas possibilidades, para decidir pelo melhor, dentro de suas opções, a fim de prosseguir vivendo com qualidade, superior a de antes.

Uma das primeiras coisas a se saber, diante de situações irreversíveis como essa, é que há solução para tudo. Querer que alguém fique forçadamente ao nosso lado não é uma boa opção. Ninguém fica confortável com isso. Aquele que vive esse tipo de perda certamente se sente menos afortunado do que aquele que vive um luto de morte pois ele entende que, no luto por morte, foi a natureza, foi a vida quem separou pessoas queridas e esse não foi o seu caso, por isso os sentimentos de rejeição, contrariedade e abandono são imensos. Aquele que vive esse tipo de perda muito provavelmente sente-se traído, usado, passado para trás, experimentando grande tristeza pela dor da separação. Essa pessoa precisa aprender a fazer tudo sozinha, pelo menos no começo. E terá de aprender a se valorizar, pois esse tipo de episódio destrói a autoestima e deixa sequelas emocionais terríveis. Mas é importante lembrar que é possível se refazer e recomeçar, em qualquer época da vida.

A pessoa que passa por situações assim não consegue se decidir sozinha, precisa da ajuda de psicoterapeutas para auxiliá-la a enxergar sua real situação bem como suas opções para, então, agir dentro do que for possível para ela. Um psicólogo bem capacitado e responsável vai ajudá-la a se descobrir, a se ver e reconhecer sua capacidade. Perceber que merece ser melhor. Merece melhores oportunidades da vida e das outras pessoas e que tem capacidade e força para seguir em frente com o direito de usufruir experiências mais felizes.

Para não cair em depressão, podemos e devemos nos agarrar em tudo o que for bom, útil e saudável a fim de nos livrarmos desse estado tão lamentável. Por isso é importante sair, praticar esportes, caminhar, procurar grupos de amigos compatíveis e saudáveis, aprender algo novo como tocar um instrumento, pintar, cantar, participar de corais e muitas outras atividades. Além de lembrar que a psicoterapia pode e vai ajudar muito.

Quero afirmar ainda que os pensamentos, nesse caso, têm uma função importantíssima para a reabilitação de pessoas que viveram o abandono. Ideias novas e nobres que estimulam o que é belo, o que é bom e saudável, serão a força motriz, a força principal e geradora de bom ânimo, alegria e ânsia de viver com satisfação.

Um caso muito curioso foi o que conheci há alguns anos. Um senhor, com setenta anos de idade, italiano, aposentado na Itália, viúvo, com alto grau de ansiedade, também vivia entristecido, principalmente, pela solidão. Ele me procurou relatando que, apesar de sua idade, de sua aparência considerável, de sua situação financeira bem estável, de ter seus dois filhos criados e com família constituída, sentia-se muito sozinho. Os filhos e netos moravam longe e ele não queria, pelo menos naquele momento, morar com eles. Desejava encontrar alguém que fosse de seu nível, uma mulher educada, honesta, fiel, agradável. Temia se envolver com alguém que, com o convívio, se tornasse insuportável, agressiva, briguenta, resmungona, entediante etc. Durante o tempo de psicoterapia, trabalhamos sua ansiedade, que foi reduzida incrivelmente, principalmente quando aprendeu a trabalhar os próprios pensamentos. Ele seguia as orientações recebidas. Tinha um lazer. Praticava natação e caminhadas, algo de que gostava muito. Participava de um grupo de amigos animados com os mesmos gostos, pois jogavam xadrez e até participavam de campeonatos da melhor idade. Viajava, passeava, possuía atividades como voluntário, mas, quando chegava a sua casa, sentia-se só e angustiado. Essa era sua maior reclamação. Então, pedi a esse senhor que, duas vezes ao dia, sentasse em um lugar calmo, bem tranquilo. Solicitei que deixasse as costas retas, os pés apoiados ao chão e levemente afastados. Mãos sobre os joelhos ou sobre as coxas. Ombros soltos, sem qualquer tensão. Orientei que, após sentir-se bem relaxado, respirasse profundamente até sentir o abdômen se encher. Segurasse o ar nos pulmões alguns instantes, sem sentir, de forma alguma, qualquer incômodo. Depois, soltasse o ar lentamente. Ele deveria repetir esse tipo de respiração profunda algumas vezes e, ao mesmo tempo, acalmar seus pensamentos, buscando, em sua mente, imaginar-se ou visualizar-se envolto na cor azul, que é a cor da tranquilidade, e a palavra paz. Poderia dizer a si mesmo: "Eu vivo em paz.

Eu vivo tranquilo", sentindo que isso era verdadeiro. Depois, bem relaxado, solicitei que dissesse a si mesmo: "Eu tenho a companheira ideal. Nós nos completamos, nós nos correspondemos em tudo. Somos saudáveis e alegres. Vivemos uma vida harmoniosa e plena. Somos realizados e felizes". Disse que, ao mentalizar essas palavras, sentisse, no fundo de seu ser, que aquilo estivesse acontecendo, que ouvisse, em sua imaginação, risos, falas alegres, acontecimentos agradáveis como uma viagem, imaginando cenas como se fossem vivas, de verdade. Feito isso, voltasse às suas atividades normais e esquecesse o fato.

Assim ele fez. Após algum tempo, esse homem reclamou que nada estava acontecendo, pois não conhecia ninguém interessante. Disse que estava cansado de procurar alguém e que não iria fazer mais nada. Certamente, essa atitude foi por conta de sua ansiedade. Passadas algumas semanas, ele retornou contando a seguinte história: "Eu havia desistido de tudo. Acreditei que era meu destino viver sozinho e ser cuidado por meus filhos. Estava até pensando em ir morar com minha filha. Mas, um dia, quando ia saindo da academia, onde faço natação, deparei-me com uma mulher que não sabia trocar o pneu de seu carro. O manobrista da academia estava muito ocupado e longe do local. Então, decidi ajudar. Ela ficou muito grata e, enquanto eu trocava o pneu de seu carro, perguntou se eu era frequentador da academia e eu disse que sim. Ela contou que havia acabado de se matricular e não conhecia ninguém ali. Tratava-se de uma mulher madura, de boa aparência, inteligente e muito educada. Ela reclamou de como era ruim não conhecer outras pessoas em um lugar novo, como na academia, no serviço e outros. Eu disse que tinha tempo livre e, se ela quisesse, poderia mostrar-lhe os melhores espaços daquele lugar. Ela aceitou. Descobri que se tratava de uma mulher divorciada, cujo marido a havia abandonado por outra. A separação havia sido muito traumatizante. Ela relatou experimentar um sentimento de rejeição imensurável, uma decepção terrível, pois o marido esgotou seus melhores anos, sua saúde, sua juventude e não reconheceu tudo o que ela fez por ele, pelos filhos, pelo lar. Ela, por sua vez, deixava-se sempre em último lugar. Agora, com os filhos criados e vivendo longe, ela estava só, abandonada e em cruel estado de Depressão. Contou que estava ali por orientação de sua psicóloga a fim de retomar a vida, cuidar de si e tudo mais...".

A partir daí, eles começaram a sair. Passaram a ser amigos e, não demorou, começaram a namorar. Alguns meses depois, casaram-se.

Por falta de tempo, por causa das viagens, passeios e tantas outras atividades e por falta da Depressão e da Ansiedade, ele deixou de fazer psicoterapia e ela também.

Eu adorei saber que ela, mesmo no auge da Depressão, contou que rezava e, em suas preces, visualizava-se uma pessoa renovada, feliz, alegre, encontrando alguém que a valorizasse, que a respeitasse e amasse como merecia. Buscou melhorar os pensamentos, a aparência, cuidar da saúde e melhorar seu estado emocional em todos os sentidos.

Vemos aqui que são os pensamentos que nos direcionam e nos guiam, pois nosso subconsciente atende o que visualizamos, sentimos e desejamos.

É interessante ressaltar, nessa história, que houve uma atração mútua. O subconsciente atraiu um ao outro numa circunstância bem corriqueira. Só funcionou para ele quando desistiu de mentalizar e de querer conhecer alguém que fosse ideal, tão rapidamente. A ansiedade de querer ter uma companheira tão logo fosse possível prendia seus pensamentos, suas energias naquela situação e não deixava que o subconsciente agisse a seu favor. Quando "desistiu", liberou a energia necessária à Lei da Atração para que encontrasse a pessoa mais adequada para ele.

Outro aspecto importante para ressaltar, nessa história, é o fato de os dois terem mudado de atitude quando procuravam novos parceiros. De maneira diferente, eles mudaram os seus pensamentos para melhor, sintonizando-os em algo mais positivo, melhorando também suas atividades e com isso atraíram pessoas mais apropriadas aos seus convívios, mais companheiras. No caso dela, se continuasse com os mesmos pensamentos de antes, provavelmente, atrairia uma pessoa igual à do passado.

Por essa razão, vemos pessoas repetindo as mesmas queixas em suas experiências, como: "só atraio para minha vida homens que não prestam", "só consigo arrumar mulheres briguentas e desmazeladas", "só encontro mulheres interesseiras", "só encontro homens que são preguiçosos", "só encontro parceiros que me traem", "só encontro homem casado", "só encontro homens que bebem", "só encontro homens agressivos, que me batem", "só encontro mulheres que não prestam". Essas e tantas outras queixas, que se repetem na vida de determinadas pessoas, só ocorrem por elas não mudarem sua postura mental, seus pensamentos.

* * *

Lembro-me de um caso de depressão, que não ocorreu por consequência de perda de entes queridos, nem pela separação, a qual a pessoa estava quase recuperada. Nesse período, perguntado quais foram os recursos de que se dispôs para sobreviver e superar todos os momentos difíceis que a depressão impunha, ele respondeu que estava vivendo um momento de colheita do que havia plantado no passado, ou seja, aquele era o futuro de seu passado. Logo de cara, isso mostrou que ele tinha total consciência de que, o que quer que ele tivesse feito de sua vida, aquilo foi completamente contra sua natureza, seus princípios. Então, poderíamos dizer que esse indivíduo se conhecia. Em seguida, ele explicou que não tinha certeza do seu futuro, pois não conseguia saber, exatamente, o que seria dele dali a alguns anos. Essa incerteza a respeito do seu futuro fez com que concentrasse toda a sua energia no presente. Trabalhando, fazendo tudo de forma calma e ponderada, cuidando de si e dos seus, dando atenção a cada momento de felicidade e paz que vivenciava, realçando esses momentos e vivendo-os, de fato, aproveitando cada acontecimento que lhe desse um motivo para viver e seguindo em frente. Além disso, ele buscou fazer coisas novas, que nunca tinha feito antes. Buscou realizar sonhos, conhecer lugares, procurou ter uma vida mais saudável em todos os sentidos. Disse que aprendeu a viver um dia de cada vez, não pensava no amanhã de forma preocupante, mas fazia do hoje o melhor dia que já viveu nos últimos tempos, observando e reconhecendo tudo de belo, tudo de bom. Procurou ver a beleza em cada detalhe e sorrir para ela. Depois, completou dizendo que plantava no seu hoje, da melhor maneira que pudesse, para então desfrutar um futuro melhor. Hoje, ele plantou para que, no futuro, recebesse os frutos do hoje.

Essa pessoa fez um comentário e tanto. Conseguiu resumir os seus problemas e sofrimentos ao dia presente. Vivia um dia de cada vez, vencendo o mal do momento e da melhor maneira possível, para ela, de forma a sempre proporcionar esperança para si mesma, dando espaço para a fé, procurando manter-se ocupada o máximo que podia para não perder tempo nas lamentações. Mantinha sua mente ocupada com atividades manuais e cuidando dos seus dois cães, que lhes faziam companhia a maior parte do tempo. Ela me fez recordar a famosa citação de Jesus, quando disse: "Não vos inquieteis, pois, pelo dia de amanhã, porque o dia de amanhã cuidará de si mesmo" (Mateus, 6:34).

Existem pequenas coisas que as pessoas, com depressão, podem fazer para aliviar seu estado e, ao mesmo tempo, ganhar força e uma nova visão de vida, a fim de conseguirem vencer os obstáculos, descobrir sua importância na vida e os prazeres que pode tirar dela. Tudo isso sem sofrer com o amanhã. Não queira cuidar do amanhã se não tiver vivido o hoje. Isso é muito importante.

O mérito da luta está em resistir às energias de desânimo que podem fazer com que caia enfraquecido, sem vontade ou persistência em querer viver. Resista só por hoje! E amanhã, pense novamente "assim vou resistir, só por hoje!"

Se conseguir vencer todos os momentos de desânimo, a pessoa estará fortalecendo o seu ser de uma forma imbatível e alcançará uma resistência ao mal de uma forma geral. Será capaz de vencer a si mesma, superando-se e ajudando-se a se erguer, vitoriosa. Podendo usufruir uma felicidade mais consciente e menos fantasiosa, percebendo a solidez em que se tornou e que ainda poderá se tornar.

Não desistir de lutar é a chave para a saída da Depressão.

Esteja ciente de que cuidar e viver o dia de hoje é o melhor a fazer. Mas não fique parado. Faça alguma coisa. Quanto melhor puder cuidar do hoje, melhor será o amanhã. Quando chegar o amanhã, você deve vivê-lo da melhor maneira possível para que um dia depois seja melhor ainda do que este... e assim por diante.

Cuide do dia de hoje, a começar dos pensamentos. O que você está pensando agora é a semente do que vai colher amanhã.

CAPÍTULO 7

Amadurecendo atitudes

É comum observarmos pessoas se queixando ou sofrendo por causa do comportamento de outras. Normalmente, isso ocorre porque elas assumem uma conduta ou postura que facilita esse incômodo, ou seja, se eu estou sendo perturbado é porque deixo que o outro faça isso comigo.

Sabe aquele ditado popular que diz: "quando um não quer, dois não brigam"? Ele cabe, perfeitamente, aqui.

Dá-se o nome de imaturidade o comportamento do indivíduo que acredita que outra pessoa é responsável pela sua felicidade ou pela sua infelicidade.

A imaturidade significa que ainda existem mudanças que precisam ser feitas na maneira de pensar sobre si mesmo e sobre a participação dos outros em nossa vida. Significa também que a pessoa precisa refletir mais sobre suas atitudes, sobre como enxerga a si e aos outros numa relação aberta no mundo real.

Muitas pessoas desenvolvem pensamentos a respeito de si e dos outros, bem como de suas relações com o mundo. O problema é que isso acontece de uma forma tão particular e individualizada que se esquecem de procurar saber se sua relação com o mundo está fora do contexto real dos acontecimentos. A questão é saber se a sua relação com o mundo está em um nível saudável de ver como essas coisas e pessoas participam de sua vida.

Qualquer pessoa que se feche e passe a viver em um mundo inteiramente seu, particular, não permitindo "visitantes", está sujeita a perder a noção da realidade. Todos nós pertencemos a um conjunto, a uma sociedade. Fazemos parte de um *Todo*. Por essa razão, necessitamos, direta ou indiretamente, uns dos outros, não podemos viver isolados. Porém, precisamos estar cientes de que nossa mente e nosso físico, assim como o nosso espaço, nosso lugar, não deve ser molestado, agredido, invadido e, igualmente, não podemos ocupar, agredir ou molestar o espaço dos outros. É preciso não criar dependências e viver livremente. Viver respeitosamente.

A base para amadurecer as atitudes está em encarar o mundo real, sem fantasias. Encarar a realidade, as coisas e as pessoas a nossa volta como elas são de fato, não criando falsas esperanças, falsas crenças, dependências ou ilusões. Para tornar menos dolorosa a vida, alguns se acostumam a "maquiar" situações, pôr no outro a responsabilidade pela sua própria felicidade ou infelicidade.

Que tal fazer algo por você mesmo para ser feliz? Se é o outro que o incomoda, por que não mudar você? Por que não deixar de ser dependente? O que o prende ao outro ou a um mundo inconveniente?

Pense. Deseje. Sinta. Planeje. Abra-se para uma vida melhor, mais próspera e saudável em todos os sentidos, mais produtiva e independente, com responsabilidade. Podemos fazer isso de forma tranquila, mesmo vivendo junto de outras pessoas, dividindo o mesmo ambiente, seja no lar, no trabalho ou na sociedade.

Acompanhei de perto um caso que gosto muito de mencionar. É sobre a capacidade de virar o jogo. Virar a vida.

Uma mulher, que aqui será chamada de Rosa, aos cinquenta anos de idade passou por um divórcio inesperado e bem difícil.

Após cerca de trinta anos de casada, com dois filhos criados, Rosa deparou-se com um estado de depressão bem forte por conta da decepção. Além de ser traída e ter descoberto que foi trocada por mulheres mais jovens, ela própria não se dava o devido valor. Achava-se velha, improdutiva, incapacitada, depois disso tudo. Sua baixa autoestima era o que mais a derrotava. Como se não bastasse, as dificuldades financeiras, enfrentadas após a separação, complicavam ainda mais o seu estado emocional. Além da depressão, passou a ter crises de Ansiedade e Síndrome do Pânico.

Na maior parte do tempo, ela só ficava em casa, sentada ou deitada, em ambientes escuros ou na penumbra, sofrendo de tristeza e de um medo horroroso que, até para ela, não fazia sentido algum. Ficava em casa, no máximo assistia a algum programa de televisão.

Os filhos tentavam ajudar e apoiar, mas precisavam cuidar das próprias vidas e, por isso, a maior parte do tempo, ela ficava só. Após grande insistência, Rosa aceitou fazer psicoterapia. Muitos meses depois, decidiu ir para uma academia fazer natação, uma prática que precisou ser aprendida, pois ela não sabia nadar.

Perguntada sobre o que mais a decepcionou, Rosa relatou que sua destruição maior foi pelo fato de seu marido tê-la traído. Nunca, sequer, imaginou essa possibilidade. Nem de longe. Não se conformava com isso. O marido sempre foi homem trabalhador e dedicado à família. No entanto, no último ano de casamento, traiu-a com várias mulheres mais jovens e mais bonitas. Rosa relata que sempre esteve ao lado dele, ajudando-o e dando-lhe apoio, incentivando-o sempre. Cuidava da casa, dos filhos, cuidava de si. Era limpa, caprichosa, economizava no orçamento; enfim, acreditou que o marido não tivesse do que reclamar. Ainda contou que ele mesmo disse que realmente não tinha do que reclamar dela, pois nem ele sabia o que tinha acontecido para fazer o que fez.

Após a separação, ela viu que sempre cuidou de tudo e de todos, mas não havia cuidado de si como deveria. Investiu na vida do marido e dos filhos, menos na sua.

Decepcionou-se, pois os anos haviam passado e ela tinha perdido a juventude, as possibilidades, a saúde, a beleza da mocidade... tudo o que mais tinha de bom e de melhor em sua vida para se dedicar só e unicamente para os outros. E o que recebeu em troca foi traição, descaso, desprezo. Naquela etapa da vida, com os filhos criados e necessitando menos dela, Rosa esperava, no mínimo, começar a colher os lucros de todo o seu empenho e dedicação a um casamento considerado sólido. Esperava uma vida mais calma e tranquila ao lado do marido. Por terem os filhos formados e independentes, planejava passeios e viagem, mas...

Podemos fazer uma ideia de como sua situação depressiva era difícil, agravada pela Síndrome do Pânico.

Na verdade Rosa só se dedicou ao lar. Ela se fechou em um

mundo que considerava perfeito. Achava que não precisaria de mais nada. Estava, aparentemente, feliz por ver os filhos criados e o marido prosperando em suas atividades por causa de seu apoio.

Agora, sentia-se infeliz e depressiva por culpa das atitudes dos outros. Sem dúvida alguma, o que ocorreu com ela é um acontecimento que causaria um grande choque a qualquer um. Muito dificilmente, alguém vivenciaria o que ela experimentou sem imensuráveis dores na alma. No entanto, Rosa sofreu e continuou sofrendo por um tempo bem além, por conta de não encarar a realidade. Ela já não havia cuidado dela mesma no passado. Depois de tudo o que lhe aconteceu, continuou não cuidando quando se fechou por longo tempo em casa, em ambiente escuro. Também criou uma dependência para a sua felicidade. Achava que só poderia ser feliz se estivesse realizando os planos que havia feito e tivesse ao seu lado a mesma pessoa.

Ensinei a Rosa sobre o poder do pensamento positivo. Sobre o fato de ela mudar a forma de pensar e ver o mundo, pois assim como pensava, acontecia.

Rosa, então, procurou fazer como indiquei. Levantando-se pela manhã, sentava de forma a ficar bem acomodada. Pés separados. Mãos com as palmas apoiadas nas coxas. Costas retas. Olhos fechados. Depois, inspirava e expirava algumas vezes, profundamente e bem devagar. Ao inalar, sentia-se como se o ar enchesse o abdômen. Ao sentir como se o ar estivesse esticando a pele de sua barriga, soltava-o e procurava esvaziar-se dele de uma forma que se sentisse bem vazia, como se espremesse a barriga com uma contração muscular. Tudo isso feito vagarosamente. Ensinei que ela deveria prestar bem atenção ao que fazia. Que usasse a imaginação, como se acreditasse que o ar fosse uma luz azul, bem clarinha, e enchesse seu corpo iluminando-o todo de paz e equilíbrio. Ao terminar as respirações, deveria estar com a mente bem tranquila. Então, nesse estado, deveria impregnar sua mente subconsciente com a seguinte ideia: "Eu sou capaz. Sou uma pessoa melhor. A cada dia, sou mais ativa, capacitada, bonita, extrovertida. Minha mente encontrou o melhor meio para eu ser feliz e realizada. Tenho amigos bons, honestos, consigo me divertir e ser alegre. Posso fazer tudo o que eu quiser com sabedoria e responsabilidade. Minha vida está renovada, cheia de bênçãos e prosperidade. Tenho autocontrole, autodomínio e equilíbrio emocional. Amo a mim mesma e me valorizo. Tenho equilíbrio financeiro e vida próspera. Sou feliz!"

Além de alimentar sua mente com esses pensamentos mais nobres pela manhã, indiquei-lhe que, antes do almoço, à tarde e antes de dormir, ela fizesse o mesmo. Principalmente antes de dormir, naquele instante antes de pegar no sono.

Fora isso, disse-lhe para ouvir músicas saudáveis, alegres. De preferência clássicas, orquestradas, para não correr o risco de alguma letra musical mexer com seus sentimentos mais íntimos e fazê-la sucumbir na tristeza. Expliquei que isso seria no início. Depois, poderia seguir normalmente.

Também orientei que o melhor fosse escolher os programas que assistisse na televisão ou no cinema, incluindo a leitura. Sugeri-lhe leituras bem saudáveis e positivas.

Expliquei que nós podemos e devemos fazer escolhas saudáveis, prósperas, produtivas e positivas. O que vemos e ouvimos nos proporciona ideias ou sentimentos que ganham em nossa mente campo de atração.

Rosa contou que se determinou a fazer escolhas. Inclusive começou a dar um basta para aquelas pessoas que sempre se aproximavam dela comentando situações semelhantes à sua. Isso a deixava sempre pior, após a pessoa ir embora. Contou também que passou a escolher o que assistia. Lembrou, inclusive, que assistia a programas cuja dramaturgia exibia traições e benefícios de quem menos merecia, quem nunca se esforçou muito por algo. Chegou a pensar que "quem sabe não atraí para mim o que via nesses programas?"

Após fazer o indicado, não demorou muito e sua mente subconsciente começou a agir. Rosa foi-se atraindo para ambientes e amizades com pessoas certas e lugares certos, saudáveis, alegres. Passou a se infiltrar em outras atividades como artesanatos, yoga, grupos de amigos, dança... Apesar do problema financeiro que enfrentava, viu-se favorecida a fazer tais atividades em grupos sociais, igreja e centros recreativos municipais, onde o pagamento era mínimo ou nenhum. Lógico que sua mente subconsciente foi quem, a seu pedido, atraiu tudo isso para ela. Em alguns momentos, sentia-se abatida, mas não desistia, seguia em frente.

Aqui, podemos observar que, no momento em que saiu de casa para fazer psicoterapia, ela se abriu para as possibilidades de mudança. Ao fazer natação, algo completamente novo, pois não sabia nadar, iniciou a caminhada de seu crescimento pessoal. A partir de então, poderia fazer tudo o que nunca tinha feito anteriormente, sem depender de alguém para aprovação.

Ao descobrir que se pode fazer tudo o que nunca fez anteriormente, a pessoa deve ser cautelosa. Nesse momento, as escolhas devem ser certas, equilibradas e saudáveis para não se correr o risco de fazer algo de que possa, futuramente, arrepender-se, causando grandes prejuízos emocionais. No caso, não estou falando de esportes, mas sim de algo mais íntimo como um envolvimento, por exemplo.

Aos poucos, apesar das recaídas, Rosa insistiu na trilha de nova reintegração social, dando-se novas chances de ver o mundo e admitiu ter potencial para outras coisas. Cuidou mais de si e descobriu que a beleza da mocidade havia passado, mas a beleza da maturidade estava muito melhor.

Com o tempo, Rosa começou a fazer cursos como informática e línguas. Arrumou um emprego e conheceu pessoas. Aumentando seu leque de amigos, ampliou sua visão.

Quanto à sua Depressão... Que Depressão?!

Rosa curou-se da Depressão, era outra pessoa. A Síndrome do Pânico também tinha ido embora. A ansiedade estava totalmente sob controle.

Ela conheceu alguém com quem começou a namorar. Tratava-se de um homem mais velho, viúvo, empresário prestes a deixar aos cuidados dos filhos seus negócios. Ele pretendia não se aposentar exatamente mas diminuir um pouco o ritmo do trabalho e viajar.

Rosa me contou que sua aproximação com essa pessoa também foi algo que conseguiu através do poder de sua mente subconsciente. Ela disse que pediu da seguinte forma: "Sou uma pessoa bonita e agradável. Educada, saudável, compreensiva. Tenho alguém que me ama. É honesto, fiel, agradável, educado, saudável, compreensivo e possui todas as qualidades de um homem bom. Sou feliz por ter alguém assim, tão companheiro ao meu lado. Juntos, nós nos ocupamos de tudo o que é bom, útil e saudável. Tenho ao meu lado alguém que reconhece todos os meus valores. Sou feliz!"

Fez isso quatro vezes por dia de modo tão confiante que chegava a sentir-se ao lado da pessoa.

Tudo aconteceu melhor do que desejou.

Rosa relatou que não descuida mais de si. Hoje, depois de tudo e vendo-se livre da tão temível Depressão e Síndrome do Pânico, ela continua investindo em si mesma. Pratica suas atividades individuais. Trabalha no que gosta, que é no serviço de informações em um considerável laboratório clínico, lidando com pessoas. Ainda faz natação, artesanato, inglês e dança... dança muito. Sai e viaja frequentemente com seu novo marido, o companheiro que sempre desejou e que reconhece suas qualidades e seu empenho pela vida. É verdadeiramente feliz porque amadureceu.

Temos aqui a história de uma pessoa que, apesar de se sentir feliz, anteriormente, tinha uma visão estreita da vida. Ela nunca cuidou de si. Nunca havia se aberto para as possibilidades da vida. Acreditava fielmente nas pessoas e quando se decepcionou viu-se sem chão, sem rumo. Ela não tinha amadurecimento suficiente, pois acreditava que sua felicidade só dependia dos outros. Ficou extremamente infeliz pelo fato de seus valores, sua dedicação, seu empenho não terem sido reconhecidos como deveriam.

No momento em que descobriu sua capacidade e o poder de seus pensamentos, tudo mudou.

Hoje ela sabe escolher as músicas que ouve, os filmes a que assiste, seleciona o que lê em um livro ou revista, assim como o que vê na televisão. Sabe o quanto é importante manter a mente saudável para ser feliz de verdade e não depender dos outros. O que pensamos é o que somos e o que atraímos. E ela atraiu agora a companhia ideal para seu novo estado de consciência.

As possibilidades de melhoras, de crescimento pessoal, profissional, social e de novas chances para uma vida melhor e mais próspera começam dentro de nós, com o nosso amadurecimento, entendendo que a nossa felicidade não pode e não deve depender de ninguém. É lógico que sofremos pelo mal que alguém venha a nos fazer. No entanto, é importante sabermos que esse sofrimento é só uma condição incômoda e momentânea que pode e deve ser mudada, e mudada para melhor. Esse incômodo passará. Essa tristeza passará a partir do instante em que nós buscarmos novas etapas em nossa vida. É importante termos consciência da própria capacidade.

Todos nós somos capazes.

O amadurecimento do indivíduo está em estabelecer relações abertas com a vida. Vê-la de forma como ela é de fato, sem fantasias, sem acreditar que aquilo nunca poderá acontecer perto dele. É lógico que não se deve ser catastrófico, pessimista e ficar imaginando como seria se circunstâncias ruins fossem acontecer a toda hora. Devemos viver o mundo real. Devemos viver o momento e nos preparar para o futuro sem nos desesperarmos para isso.

Sim, pois tudo na vida serve de aprendizado. Aprendemos, inclusive, com os erros e com o sofrimento. Aprender a viver a vida faz parte dela. Não pense que já se nasce sabendo viver de forma produtiva, ativa ou de maneira plena. Esses atributos relativos à forma de viver precisam ser aprendidos como todo o resto.

Muitas pessoas frequentam a vida. É isso mesmo. Não a vivem de fato. É como se elas fossem ao clube para passar um dia de domingo. Passam o cartão de sócio pela catraca, entram, passeiam e saem.

Não é bem assim. Não podemos fazer da vida só um lazer. Precisamos torná-la saudável, edificante, produtiva, satisfatória.

Viver de forma proveitosa está associado às leis do progresso e da mutação. A mudança faz parte da evolução e isso é uma Lei Universal. Portanto, viver a vida de forma próspera, permitindo-se aprender e crescer com ela, é justamente atender aos seus desígnios, aos seus propósitos. Essa é a razão e o objetivo da existência. Não se passeia nem se frequenta a vida sem propósito. A vida simplesmente é. Ela existe e é real. A forma de vivê-la está associada as nossas escolhas, ao nosso livre-arbítrio. Ser feliz ou não, ver beleza nas coisas ou não, aprender com as experiências ou não, considerar-se vitima ou não, dependerá das nossas escolhas que sempre são feitas de forma consciente ou inconsciente.

Na tenra idade, a maioria das pessoas aprende a viver com os pais e avós. É dessa maneira que irão, muitas vezes, viver o que e como aprenderam. Os que têm pouca experiência vivem, em primeiro lugar, como imitadores do que veem, repetindo tudo o que seus criadores e educadores fizeram.

Algumas pessoas fazem uso de grandes filtros para ver a vida na forma que mais lhes convém, em vez de vê-la como ela é. É como se usassem óculos azuis para ver tudo em tom azul, por exemplo.

Existem pessoas que são extremamente otimistas, outras pessimistas, e há aquelas que enxergam a vida como um clube, ou seja, não se empenham como deveriam e não assumem responsabilidades. Existem também as que acreditam que a existência é um local de trabalho escravo. Há, portanto, as que veem a vida como um lugar de inúmeras aplicações práticas ou um vasto campo de conhecimentos disponíveis, que são oportunidades e que, um dia, irão proporcionar crescimento material e ou espiritual.

Os filtros, que cada pessoa se impõe, nublam sua mente de ver outros pontos de vista ou de ver o mundo de uma forma mais ampla, com novas perspectivas e possibilidades de realização no campo pessoal e profissional.

A nossa mente suprema coloca situações em nossas vidas para que o nosso modo de enxergar as coisas se amplie, atraindo pessoas e situações que irão nos tirar da ilusão de ótica que temos da nossa própria existência, que, muitas vezes, é para nós uma vida sem sentido e aborrecedora. Essa nova maneira de enxergar a vida nos trará uma amplitude de visão da realidade maior do que estamos acostumados a perceber.

Cabe a nós estarmos atentos aos sinais que a vida nos proporciona. Cabe a nós vermos os significados nas mensagens deixadas pelas situações que se fazem presentes para que possamos verificar a estrada por onde trilhamos. Algumas estradas são asfaltadas e sinalizadas, enquanto outras são escuras, cheias de buracos perigosos e de ladrões sorrateiros que nos tiram o sossego e nos impõem um grau elevado de medo e risco.

Agora, você pode se perguntar: onde entra o poder do subconsciente nessa situação?

Muito bem. Boa pergunta. Vamos lá.

Quando se quer mudar de atitudes, a pessoa precisa mudar também a energia que gera essas atitudes.

Vou explicar melhor. Antes de se tomar uma atitude, algo acontece com a pessoa para que o faça. É como se houvesse um "click" de energia motivadora ou geradora de atitudes. Essa energia, muitas vezes, procura satisfazer um desejo que pode ser inconsciente, involuntário.

Daremos um exemplo: imaginemos que um aluno de nome João é focado, aplicado e motivado. Como consequência, ele possui as melhores notas, os melhores resultados nas atividades. Porém, outro colega, de nome Pedro, que estuda na mesma sala e participa das mesmas disciplinas, não é portador das mesmas qualidades de João. Eles são totalmente diferentes.

Num determinado dia, Pedro encontra João e o ofende. Faz gozações descabidas, insensíveis, com o objetivo de menosprezar as qualidades do colega e humilhá-lo. Pedro encontra um alvo de humilhação: João. Usa sua atitude para exprimir ou dar vazão aos seus sentimentos reprimidos que, provavelmente, são oriundos da inveja que sente de João. Pedro é vítima de seu orgulho ferido por não ser igual ao João. Embora Pedro seja o agressor, ele parece ser um algoz de forma gratuita. Na verdade, ele sofre muito em seu íntimo, de alguma forma e por alguma coisa, pois, para se chegar ao ponto de tentar provocar humilhação e sofrimento em outro, é porque existe uma dor, um sofrimento, um complexo ou sentimentos extremamente tristes dentro de si, que o incomodam a ponto de não controlar a raiva e frustração que sente por não saber lidar com tudo isso.

Os sentimentos reprimidos ou frustrados em Pedro foram os geradores dessa energia motivadora, o que o levou a fazer isso com João.

Será mais fácil mudar as atitudes se descobrirmos quais sentimentos estão reprimidos. Assim podemos dar outra direção aos seus significados e, por consequência, esses sentimentos perdem a força desequilibrada que possuem em sua origem.

Essa energia motivadora é o que gera a atitude. Ela encontrou um ponto fora da pessoa que pode servir de alvo para que essa energia seja descarregada.

Explicando melhor: suponhamos que a energia motivadora em Pedro é a inveja, pois o companheiro é ótimo aluno, tira notas altas e se destaca por isso. Esse companheiro é o alvo, fora de Pedro, que gera a atitude de inveja, que gera as reações agressivas em Pedro. O que leva Pedro a ter inveja é o fato de ele não conseguir se empenhar nos estudos. Mas, por que Pedro não se empenha nos estudos? Ainda dentro da suposição, pode-se descobrir, pela psicoterapia, que Pedro tem algum trauma relacionado à aprendizagem por ter sido pressionado para estudar de forma que, para ele, foi algo cruel, ameaçador e teve, ainda no início da alfabetização, algum professor que o humilhou de algum modo proporcionando--lhe uma aversão aos estudos.

No caso de Pedro, ele pode trabalhar o sentimento de inveja, conscientizando-se de que o intelecto, a capacidade de aprender é puro esforço. Ser estudioso, aplicado, disciplinado, focado, resulta, consequentemente, em notas melhores e em destaque. Pedro precisa perceber que nós temos condições de nos desenvolvermos integralmente, basta nos esforçarmos para esse propósito. Lembrando que nem todos os atributos que se queira desenvolver, integralmente, pode-se fazê-lo plenamente na primeira tentativa. Por isso, é de extrema importância identificar qual é o problema.

Dificuldades no relacionamento familiar afetam profundamente o estudo, assim como conflitos internos, dificuldades de apren-

? ? ? O que você está pensando?

dizagem também levam a aversão ao estudo. Seja o que for, precisa ser descoberto e revertido, solucionado. Um bom psicólogo pode identificar qual o conflito íntimo de uma pessoa e auxiliá-lo a superar o desafio. Se o caso for um problema com o aprendizado, esse precisa ser descoberto. Tudo tem solução.

* * *

Dificuldades para estudar, cometer erros de leitura, demonstração de dificuldade em relacionar letras e respectivos sons, reclamação de muita leitura, memorização de textos sem compreensão e outros podem estar relacionados com a Dislexia, por exemplo.

Apesar de enfrentar muita dificuldade, em maior ou menor grau, pessoas dislexas conseguem desenvolver e desempenhar de forma brilhante suas atividades em incontáveis áreas, seja na literatura, no cinema, na educação, nos negócios... O campo de atuação do dislexo é infinito. Se for o caso dele, Pedro precisa saber que pessoas dislexas também estão entre famosos importantes. O físico e ganhador do Prêmio Nobel em Física, Albert Einstein, era dislexo. Assim como a escritora romancista policial britânica Agatha Christie; o inventor Alexander Grahan Bell; o famoso escultor de *O Pensador*, *A Idade do Bronze* e outras obras: Auguste Rodin; o vice-presidente dos Estados Unidos e ex-governador de Nova Iorque Nelson Rockefeller; o ator e produtor de cinema americano Tom Cruise; o tão conhecido produtor cinematográfico, cineasta, diretor, roteirista, filantropo, criador de parque temático, criador de personagens de desenhos animados como *Pato Donald*, *Mickey Mouse*, *Branca de Neve e os sete anões*, *Bambi* etc... Walt Disney era dislexo; o múltiplo talentoso italiano Leonardo Da Vince; o cineasta, produtor, roteirista e empresário que mais tem filmes na lista dos cem melhores, Steven Spielberg; o Primeiro Ministro durante a Segunda Guerra Mundial, Primeiro Ministro Britânico duas vezes, estadista notável, também oficial no Exército Britânico, escritor de vários livros, que possuía notável dificuldade de fala e afirmava que isso não era um empecilho em sua vida, o que pelo visto nunca foi, Winston Churchill; além de: Julio Verne; Mozart; Charles Darwin; Robin Williams e muitos outros. Se esse for o problema, existem grandes exemplos que incentivam qualquer dislexo a se esforçar.

Porém, se o problema de Pedro for de ordem íntima, isso também precisa ficar claro para ele. Se for de ordem familiar, é necessário encontrar um meio de ele entender o que se passa e descobrir como viver melhor dentro de qual situação for.

Ele pode ser pressionado pelo pai ou sofrer algum tipo de abandono e por isso se sente fraco, insignificante, infeliz, um zero à esquerda e tem baixa autoestima e, em vez de procurar se destacar ataca aquele que se destaca. Enfim, seja qual for a dificuldade, ela necessita ser descoberta para ser trabalhada.

E se for puramente preguiça, Pedro merece entender as necessidades da vida e saber o que ele próprio quer dela.

Em todo caso, ele precisa mudar de atitude.

Para mudar as atitudes, primeiro é necessário identificar o que precisa ser trabalhado. No caso de Pedro, é necessário que ele entenda que está nesse processo de sentir inveja e procure descobrir, preferencialmente com a ajuda de um profissional da Psicologia, as fraquezas apresentadas nos comportamentos que apresenta contra alguém notável.

Certamente, em seu íntimo, Pedro não é mau assim. Ninguém nasceu para ser mau. Ele precisa entender o que se passa com ele. É nesse ponto que a mente subconsciente entra em cena. Se descobrir qual é o seu problema e entender que é por conta disso que agride o colega, pode aprender como utilizar a mente poderosa para mentalizar uma frase de autoafirmação a fim de modificar sua fraqueza, que é a agressão, transformando-a em bom ânimo, no bem e no melhor para ele mesmo. Isso, certamente, vai ajudá-lo a entender e a respeitar o colega que tem o mesmo talento que ele. Depois disso, Pedro dificilmente iria criticá-lo ou atacá-lo por estarem numa condição igual.

A frase a ser mentalizada poderia ser assim: *"a minha mente subconsciente conhece o meu potencial, meu bom ânimo, minha dedicação, meus melhores talentos e qualidades. Agora mesmo ela está usando tudo isso a meu favor. Sou dedicado, inteligente, feliz, alegre. Sou capaz de entender e aprender tudo o que leio e estudo. Sou sociável, talentoso, educado, sensato e agradável. Eu me admiro pelo que sou. A cada dia minha capacidade aumenta em todos os sentidos e eu me sinto melhor, mais confiante. Lido bem com todos os conhecidos e sou compreensivo com todos. Estou mais aplicado nos estudos e motivado para aprender sempre!"*.

Mentalizando diariamente essa frase, ele irá melhorar a si mesmo em todos os aspectos, tornando-se mais capaz para realizar suas tarefas e dinamizar sua atuação em todas as áreas que desejar, quer seja na escola, no trabalho, nas relações sociais, nas atividades religiosas ou ainda como trabalhador voluntário de qualquer tipo de assistência fraterna. Cabe ressaltar que fazer autoafirmações positivas somente não é o suficiente. Se o indivíduo não mudar suas atitudes para melhor, se ele não se descobrir, não aprender a lidar com situações frustrantes, não aprender a lidar com as energias motivadoras que geram atitudes agressivas mobilizadas pela inveja que sente, pouco adiantarão as frases autoafirmativas positivas. Ele poderá fazer essa mudança de forma confortável e mais segura com auxílio de um psicólogo.

Outro ponto importante a ser lembrado no caso de Pedro, usado como suposição, é que os pais que acreditam não precisam se preocupar, pois é o seu filho quem se impõe, agride, ofende ou proporciona o *bulliyng*. Acham que são os outros garotos quem precisam se defender e precisam de ajuda. Estão muitíssimo enganados. Saibam que, se o seu filho é o provocador, o que incomoda, o que impõe ou o que agride, é porque ele sofre e digo que sofre muito. Existe, possivelmente, muita contrariedade, trauma, frustração ou dor em seu ser para chegar ao ponto de querer fazer o outro sentir o que ele sente, embora por meios ou métodos diferentes.

* * *

Aproveitando o suposto caso de Pedro para trabalhar a aprendizagem do uso do nosso pensamento e entender a energia criadora que ele proporciona, vamos dizer que o normal, diria a maioria, seria desejar o mal ao invejoso e escarnecê-lo, afastando-o da nossa companhia. Aproveitando essa ideia, é bom reafirmar que nunca se deve desejar o mal a ninguém. As forças subconscientes são poderosas e atuam no sentido de atrair energias com relação aos nossos desejos, mesmo que esses desejos sejam direcionados aos outros eles possivelmente irão refletir em nós e em nossas vidas.

Quando alguém mobiliza as forças subconscientes para atrasar o progresso de outro e fazer-lhe algum mal, de qualquer natureza, toda a energia negativa impregna primeiro a pessoa que a gera para, depois, procurar realizar-se. Se é que vai.

Aquele que desejou o mal ou o atraso, impregnado de energias desequilibradas, atrairá outras fontes de energia da mesma natureza, do mesmo nível, ou seja, pessoas e situações desequilibradas vão surgir em sua vida enquanto pensamentos desse nível estiverem fazendo parte dos seus anseios.

É a força da Lei da Atração. É natural, imutável. Inevitável.

Somente uma mudança de atitude torna possível a transformação dessa energia insalubre e nada saudável, para outro tipo de energia de melhor nível. Quando crescemos, amadurecemos e deixamos velhos vícios, inclusive o de desejar o mal alheio.

* * *

A maturidade está aliada à condição de respeito a si mesmo e aos outros. Dessa forma, é possível entender a condição limitada do outro em crescer no mesmo sentido que você, mas não na mesma velocidade, pois cada um tem a sua.

A maturidade consiste em perceber conscientemente a sua condição evolutiva, identificando os seus deveres e não os deixando por conta dos outros. As tarefas que lhe cabem não devem ficar a cargo dos outros, a responsabilidade é sua.

Isso me faz lembrar de um caso.

Professores universitários reunidos discutiam a condição de aprovação, ou não, de um aluno que se mostrava irresponsável e desinteressado em aprender. Observem que se trata de um aluno de curso superior, maior de idade e ciente de seus deveres. Os mestres acadêmicos procuravam um meio de chamá-lo à responsabilidade, ao compromisso ao qual ele mesmo se propôs. Nesse caso, os professores não enxergaram que o descaso, a irreflexão, o desprezo era do aluno por conta da sua própria imaturidade. O que cabia aos professores era serem justos com o procedimento de avaliação. Assim, se o aluno apresentasse condições de aprovação, que fosse aprovado. Caso contrário, ele deveria tentar novamente sob uma condição mental de comprometimento com o aprendizado, ou seja, assumir totalmente a responsabilidade que lhe cabia.

Não é correto arcarmos com falta de empenho dos outros.

Nesse caso, imaginem um aluno universitário de Medicina e que não foi aplicado como deveria. Mostrou-se desinteressado e, penalizados, os professores o promovem. Ao se formar, esse médico continuará não arcando com as responsabilidades que lhe cabem e a vida de pessoas vai correr risco por culpa de professores tão irresponsáveis quanto ele.

Assim é em tudo. Aqui tomei como exemplo um aluno de Medicina. Mas isso não seria diferente com um aluno de Psicologia. Um aluno desinteressado, irresponsável, não equilibrado e que foi aprovado injustamente poderá cometer erros comprometedores, podendo levar pessoas, seus clientes, a grandes enganos ou práticas de atitudes inadequadas, podendo chegar a tragédias.

Imaginem um engenheiro que, na universidade, foi promovido indevidamente. Formado, ele não atua com a devida responsabilidade e conhecimento e executa a construção de um edifício residencial de dez andares que, após dez anos, por ter sua edificação comprometida, desaba. Não é raro vermos casos assim. Como ficam as vidas perdidas, as pessoas lesadas física, moral e psicologicamente, além dos danos materiais?

Em todas as áreas, não podemos nos sentir penalizados pela falta de empenho dos outros e, de posse desse sentimento, facilitar sua vida injustamente.

Quando, por piedade, ajudamos alguém que não se empenhou, nós tiramos dessa pessoa a possibilidade de crescimento.

Dessa forma, respeita-se a condição na qual o individuo queira estar ou o que lhe é possível ser, dentro de suas possibilidades reais de enfrentar situações.

Percebe-se, então, que a maturidade deve ser aprendida e não imposta de forma arbitrária.

Outra atitude que os professores podem ter, em relação ao aluno desinteressado, é explicar-lhe quais são as suas obrigações como aluno.

A princípio, todos os aprendizes se acham capazes. Acham que sabem tudo e que, no futuro, o que deixou de aprender não lhe fará falta. Mas nem todos tiveram a mesma base. O processo de desenvolvimento da capacidade física, intelectual e moral é realizado desde criança, normalmente junto à família, visando a melhor integração individual e social. Isso faz muita diferença. Se o aluno estiver ciente disso, ele não vai se deixar aprovar indevidamente. Os conhecimentos ou as aptidões resultantes de tal processo e preparo familiar é o que o fortalece como ser humano em geral.

Alguns alunos estão deficientes dessa condição. Não sabem o que fazem na escola ou na universidade. É triste dizer isso, mas como professor universitário por longos anos percebi que muitos não estão conscientes do compromisso que assumiram ao encarar os estudos. Não têm ideia do tamanho da responsabilidade que lhes cabe e, por isso, só desejam ser aprovados. Pensam que o que não aprenderam nunca irá fazer falta.

A criança deve, desde cedo, entender quais são suas obrigações, e isso cabe aos pais e responsáveis ensinar. Quando uma criança recebe muita proteção, no sentido de se ver livre de responsabilidades e obrigações, ela cresce acreditando que pode tudo e, com isso, passa a desrespeitar os demais em todos os sentidos. Ela não tem limites. Limites devem ser impostos a começar do "berço". Arrumar a própria cama, recolher os brinquedos jogados após brincar, pegar a roupa suja e pôr no cesto para ser lavada, fazer o dever escolar, ajudar em algumas tarefas de casa, pedir desculpas quando fizer algo não muito educado, e muitas outras coisas, devem ser ensinadas desde cedo, não importando quanto tempo ela leva para realizar o que lhe for pedido. Nunca faça por uma criança aquilo que lhe foi determinado. No máximo, esteja ao seu lado ensinando e explicando, calmamente, para que e o porquê daquela tarefa. Além disso, ela deve ser responsabilizada quando não cumprir o proposto, e algum privilégio pode lhe ser tirado quando não realizar a tarefa, como: um dia sem o *videogame*, por exemplo. Ninguém morre por ficar um dia sem o *videogame* ou televisão. Mas tudo isso sem agressões físicas ou verbais. Conversa calma e consciente é fundamental, sempre. Gostaria de lembrar também que quarto não é lugar de castigo. Somente assim, desde cedo, a criança vai aprender que tudo o que fizer tem consequências, e tudo o que não fizer também tem consequências, incluindo o aprendizado. Se seu filho não aprendeu, nada melhor do que entender que ele precisa repetir tudo de novo para que, em outro nível de consciência, compreenda a necessidade do estudo. Por outro lado, deve-se ensiná-lo a necessidade de se empenhar, dedicar-se a tudo o que se propõe. Assim ele saberá quem é e terá consciência da própria capacidade.

A escola tem o dever de ensinar as disciplinas e os assuntos referentes ao curso proposto.

A educação, o respeito, entender a necessidade de ser dedicado, aplicado, cortês e assumir responsabilidades é obrigação dos pais ou responsáveis. A educação não é de responsabilidade das babás e empregados domésticos, muito menos da televisão ou dos professores. Ela é unicamente dos pais.

Amadurecer é encarar quem você é com tudo: com qualidades e com defeitos. Perceber-se como de fato é, é algo difícil. Nem todos estão preparados para se verem de fato, portanto culpam os outros por aquilo que lhes acontece.

As pessoas gostariam de ser melhores do que são. Por isso, quando não têm consciência nem vontade de vivenciarem a própria vida, preferem se tornar parasitas dos outros e dependentes de alguma forma. Dessa maneira, vivem uma vida paralela à sua e não a sua de fato. É o caso de pessoas que desejam estar no lugar da outra a qual admiram e veem nela tudo o que gostariam de ter para si.

Falar sobre isso pode parecer estranho, mas, se ficarmos atentos, veremos muitos e muitos exemplos assim.

É o caso do homem repleto de dívidas e dificuldades financeiras que compra um carro zero quilômetro de luxo e muito caro. Não importa os problemas vivenciados por conta disso, como: as discussões e brigas pela falta de equilíbrio financeiro em seu lar, a casa que necessita de manutenções e provisões, e as contas acumuladas. Não importa o quanto sua "cabeça esteja quente", ele muda. Transforma-se. Parece outra pessoa quando entra em seu carro e o exibe dirigindo pelas ruas, ou quando em um grupo de amigos fala sobre o desempenho, o conforto e as qualidades do veículo, vangloriando-se por tê-lo. Essa pessoa vive uma vida falsa, irreal.

É comum também vermos esse tipo de comportamento no caso da mulher que veste roupas e usa calçados que diferenciam totalmente do seu padrão financeiro, com atitudes desequilibradas a ponto de estourarem os limites dos cartões de crédito e deixarem a conta bancária sempre no "vermelho".

E aqueles que, desde jovens, frequentam baladas, usam grifes fora do seu nível socioeconômico e que geralmente, por não poderem se manter, deixam as despesas por conta dos amigos.

A pessoa que apresenta esse tipo de comportamento possui um "falso eu" desenvolvido, que é justamente uma imagem irreal de si mesma. Ela criou um personagem idealizado e vive interpretando-o o tempo todo. Com isso deixa de viver a própria vida, que é representada pela imagem real de si mesma, evitando-a o quanto puder. Isso gera uma distância muito grande entre o que é e o que idealizou ser. Quando ela se depara consigo mesma, ou seja, quando observa o que ela é de verdade e percebe que é muito diferente da personagem que criou, ela confronta as duas imagens e sofre um choque de realidade que a deixa frustrada, magoada, triste e com raiva de si mesma, odiando-se. E para afastar de si esses sentimentos, acentua cada vez mais o comportamento da imagem idealizada, do personagem que criou para si, comprando algo mais para alimentá-la e ressaltá-la, fazendo-a ganhar mais força, e quando olhar para si novamente, o que é inevitável, sentirá mais intensificada a frustração, a mágoa, a tristeza e a raiva de si mesma.

Não se encaixam, nesse quadro, aquelas pessoas que, por capricho ou gosto pessoal, apreciam possuir bens ou se vestir elegantemente, com padrão de qualidade e custo superior ao que normalmente seu nível socioeconômico permitiria. Elas possuem esses gostos e caprichos, mas trabalham e se esforçam para tê-los e depois os mantêm dentro das suas condições financeiras sem estourar os limites do cartão de crédito, encherem-se de dívidas ou deixarem a conta corrente no "vermelho". Elas não abusam de amizades ou parentescos ou sequer endividam-se de forma desequilibrada para obterem e manterem seus bens ou padrão de vida.

Querer viver como os outros, imitando-os e entrando no mundo deles, à maneira deles, é viver de forma irreal. Todos nós devemos viver a própria vida, na forma como ela se apresenta e da maneira como for possível, com o direito de procurar melhorias reais. Com os seus méritos e deméritos, dentro das suas possibilidades e não dentro das possibilidades dos outros. Fazer isso é amadurecer.

Amadurecimento das crianças e dos adolescentes

A fase de querer viver a vida do outro é muito percebida na adolescência. Os adolescentes estão à procura de grupos com os quais se identifiquem, que os aceitem a fim de não se sentirem sozinhos nessa fase da vida. Caso não forem bem orientados, nesse momento em que transitam da infância para o jovem adulto, acabam se perdendo e não conseguindo o que essa idade propõe, que é dar início e desenvolver sua identidade, melhorando e se adaptando à sua personalidade em construção.

A construção da forma de pensar é fundamental nessa idade. É daí em diante que o indivíduo vai construir a maior parte de sua personalidade responsável e fazer escolhas conscientes, mediante as obrigações sociais que lhe impõem os desejos. É necessário fazer grandes escolhas nessa idade para distinguir-se dos demais. Alguns escolhem a rebeldia às boas condutas sociais ou até se tornam delinquentes e se negam a assumir o lado responsável de suas ações, considerando que são inocentes e acreditando que ficarão impunes ao que fizerem, nunca serão responsáveis por suas escolhas. Os pensamentos que estão sendo cultivados nessa idade marcarão, demasiadamente, a mente desses jovens. Mais tarde, para corrigir tal efeito, eles vão despender muita energia e empenho. Isso os tornará adultos problemáticos e frustrados consigo mesmos, impossibilitando-os de terem domínio de seus impulsos e de viverem uma vida produtiva por escolha própria.

Muitos jovens se deixam levar pela onda do modismo passageiro. Eles se juntam a um grupo de adolescentes que se identificam e vão "se divertir" com o uso de drogas e álcool, ficam até altas horas na rua, ao léu e ao alcance dos males de toda sorte, submetendo-se ao cumprimento das "normas" do grupo o qual escolheu e ao qual se subordinou. Aquilo que muitos consideram como passageiro na verdade irá marcar de forma permanente suas vidas. Dependendo do que se fez, não existirá retorno ao estado original. Será difícil encontrar a paz e poderá ter dificuldade num futuro promissor. Alguns chegam a se condenar a um estado de debilidade permanente. Nunca mais serão os mesmos.

A inconsequente desatenção de alguns pais nessa fase custará a vida adulta do filho. Não é algo para deixar acontecer. A adolescência não é uma fase que se possa deixar transcorrer a bel prazer do jovem. Estamos lidando com o futuro de pessoas e não de "coisas".

Na Psicologia, o compêndio de ensinamentos sobre a vida infantil e adulta é vasta. Mas a literatura sobre a adolescência é limitada e muitas vezes desencontrada. Alguns têm opiniões diferenciadas e pouco claras em certos pontos de vista. É de conhecimento de todos que essa fase é confusa e verdadeiramente abandonada pela sociedade, considerada por ela como passageira e cheia de mistérios, e largam-na ao léu pois pensam que "um dia vai passar". E, de fato, um dia passa. Mas, quais serão as consequências que restarão? Para a sociedade, a adolescência não provoca motivos plausíveis que justifiquem preocupação verdadeira. Não oferecendo atenção a ela, não se pode reclamar, mais tarde, ao ver que os filhos se tornaram negligentes aos bons costumes e à educação de base.

Nos dias atuais, as principais babás das crianças e dos adolescentes são: a televisão, os jogos eletrônicos, o computador e a internet. Nesse ambiente, tudo acontece como em um passe de mágica, assim como nos filmes e nos jogos. Essas crianças e adolescentes vão se condicionando aos acontecimentos mágicos e rápidos que não fazem parte da realidade. Depois vão exigir a mesma mágica e a mesma rapidez na vida. Como consequência, não compreenderão como as coisas acontecem a uma velocidade tão lenta no mundo real. Na maioria das vezes, não conseguem o que querem e quando querem. Não entendem por que isso acontece. Eles desejam tudo, e é para já!

Os pais desconhecem o grau de perturbação que isso pode causar na vida dos seus filhos. No momento em que as crianças e os jovens exigem que tudo ocorra rápido e verificam que isso não pode acontecer com a velocidade e a intensidade que desejam, os pensamentos cultivados são de intolerância e frustração. Eles não são orientados por pais, responsáveis e educadores que existem situações na vida que exigem tempo adequado aos acontecimentos e que eles precisam esperar o momento oportuno ou as condições adequadas para que suas necessidades sejam atendidas. Isso a fim de não se dar espaço à rebeldia, ansiedade, frustração, revolta e outros tantos sentimentos negativos que abalam a formação da personalidade.

É importante que pais e responsáveis passem aos jovens, desde cedo, que devemos dar um desfecho a tudo o que começamos. Os pequenos aprendem, no mundo da ficção ou no mundo virtual, que tudo se processa muito rápido e querem que a vida seja assim. Isso precisa de um freio ou haverá consequências sérias.

O desejo de rapidez e a impaciência que alguns jovens têm diante dos acontecimentos da vida, somado à sobrecarga de tarefas impostas pelos pais ou responsáveis, contribuem para um aumento, de considerável grau, da desistência de tudo que fazem.

Hoje é facilmente percebido que, por motivos de ocupações excessivas, os pais superlotam o filho com afazeres, inscrevendo-os na natação, na ginástica, academia de luta, escola de música, curso de soroban, inglês, espanhol etc. Colocam-no em muitas atividades simultaneamente, que por fim não concluem o que começaram. Os pais agem dessa forma acreditando que os estão preparando para o mundo competitivo do trabalho. Mas, na verdade, estão passando uma mensagem desestruturada, pois sempre começam algo que não irão terminar.

Isso eles irão carregar para o resto de suas vidas, podendo se tornar pessoas malsucedidas devido ao entendimento equivocado. Esse entendimento, inconscientemente, pode se repercutir nos estudos incompletos, em um casamento abreviado, em profissionais que não terminam o que começam. Podem se tornar pessoas que não se dedicam verdadeiramente ao que se comprometeram. Serão profissionais "fogos de artifício" que explodem e brilham para, em seguida, desaparecerem. Serão pessoas que se deixam levar pelo modismo do momento, mas que não conseguem consagração pessoal. Isso não é difícil de ver.

A construção dos pensamentos positivos e prósperos, na idade da adolescência, é crucial. É necessário fazer o jovem entender que precisa se manter consciente do que pensa e do que faz. Pensamento positivo e produtivo devem ser um hábito para os pais, a fim de se tornar um hábito aos filhos.

Daí a importância do diálogo, entre pais e filhos, em que se foquem em assuntos produtivos que ofereçam orientações e reflexões saudáveis e que tudo fique muito claro. Por essa razão, os pais devem selecionar ideias e pensamentos de qualidade superior.

Portanto, você deve saber o que você está pensando, pois é isso que estará passando para o seu filho.

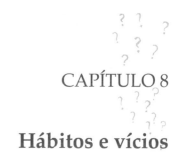

CAPÍTULO 8

Hábitos e vícios

Os hábitos, diferentemente dos instintos, podem ser cultivados. Aparentemente eles são respostas a ações repetidas. O lado bom dos hábitos é que, além de serem cultivados, podem ser modificados ou ainda eliminados, através de uma ação consciente. O senso comum considera que os hábitos são de grande valia para a formação da personalidade, do caráter e, principalmente, dos pensamentos.

Podemos cultivar o hábito de ter pensamentos bons e eliminar os pensamentos deprimentes e destrutivos de nossa mente. Quando quisermos podemos criar o hábito de bloquear as ideias negativas e transformá-las em positivas. Quando quisermos podemos criar o hábito de aprender a viver de forma produtiva. O que precisamos é nos preparar para fazermos isso.

É importante diferenciarmos hábito de vício.

O hábito é cultivado quando se quer adquirir boas qualidades pessoais ou profissionais. Normalmente, são qualidades que não possuímos naturalmente ou não foram aprendidas desde cedo. Então, passa-se a cultivá-la de forma a atingir um objetivo que satisfaça quem o iniciou. O hábito, geralmente, cria virtudes salutares que se proliferam na mente do indivíduo de forma a tornar a vida mais fácil e produtiva, com menos desperdício de tempo e de talento. Cada vez que a pessoa se habitua a fazer algo que é bom, ela se melhora. Veja os exemplos: ler um livro num período especificado, reservar horários para estudar, ler e-mails de trabalho em horas específicas, conduzir reuniões planejadas com hora para começar e terminar, hábito de elogiar as pessoas, hábitos em cuidar do casamento e dos filhos, dedicando-lhes tempo necessário, hábito da oração, hábito da alimentação saudável, hábito do exercício físico, hábito de verificar as condições do automóvel, hábito de cuidar da manutenção da casa, hábito em fazer reservas financeiras para prevenir-se de crises, hábito em investir na educação própria e dos filhos etc. À medida que a pessoa organiza a sua vida construindo bons hábitos, torna-a mais produtiva, de forma que um hábito cria uma psicosfera positiva de atrair outros hábitos de mesma ordem saudável para melhorar, mais ainda, a vida. Justificando o termo "ciclo virtuoso", que é expansivo e associado ao progresso habitual, no qual a cada movimento do ciclo esse atrai outros hábitos, expandindo potencialmente as virtudes da pessoa, ou seja, quando alguém passa a ter um hábito saudável, outros são atraídos.

Já o vício é danoso. Cria dependência psicológica e fisiológica. A pessoa se enterra nele de forma distraída e despropositada através da prática desmedida, de atos inconsequentes de toda sorte.

Normalmente ocorre que, quanto mais vícios se possui, mais esses atraem outros, porque a pessoa desenvolve o vício de ter vícios.

O vício também é fruto de pensamentos invigilantes e de impulsos incontroláveis, ou seja, a pessoa não pensa, ela age automaticamente. A pessoa entra em uma faixa vibratória que consiste em atrair outros vícios que danificam na mesma proporção ou pior. Quanto mais vícios se somarem à vida do indivíduo, mais aumenta a chance de atrair outros. Eis o que justifica o termo "ciclo vicioso".

Pode-se citar vícios como: o vício de jogar as meias pela casa, deixar os sapatos largados no meio da sala, jogar a toalha de banho úmida sobre a cama após o banho, largar a mochila contendo material escolar sobre a mesa da sala, largar roupas espalhadas no banheiro ou no quarto, guardar roupas sujas dentro dos armários, estudar sem hora específica, largar um livro pela metade, maltratar as pessoas, comer fora de hora, comer demais, maledicência, tomar bebidas alcoólicas, usar drogas, fumar, participar de jogos de azar, e tantos outros.

O pensamento negativo também é um vício muito danoso.

Vamos considerar o pensamento como uma energia, certo?

Então, quando estamos pensando determinada coisa e, repentinamente, mudamos o que estamos pensando, nós mudamos a energia em nossa mente e, consequentemente, experimentamos outros sentimentos.

Normalmente, o pensamento nos dá ideias e as ideias nos oferecem crenças e, quando a crença for muito forte ela dita-nos regras de comportamento. E aqui cabe dizer que nem todas as crenças e regras são saudáveis.

Vamos dar um exemplo para que todos entendam melhor, ressaltando que se trata de uma suposição:

Sofia é uma jovem senhora que trabalha há muitos anos em uma empresa como auxiliar administrativo. Sempre foi eficiente e cumpridora dos seus deveres, educada e prestativa. Por conta da necessidade de serviço, a empresa contratou uma nova funcionária de nome Maria. Acontece que Sofia começou a cultivar pensamentos de que a nova colega não gostava dela. Sempre achava que, sem razão alguma, Maria estaria falando mal de sua pessoa para os colegas.

Os pensamentos de Sofia começaram a ser tão fixos que, sem motivo aparente, ela criou ideias que passaram a ser crenças de sempre ser alvo dos comentários e críticas de Maria.

A energia negativa que Sofia criou em sua mente, por conta de seus próprios pensamentos negativos, passaram a agir em sua vida e, consequentemente, em seu trabalho, sem que a colega nada fizesse para isso.

Sofia, preenchendo sua mente com suposições nada saudáveis, passou a ficar desatenta ao serviço, começou a cometer erros básicos e com isso foi advertida pelo seu chefe.

Mas infelizmente, de alguma forma, ela criou ideias de que a colega Maria era a culpada por suas falhas e pela chamada de atenção recebida do chefe. Passou a ser uma pessoa irritada, insegura, impaciente e fazia cara de poucos amigos. Esse comportamento abalava seu emocional, deixando-a infeliz, insatisfeita não só no trabalho, mas também em sua vida pessoal, em casa com o marido e com os filhos.

Algum tempo se passou até que Neide, outra colega de trabalho, aproximou-se dela perguntando se estava tudo bem, pois havia notado a sua mudança de comportamento.

Sofia contou a Neide que acreditava que Maria a estava prejudicando de alguma forma, porém Neide afirmou que não, pois Maria sempre tecia comentários positivos e elogios sobre Sofia, admirando-a como pessoa e como uma funcionária exemplar, só não entendia porque Sofia era tão reservada com ela, porém a admirava muito.

Esse novo conceito mudou os pensamentos de Sofia, proporcionando-lhe uma nova energia bem mais saudável, alterando a sua opinião e, consequentemente, mudando as suas ideias com relação a Maria, destruindo as crenças negativas que tinha a respeito da colega.

Com essa nova energia mental, ou seja, após eliminar os pensamentos não saudáveis que possuía, Sofia voltou a ser eficiente, cumpridora de seus deveres, educada, prestativa, mais alegre e abriu o seu leque de amizades, o que lhe proporcionou grande bem-estar.

Devemos ficar muito vigilantes quanto ao vício do pensamento negativo, pois ele cresce junto com isso, aumentam os sentimentos inferiores, que interferem em nosso comportamento, palavras e ações.

Por isso é importante sabermos analisar o que estamos pensando, se as ideias que criamos são verdadeiras, se têm fundamento, se são saudáveis, úteis ou não.

Às vezes, criamos uma ideia oriunda de pensamentos errôneos e essas ideias e crenças não são úteis; ao contrário, elas acabam nos prejudicando.

Uma troca de energia mental nem sempre ocorre tão rapidamente como no exemplo usado. Porém, é possível mudarmos, aos poucos, os pensamentos que envenenam a nossa mente e não nos deixam ser criaturas melhores.

É impossível sermos melhores, aperfeiçoarmo-nos, sermos felizes, produtivos, criativos e outras coisas mais, se cultivarmos ideias e crenças negativas e infundadas, seja a respeito do que for.

Se estamos trabalhando e vivendo de acordo, não cabe ficarmos preocupados com o que os outros acham de nós, com o que os outros pensam a nosso respeito. Se isso acontece, não evoluímos, pois a nossa mente ficará presa e ocupada com assuntos que não nos fazem bem.

Quando a pessoa se prende ao vício de envenenamento mental, como no exemplo citado, a troca de energias na mente se processa de tal forma que isola sua convivência com o meio. Por exemplo: no caso de Sofia, ela não parava de pensar que Maria falava mal dela. Sofia pode ter a postura de não comentar nada a respeito com ninguém, como também pode começar a falar só nesse assunto que, para quem ouve, acaba se tornando uma conversa chata e improdutiva e, consequentemente, provocará o distanciamento da amizade. Assim sendo, Sofia acabará se isolando, de qualquer forma. Suas preocupações com o fato de a colega falar mal dela começam a crescer e, com os pensamentos ocupados no que não é bom nem útil, sua mente se desconcentra e ela começa a cometer erros. Não percebendo que Maria nada tem a ver com suas falhas, Sofia continua aumentando e alimentando seus pensamentos negativos e viciosos com ideias incabíveis, continua se envenenando mentalmente, prejudicando-se ainda mais.

Isolando-se nos transtornos do vício, em casos graves, provoca-se o chamado "embotamento dos afetos", por meio da troca de energia com novos vícios. Aproveitando ainda o exemplo dado, se Sofia não mudasse seus conceitos, sua opinião e seus pensamentos, ela poderia somar a esses novos vícios de pensamentos venenosos.

A partir do momento que o pensamento dá origem a ideias que passam a incomodar, nasce a crença que dita regras de comportamento. Ainda aproveitando o exemplo citado, Sofia deu atenção a pensamentos de que a nova colega não gostava dela, esses ganharam forças e ela começou a ter ideias de que suas tarefas saíam erradas porque Maria a prejudicava. A partir daí, começou a crença de que tudo era culpa de Maria. Então seu comportamento se alterou. Passou a ser irritadiço, nervoso e impaciente. Quando

O que você está pensando?

Neide interferiu e contou à Sofia que Maria falava bem dela, os pensamentos negativos, que produziam energias intensas, capazes de distraírem a mente de Sofia e alterar o seu comportamento, receberam uma carga de energia positiva, oriunda de novas crenças que mudaram as ideias de Sofia, fazendo-a ter novos pensamentos. Dessa forma, ela passou a ser, novamente, a pessoa produtiva e feliz que era antes.

Essa troca de ideias é algo semelhante aos processos de troca de calor, ditados pelas leis da termodinâmica. Por exemplo: quando se joga uma barra de aço incandescente numa bacia com água gelada, haverá uma troca de energia entre os dois corpos que, a princípio, estão com temperaturas diferentes, até atingir uma temperatura única. Esse momento é chamado de "morte térmica", pois a troca de energia cessa. A temperatura é uma só nos dois corpos. O mesmo acontece na mente quando mudamos de ideia sobre o mesmo assunto.

* * *

Lembro-me do caso de uma jovem que se achava muito feia. Ela odiava o próprio cabelo e dizia que seu rosto não combinava com ele. Orientada por amigas, a moça procurou um bom cabeleireiro que fez maravilhas em seus cabelos, transformando-o por inteiro. O novo corte e a arrumação dos fios moldararam seu rosto que exibiu a beleza antes não percebida. A partir de então, a jovem começou a se achar bonita e atraente. Sua atitude mental mudou, assim como mudou também sua crença sobre si mesma. De feia, passou a achar-se bonita. Ela trocou a energia acumulada a respeito disso. As energias envolvidas, nesse caso, possuíam níveis diferentes. Quando ela se achava feia, sua energia era baixa, ou seja, era uma energia inferior. Após tomar uma atitude, passou a se achar bonita e sua energia se tornou elevada, ou seja, passou a ser uma energia superior.

Às vezes, para mudar o pensamento para melhor, para positivo, para superior é preciso tomar uma atitude.

Agora, vamos pegar o caso da moça acima, que tem a crença de se achar feia e com isso ela apresenta, em seus pensamentos, um nível inferior de energia. Suponhamos que ela não aceite as orientações e não procure um cabeleireiro. A cada dia que passa, essa moça vai se achar mais feia. Não muda de ideia, nem sequer procura pensar no assunto a fim de fazer algo por si mesma. Dessa forma, não haverá troca de energia pelo fato das duas energias pertencerem ao mesmo nível. No entanto, se ela passa a se achar mais feia ainda, ela irá aumentar mais o grau da energia inferior. Assim fica possível a troca de energia, pois o nível da nova energia é mais baixo do que a antiga, o que permite a mudança de nível, tornando-se mais baixo ainda, podendo provocar até um embotamento afetivo, que é quando a pessoa se fecha em si mesma.

Tem gente que não muda nunca de ideia e continua tecendo reclamações a respeito do mesmo assunto, apesar de os outros a orientarem para mudar de comportamento, mudar de atitude, fazer diferente, fazer algo por si mesma.

Dessa forma, é fácil entender que as pessoas desenvolvem hábitos que são perceptíveis aos olhos dos outros, como: algumas, ao saírem de casa, fazem o sinal da cruz. Outras, ao tratarem de trabalho ou fazerem ligações para estabelecerem uma comunicação de negócios, escrevem e planejam o que vão falar antes de ligarem, precavendo-se para não abordarem assuntos inadequados ou impróprios àquela negociação. Têm aqueles que, quando os filhos vão à escola ou ao trabalho, tem o hábito de dizer: "Vai com Deus!".

Além dos hábitos e vícios exteriorizados, ou seja, vistos pelos outros, existem aqueles que se desenvolvem em pensamentos, que estão no íntimo de seus desejos e ainda não se manifestaram no mundo físico em forma de ações e atitudes.

Muitas pessoas possuem vícios de pensamentos que ignoram e esses se manifestam em suas atitudes. Um exemplo clássico é aquele quando se está conduzindo um veículo por uma rua ou avenida e, de repente, leva-se uma fechada. Automaticamente o motorista abre a janela e inicia um processo de xingamento e palavras desagradáveis que, antes de serem verbalizadas, foram montadas em suas ideias, em seus pensamentos.

? ? ? O que você está pensando?

Precisamos tomar cuidado com o vício do pensamento automático ao falarmos o que vier à mente. No trânsito, percebemos muito disso.

Lembro-me de uma situação impressionante, presenciada muito de perto. Todos sabem como é o trânsito caótico de uma cidade grande. Os motoristas normalmente cansados e estressados, após um dia de trabalho difícil, só querem uma coisa: voltar para casa o mais rápido possível e, naquele dia, não foi diferente. Os automóveis estavam em velocidade demasiadamente lenta quando um condutor fechou outro automóvel ao seu lado. A manobra não pareceu brusca nem agressiva. Ela aconteceu de forma calma, até devagar demais. Porém, isso bastou para acionar o vício da mesquinhez pela luta de três ou quatro metros de avenida, como se fosse algo tão vital e importante que merecesse parar, ainda mais, o trânsito a fim de se resolver tal situação. Então, o condutor do automóvel que levou a fechada desceu de seu veículo de modo abrutalhado, com um comportamento bem alterado, irritado e nervoso, olhando em seu carro para ver se havia acontecido alguma coisa na pintura, analisando-a de perto. O que não era necessário, pois, como todos podiam ver, os veículos não se tocaram. Mesmo assim, o homem, nervoso, foi até a janela do carro que realizou a manobra inesperada e proferiu palavras agressivas e de baixo nível moral, ofendendo e xingando, sem dar chance de o outro se explicar. Quando menos se esperava, no banco de trás surgiram duas crianças que, assustadas, começaram a chorar e a chamar pelo pai. O motorista, sentado em seu banco, recebia os desacatos totalmente calado. O outro, colérico, com o dedo indicador em riste, continuava a agredir com palavreado indigno e apontamento descabido. Calmo, com semblante abatido, o motorista que provocou a manobra desceu de seu carro e, inesperadamente, pediu desculpas, de forma humilde e até submissa. Pediu desculpas pelo transtorno e se justificou. Disse que há vários dias não dormia direito. Sua esposa estava internada, muito doente e, talvez, viesse a óbito. Ele não tinha com quem deixar as crianças e, por conta de tudo isso havia se distraído com o trânsito, pois estava com os pensamentos carregados de preocupações. Nesse momento, ele estava emocionado, forçando-se para não chorar. No instante seguinte, virou-se para os filhos que estavam chorando, pois pensavam que veriam o pai ser agredido, e pediu que eles se acalmassem. Quando se voltou para o outro motorista, pediu desculpas mais uma vez e foi ver os veículos para se certificar de que não havia causado prejuízo nenhum. Nessas alturas, o homem que antes estava nervoso passou a ficar cabisbaixo, envergonhado e também se desculpou. Apertou a mão do outro, desejou-lhe sorte e saúde para a esposa doente, desfechando com um "Vai com Deus!"

Esse acontecimento não foi só comovente. Ele alertou para o fato de que muitas pessoas estão condicionadas a respostas automáticas a determinados acontecimentos. Elas não pensam nem analisam. Elas não querem levar desaforo para casa. Acham que é normal responder às agressões com agressão. A lei de Talião que pregava "olho por olho, dente por dente", já foi desclassificada há muitos anos. Como nos diz o sábio Mahatma Ghandi: "Olho por olho e o mundo acabará cego".

* * *

O que o ser humano tem de mais precioso é o pensamento.

O problema é que muitos não estão preservando esse bem tão valoroso. Não defendem suas mentes do que é mal, pernicioso e que, com o tempo, vai lhes afetar.

Pior ainda é quando algumas pessoas deixam que outras pensem por elas. Nós percebemos muito disso quando vivemos em uma sociedade muito movimentada e repleta de informações. Isso é alienação consentida.

É fácil de perceber a alienação consentida. Um grande exemplo foi o da passagem para o ano dois mil e na virada do século XXI. Várias profecias ameaçavam o mundo do extermínio e coisas do gênero. Depois, constatou-se que nada aconteceu. Recentemente, as profecias maias, novamente, aterrorizaram a população mundial a respeito do fim do mundo, e nada ocorreu. Os pensamentos de destruição em massa são constantes na mídia e nos filmes. Surgiram várias séries de televisão e recordes de bilheterias nos cinemas sobre abordagens alienígenas, e a indústria cinematográfica investiu no surgimento de grupos de heróis e super-humanos que se unem para proteger a Terra contra os invasores do espaço que querem acabar com o planeta ou dominá-lo. Nada contra em isso ser usado como uma distração, mas estejamos bem conscientes disso.

Precisamos tomar cuidado para não nos esquecermos de que vivemos em um mundo real. O herói e a heroína, nesse mundo real, somos nós. Não voamos sem usarmos mecanismos motorizados ou planadores. Não nos teletransportamos nem salvamos o planeta, e não tem ninguém que o faça sozinho. Podemos, sim, viver melhor com pequenas ações, com pequenas atitudes que se iniciam em nossos pensamentos.

Muitas tragédias no cotidiano seriam evitadas se as pessoas pensassem mais e analisassem que não ganham absolutamente nada com ações, atitudes e palavras impensadas, impulsivas, descontroladas. Milhares de pessoas poderiam estar vivas ou sem deficiências se elas ou outros pensassem melhor.

Não somos super-humanos. Não existem super-humanos para nos salvar. Devemos perceber que, quando discutimos e brigamos e não controlamos as emoções e os pensamentos, nossas vidas ficam piores do que já estão.

O que é que aquele homem, que discutiu no trânsito, estava pensando quando foi abordar o outro com xingamentos e agressividades verbais? Tudo de ruim, lógico. Essa "coisa" ruim que existia dentro dele foi exposta quando abriu a boca. Ele, e todos a sua volta, viram quem ele era.

Se aquele homem tivesse se trabalhado, trabalhado os pensamentos, organizado as ideias, agiria mais civilizadamente, entendendo que o outro errava porque é tão humano quanto ele, porque tem tantos problemas, dificuldades e necessidades quanto ele.

Nossa vida não é um filme. Não é um *videogame* em que, no final, tudo está bem.

Não podemos deixar que o mundo ilusório nos deixe alienados à verdade, à fraternidade, à humanidade, à caridade e ao amor.

Nos filmes, nos *videogames* tudo pode. O perigo de ser extinto, proclamado nos filmes e *games*, simbolizam a autodestruição da real existência, não a orgânica, mas a existência psicológica, espiritual, a existência da alma com as suas mais amplas experiências. Na fantasia dos filmes e dos jogos, somente os super-heróis podem nos salvar. Isso coloca a capacidade humana abaixo de resolver os próprios problemas, o que não é uma verdade mas uma manipulação negativa do pensamento destrutivo, que força a alienação e permite um abandono de si mesmo à sorte.

Os super-heróis do nosso tempo são os heróis da televisão, das novelas e do esporte. Ídolos venerados pela visão do Ter e não do Ser. Incapazes de sentir e de transmitir a nobreza do Ser, eles são venerados pelo fato de espelharem o desejo da maioria nas questões da vaidade e exposição pública exibicionista, por serem detentores de fama que uma grande maioria busca através das redes sociais e da tentativa de participarem de programas de *reality show*. Vida fácil de exposição e de exibicionismo, sem nada de concreto para o Ser. Não contribui em nada para a sociedade, além de distrair as pessoas inutilmente, tirando-lhes o foco da atenção de viver a vida de forma produtiva e crescente, fazendo-as acreditar que a vida é para ser aproveitada em vez de vivida.

Viver com os pés na Terra, viver de forma consciente, é ter os pensamentos claros, sem ilusão, sem sonhos impossíveis. Se eu não sou bom em futebol, devo me preparar para outra coisa na vida, por exemplo. E, quando encarar uma situação imprevista e difícil, pensar e ser sensato. É a regra principal. Não temos tantas vidas como nos jogos, não estaremos vivos após uma tragédia, como é o caso dos atores.

O pensamento de inutilidade e de incompetência diante das mazelas do mundo e, ainda mais, sem poderes especiais dos supostos heróis para dissipá-los da nossa existência, faz-nos desistir de tentar resolvê-los, passando ao pensamento de satisfação imediatista e consumista irracional. Precisamos começar dissipar os pensamentos de que os nossos problemas não têm solução. Dando esse passo, precisamos criar novos pensamentos para encarar as mesmas situações e outras. Sempre que possível, imprimir otimismo e bom ânimo no que estamos fazendo. Só então começaremos a ver os benefícios do nosso progresso, pois, se não dermos os primeiros passos, nunca chegaremos a lugar algum.

A base do crescimento pessoal é a educação dos pensamentos e das emoções que, na jornada do homem, durante a sua vida, é o foco principal que lhe garantirá uma vida produtiva, próspera e sem sofrimentos.

Comece a ser melhor já!

O que você está pensando agora?

Se for em mudar e em ser melhor, ótimo!

CAPÍTULO 9

Pensamentos venenosos e seus antídotos

O imediatismo

O rápido e prático domina as nações.

O poder concentrado nas mãos de poucos determina, através da cultura do consumismo, o que a grande massa deve fazer, quais produtos deve consumir, como deve se divertir, o que ler, que formação profissional escolher, em quais campos de trabalho deve atuar, o que deve comer, que presentes dar, que automóveis comprar etc.

A difusão de mensagens persuasivas dos anunciantes identificados, nas publicidades, limita a nossa capacidade de escolha, dizendo-nos o que comprar, onde comprar, tornando-nos preguiçosos e dependentes dessas propagandas para adquirirmos qualquer coisa. Qualquer coisa mesmo! Até as que não valem nada e das que não precisamos.

O imediatismo é um dos venenos em forma de pensamento, pois as pessoas estão se mostrando mais impacientes a cada dia que passa, preferindo o rápido, o prático e o imediato.

Um exemplo de movimento social adaptativo ao imediatismo é o número de estabelecimentos que oferecem comidas rápidas, os *fast-foods*, aumentam a cada dia. Nesses estabelecimentos, a rapidez é evidente, mas a qualidade deixa a desejar, pois são pouco saudáveis no que oferecem.

Já os restaurantes tradicionais, os *"lentos"*, que servem *"a la carte"*, onde o alimento é preparado especialmente para o cliente, ganham um espaço imenso no campo dos *gourmets*, faturando horrores pelas comidas caras, onde a refeição para cinco pessoas, incluindo a sobremesa, chega a custar em média um salário mínimo ou mais, dependendo do lugar. Isso se dá pelo motivo de terem uma maior qualidade nos alimentos e são muito mais saudáveis nas refeições oferecidas. Esse tipo de restaurante permite que se combine a fome, o tempo disponível para se alimentar, o quanto se quer gastar, o paladar e o peso que se quer cultivar. Ele lhe dá a liberdade para exprimir o seu ritmo e gosto.

Os serviços rápidos induzem as pessoas ao mesmo ritmo. Elas acabam se tornando imediatistas, transformando o seu comportamento de forma mimética, ou seja, imitam o que vem. Os clientes sentem o ambiente e se engajam nele, deixando-se contaminar pelo mesmo sentimento. Isso faz com que apresentem um comportamento de fazer tudo muito rápido. Escolha com rapidez! Peça com rapidez! Compre com rapidez! Pague com rapidez! Coma com rapidez! Vá embora com rapidez!

Quando se faz um pedido em uma lanchonete de serviços rápidos, a empresa abrevia o cardápio e cria códigos, ou *combos*, que é o conjunto de alimento combinado com itens básicos a serem servidos. Dessa forma, limitam as opções de escolha, forçando o consumidor a aceitar o alimento daquela maneira. Nesse caso, eles determinam que tem que ser assim. Podem até trocar a combinação dos itens, mas nunca mexem na preparação para agradar o cliente. Por exemplo: se você não come pepino ou cebola, ninguém tira tais ingredientes do lanche para servi-lo melhor. Às vezes, preferem perder a venda a fazer alterações nos produtos. Isso acontece porque eles têm a intenção em condicionar o comportamento dos clientes no que vão comer, no sabor que irão sentir e na quantidade. Afetando de tal maneira que se desenvolva uma dependência psicológica do consumo por aqueles produtos associada a um ambiente descontraído e ausente de formalidades. Diferente de um ambiente mais requintado, de um restaurante tradicional, que oferece um lugar mais relaxado, sem pressa.

A questão não é discutir o caso da atuação do surgimento de comércio alimentício ou como um ou outro atuam e quais são os seus seguidores. O alerta é sobre o que as pessoas pensam enquanto fazem tudo isso. Mesmo depois, o conjunto de atitudes e reações que podem ser observadas em alguém, em face do seu meio social e em dadas circunstâncias, podem ser levados como base de comportamento para outras áreas de sua vida, através dessa experiência. Melhor explicando: ela vai querer tudo rápido, prático e objetivo. Sempre. Passará a ter pressa em tudo. Terá um modo de vida mais agitado, mais inquieto, perturbado. Podendo acionar, com isso, um estado de ansiedade na maior totalidade de suas ações, inclusive para aquelas em que deveria ser mais calmo, passivo, paciente. Lembremos aqui o caso contado anteriormente sobre o motorista nervoso, no trânsito lento, de uma cidade grande. De nada vai adiantar tanta pressa, tanto nervosismo, tanta agressividade. Tamanha afobação vai fazê-lo chegar mais cedo um minuto, talvez?

Muitas vezes, o desenvolvimento de comportamentos imediatistas subtrai da vida das pessoas a qualidade e o prazer, deixando apenas o rastro da quantidade de coisas que se fez como elemento exclusivo de suas escolhas.

O comportamento imediatista associa-se ao medo da perda. As pessoas não querem perder nada. Não querem perder tempo. Não querem perder o metrô. Não querem perder a vaga do estacionamento. Não querem perder o seu lugar na faixa de trânsito. Não querem perder seu lugar na fila do banco. Não querem perder a vez de serem atendidos no balcão da lanchonete. Não querem perder... uma infinidade de coisas.

Todo esse comportamento de não querer perder, de querer estar na frente, acaba se desencadeando como base de atitudes para tudo o que o indivíduo vai fazer. O problema está em identificar o que essa pessoa será capaz de fazer para garantir a sua vez e não perder nada pra ninguém.

Alguns alunos, em qualquer nível que seja, fazem de tudo para não perder o semestre: colam ou trapaceiam, quando não se dedicam de verdade. Alguns professores acabam ensinando de qualquer jeito para não perderem o programa de aula estabelecido pela escola. Alguns arquitetos fazem qualquer projeto para não perderem o cliente e ganharem tempo. Alguns pintores residenciais trabalham de qualquer jeito para não perderem tempo. Algumas pessoas vão às igrejas e templos e rezam de qualquer jeito para não perderem a vez de "aparecer" para Deus.

Hoje em dia, muitos profissionais fazem seus trabalhos para agora, porque seus clientes querem rápido e barato, não se importando com a qualidade, principalmente com a qualidade de vida.

Para ver na prática o que foi dito, pegue uma estrada no final de semana e tenha um compromisso com você mesmo, de manter-se fiel aos limites de velocidade estabelecidos. Mantenha-se na pista da direita por uma questão de segurança, porque você será ultrapassado por uma quantidade impressionante de veículos circulando bem acima da velocidade estabelecida e, se puder contar quantos veículos irão ultrapassá-lo, verá que o número é impressionante.

A pergunta que surge é: por que essas pessoas estão acima da velocidade?

Porque existem aquelas que estão impacientes. Algumas não querem perder tempo na estrada. Outras não querem perder o seu lugar na pista; muitos não querem perder a oportunidade de se exibirem no modo de dirigir para serem notadas pelas outras pessoas que estão naquela estrada. Existem também as que fazem isso porque, simplesmente, aprenderam a ter pressa, mesmo sem um porquê.

Essas pessoas se esquecem de que não estão apenas colocando a vida delas em risco, bem como as vidas que as acompanham no mesmo veículo. Também colocam em risco a vida de todos a sua volta e que nada têm a ver com a sua imprudência ou negligência.

Por que será que alguns são tão imprudentes?

Porque aprenderam a ter pressa e estão levando essa pressa a todas as atividades em suas vidas. Estão aplicando tudo o que aprenderam com a rapidez da modernidade, com a rapidez das entregas, rapidez da comida pronta e de todos os serviços velozes.

Aplicar o poder do pensamento, o valor do raciocínio é muito importante nesse caso. Perguntar-se sempre: *Por quê?* E *Para quê eu faço isso?* Como por exemplo: Para que estou em alta velocidade? Por que estou em alta velocidade? Será que ser tão impaciente, tão nervoso, tão agressivo no trânsito vai me ajudar em alguma coisa? Será que não vou perder mais tempo caso aconteça algum acidente?

Aquilo que se pensa perder se torna insignificante perto do risco que se corre para tentar ganhá-lo, ou seja, correr risco de morte para tentar ganhar tempo é insensatez. Não vale a pena. O que vale mais: dez minutos mais cedo ou a sua vida inteira pela frente?

As pessoas mais sensatas começam dominando seus pensamentos e se controlando quando acreditam passar dos limites. Essa atitude não é privilégio de algumas dezenas de pessoas, é algo que pode ser feito por qualquer um. Parar, respirar profundamente, exalar lentamente e pensar racionalmente, dominando-se, dominando seus impulsos, suas vontades e fazendo escolhas. Tomar, para si, exemplos inúmeros que existem por aí de algo que não querem que ocorra.

Todos os dias podemos ver, nos noticiários, relatos de acidentes que poderiam ser evitados se não fosse a pressa. O imediatismo, a irresponsabilidade provocam acidentes de grandes proporções. Dizem que a maioria desses desastres foram provocados por pessoas que se deixaram ceder à impaciência, tentando economizar alguns segundos para seus compromissos. Mas podemos afirmar que foram provocados por pessoas que não dominaram seus pensamentos, suas vontades e desejos.

Podemos observar, aqui, como é importante e útil o domínio de si. O domínio da vida. O domínio dos pensamentos.

Cada um está sempre na sintonia que quer estar.

Quanto mais pessoas dão importância ao curto prazo, mais a impaciência ganha espaço nas ações dessas pessoas.

Quando pensamentos venenosos, imediatistas tomam conta de boa parte dos critérios usados por uma pessoa para resolver os seus problemas diários, ela se torna viciada em pensar automaticamente de forma imediatista, dizendo para si mesma, sem perceber: "apressa-se. Vai mais rápido. Corre. Não atrase. Não falhe nunca. Acerta sempre. Não perca a vez". Isso acaba generalizando em todas as suas atitudes. Sem dúvida alguma, o imediatismo acaba prejudicando em todos os sentidos, até que a criatura tome consciência e faça algo para pará-lo. Infelizmente, essa consciência só ocorrerá quando o indivíduo se vir prejudicado por conta da rapidez, pois isso pode acontecer quando aparecem problemas pessoais, insatisfação, infelicidade ou transtornos psicológicos como Depressão, Síndrome do Pânico, Ansiedade e outros, todos decorrentes de uma vida descontrolada, impensada, mal planejada pela pressa, pelo rápido, pelo imediato. Essa é a razão pela qual é importante dominar os pensamentos, dominar o que você está pensando e a necessidade da harmonia, da calma e de um bom planejamento. Se o mundo é falho, não precisamos ser assim.

O imediatismo chega ao ponto extremo nos dias atuais. As pessoas não querem mais conversar com as outras de forma tradicional. Elas escrevem *e-mails* ou mensagens, torpedos, abreviando palavras, não demonstrando sentimentos e chegam a rir por escrito. Hoje, é comum evitar ligações telefônicas porque requer um confronto pessoal com a outra, ou seja, ouvir, sentir, falar, expressar-se e, principalmente, não poder negar o que é percebido através da conversa. Muitos preferem se esconder por trás de um computador em vez de fazer um contato direto. Nas redes sociais, comunicam-se de forma objetiva, curta, rápida. E por conta do imediatismo, usam "caretas" e símbolos para expressarem o estado de humor. Será que esses símbolos dizem exatamente o que vai no coração daquele que o usa? Provavelmente, não.

A comunicação é importante. A rapidez dela também. Não se pode ser contra isso. Muitas vezes, é primordial e indispensável mandar mensagens por torpedo ou e-mail, mas não podemos, só e unicamente, usar esse tipo de comunicação. Já existem pessoas nos consultórios médicos e psicoterápicos com sérios problemas desse tipo.

Além disso, devemos estar atentos. A falta de saber como se expressar, ou, ainda, manter-se limitado a poucas formas, é muito prejudicial. Chega a afetar famílias, pois os jovens não se comunicam com seus pais e parentes quando em casa. Talvez por não saberem como fazê-lo, pois, nas redes sociais, usam símbolos e escritas minimizadas e, na vida real, no contato direto, isso não é possível.

Outra dificuldade, muitíssimo comum, é quando o indivíduo não se observa e não percebe que se prendeu nesse tipo de comunicação e fica deficiente no momento oportuno. Um exemplo disso é quando, na procura de emprego, os candidatos precisam escrever um simples texto. A maioria é excluída no processo seletivo, justamente por não saber se expressar, não saber concatenar ideias, não saber como estabelecer conexão com os conceitos, não saber encadear pensamentos, não saber como expressar sentimentos por escrito, não saber encadear ligação entre assuntos diversos. Não sabem ser claros. Faltam-lhes palavras, adjetivos, semântica da boa comunicação, além de problemas ortográficos, regras gramaticais, problemas de interpretação de textos, pois não entendem o que está sendo tratado ou pedido ao ler. O imediatismo não permite reflexões no que se lê, somente se acostuma a "passar o olho" no texto sem ter curso de leitura dinâmica. Nunca chegam à conclusão verdadeira da mensagem. Eles não sabem porque não quiseram perder tempo em aprender, observar e usar. O rápido era a melhor opção, aparentemente. Só que a vida é diferente.

É preciso aprender a pensar para analisar melhor e saber fazer escolhas. Saber selecionar e planejar é fundamental para uma existência saudável e feliz. Nem sempre o mais rápido e prático é o melhor. Temos certeza de que o lanche mais rápido, servido naquela lanchonete em que se escolhe pelo número ou por um nome curto, não é o mais saudável. A alimentação mais saudável é a preparada com alimentos mais nutritivos, completos, cozidos no tempo certo. Assim é nossa formação. Cursos rápidos, ligeiros, em que muitos visam, só e unicamente, a obtenção de um diploma nem sempre são os que formam os melhores profissionais.

Dessa forma, observamos que o imediatismo, a rapidez, na grande maioria das vezes, não nos leva a nada. Não nos completa nem faz bem. Podendo, por excelência, levar-nos a enganos, à perda de tempo e dinheiro, prejuízo à saúde física e mental. Tudo que é sólido na vida leva o seu tempo necessário. Não existem atalhos para uma situação de bem-estar, de estabilidade emocional ou material. Tudo leva o seu tempo normal, aquele que lhe é próprio, sem abreviações.

Pensemos bem sobre tudo isso e vamos tomar mais cuidado com nossos pensamentos quando começarmos a exigir, de nós mesmos ou dos outros, pressa e rapidez.

Saibamos fazer escolhas sóbrias, alicerçadas em bases firmes, usando o nosso poder de pensamento. Sejamos conscientes do nosso senso de responsabilidade e dever a cumprir. Tudo o que fizermos, hoje, vai refletir em nós, amanhã. Aquele que diz que não sabe fazer escolhas, que não sabe como obter o melhor resultado, peça a sua mente subconsciente para guiá-lo, amparar, conduzir a paciência para fazer o quer for proveitoso, saudável e feliz.

Esse poder do subconsciente ninguém pode tirar de você. Ele é capaz de executar tudo o que você desejar e se empenhar para conseguir. Mas lembre-se de escolher o que é bom, benéfico, superior e prudente.

Antídoto para o imediatismo

Quando o imediatismo está levando as pessoas ao sofrimento e à dor, o melhor é rever as necessidades e a importância daquilo que se quer.

Qual é a maior necessidade: viver ou sofrer?

Se a resposta for *viver*, então você está pronto para rever o seu caminho.

O imediatismo leva à ansiedade. A ansiedade, por si só, já possui seus males e provoca prejuízo na vida de qualquer um. É melhor não ampliar os sofrimentos com o imediatismo, cheio de insucessos profissionais e pessoais.

Quando se diz para rever as necessidades e a importância daquilo que se quer, é para não cair no erro de se optar pelo imediato, pelo rápido. O imediatismo não preza, não tem respeito pela qualidade. Por conta do imediatismo, muitos optam apenas por satisfazer desejos momentâneos e não conseguem planejar um futuro bem-sucedido, próspero e favorável.

Rever as necessidades e aquilo que é de fato importante é romper com o imediatismo, para assumir um ângulo de visão específico a fim de ver as coisas como elas são, de fato, e tomar cuidado para não se deixar impressionar ou seduzir pelas aparências.

O maior problema que muitos enfrentam, hoje, é o de se deixar fascinar, atrair por algo rápido, imediato, justamente por ser de curto prazo.

Até os namoros são rápidos. Aliás, parece que nem namoro existe mais. Fica-se, agora com um, daqui a pouco com outro, sem dar satisfação, sem se ter um compromisso, sem levar em consideração que as pessoas têm sentimentos, têm emoções. Isso é um sério problema. Emoções e sentimentos fazem parte da vida de um indivíduo e ele precisa considerá-las. Além disso, o respeito deve ser preservado, sempre. Não podemos entrar e sair da vida de alguém sem lhes dar uma satisfação. Até porque, precisamos também "fechar portas" que abrimos, ou seja, precisamos ser responsáveis por nossos atos. Aqueles que conquistamos devemos tratar com respeito, inclusive ao sairmos de suas vidas. Sair da vida de alguém sem dar satisfação leva a pessoa a não assumir responsabilidades. E isso se amplia em outros âmbitos.

As pessoas se complicam, muitas vezes, por não saberem controlar o que sentem e preferem decidir pelo rápido.

O imediatismo nos leva à falta de planejamento e à impulsividade.

Um exemplo clássico desse fato pode ser observado em locais onde se vendem peças artesanais, principalmente em cidades que têm o turismo como ponto principal de atração. Nesses lugares, podemos perceber que algumas pessoas compram uma série de coisas só porque estavam por um preço muito baixo e não as adquirem porque irão, de fato, precisar delas.

Outro bom exemplo são as grandes liquidações. Quando existe esse tipo de propaganda, muitas pessoas efetuam compras daquilo que não precisam. Adquirem, simplesmente, por estar com baixo custo. Fazer isso é se deixar levar pelo impulso de não perder a oferta, porque precisa ser rápido, e com isso acaba se adquirindo algo de que não necessita de verdade.

A arte técnica de criar e veicular propagandas persuasivas e atraentes é com vista ao consumidor que se deixa levar pelo impulso imediatista, por não se planejar, não organizar as ideias nem dominar os desejos, deixando-se cair em tentação.

O mais indicado para se preservar do comportamento imediatista, quando o assunto for compras, é se planejar. Não ir à busca de uma aquisição só porque está com preço baixo. Verifique se, realmente, precisa do que está sendo anunciado. Em outras compras, o melhor a fazer é criar uma lista com o nome dos produtos de que precisa. Se o produto for um eletroeletrônico, por exemplo, verificar se a necessidade é verdadeira e quanto se está disposto a gastar. Não decida nada num impulso.

Quando você transforma algo de curto prazo – comprar agora – em algo de longo prazo – comprar depois – no intervalo de tempo, entre uma coisa e outra, novas informações vão fazer parte da sua decisão. Essas informações podem vir desimpregnadas do sentimento de compulsão imediatista de que a pessoa estava tomada diante da situação de compra.

Muitas vezes, o "encanto" pela compra se perde diante da razão utilizada na decisão, ou seja, comprar é um ato de prazer, enquanto que nem sempre o que se compra será útil ou importante.

Quanto mais informações alguém tiver a respeito de um produto, mais apta será sua capacidade de julgamento para efetuar a compra. Isso está associado com o jargão dos economistas "custo/benefício".

As perguntas que se devem fazer são: o que eu quero, realmente eu preciso? O que eu quero precisa custar tudo isso? O quanto esse custo será benéfico para mim?

Além disso, quanto mais tempo a pessoa tiver para decidir sobre a compra, mais capacidade terá de julgar a necessidade daquele produto em sua vida e se o preço vale a pena.

As citações anteriores, referentes a compras de mercadorias, nada mais são do que exemplos de exercícios para se treinar o domínio dos pensamentos, que é a principal questão tratada neste livro.

Outro exemplo é o fato de conhecermos alguém e, no mesmo instante, tentarmos fazer um julgamento sobre os valores dessa pessoa o mais rápido que pudermos. Para descobrir o quanto o imediatismo, nos julgamentos, pode nos enganar, o mais correto seria anotar as impressões. Após algum tempo, quando conhecer essa pessoa melhor, bem como os seus pensamentos, opiniões e preferências, fazer uma comparação com as observações feitas a longo prazo. Verá, com certeza, que algumas características, anotadas por impulso do imediatismo, estavam equivocadas. Isso mostra quão grande e errôneo é o impacto do julgamento imediatista e o quanto podemos nos enganar.

São muito mais prudentes análises a longo prazo.

O mesmo se aplica nas tomadas de decisões que exigem imediatismo e sem tempo para reflexão. Os riscos são maiores nesse caso, então o jeito é tentar analisar o assunto em um tempo prévio e hábil, não deixando a decisão para ser tomada em cima da hora.

Igualmente acontece com as pessoas que leram um artigo sobre economia e já se consideram *experts* no assunto, formam opiniões baseadas na pouca leitura que tiveram.

Esse comportamento acontece com frequência nas instituições de ensino, onde os alunos leem duas páginas do livro e se julgam mais sabedores do que os professores. Muito mais comum é quando não entenderam o que leram, por falta de aprofundamento necessário, e ficam com as ideias superficiais a respeito do que foi estudado. Não conseguem, dessa forma, estabelecer diálogos que sejam produtivos e que gerem novas ideias mais equivocadas ainda, pois estarão sempre com um entendimento parcial do que lhe foi dado.

O radicalismo de opinião, de religião, de preferências e gostos de todos os tipos e gêneros estão sujeitos e são afetados pelo imediatismo.

Para combater o imediatismo de opinião é necessário ler, estudar e permitir que novas ideias se aproximem, para que a pessoa possa somar conhecimentos, a fim de auxiliar em suas opiniões ou mudanças de ideias, quando for o caso. Para isso utiliza fontes confiáveis.

Analisar as situações, pessoas, religiões, moda, gosto, músicas, filmes, livros etc., através de perspectivas variadas, permite uma flexibilidade maior nas pessoas em julgarem tudo o que as cercam. A esse processo dá-se o nome de "pensamento proposicional", que é uma capacidade desenvolvida no período da adolescência e estende-se até a fase adulta.

O antídoto para o imediatismo é a ampliação do conhecimento a respeito do que se quer fazer. Daí em diante, estando munido de informações suficientes sobre o que quer e precisa, decida pela melhor opção e, se possível, com folga de tempo para escolher com segurança e sabedoria.

Se o tempo apertar, se possível, o melhor é não fazer nada por impulso. Quando se arrepende de algo que não se fez, pode-se fazê-lo mais tarde. Mas é muito triste a frustração e o sentimento de culpa por ter feito algo de que se arrependeu. Nem sempre é possível voltar atrás.

Essas e muitas outras experiências podem servir como exercícios para se treinar o domínio dos pensamentos. Com isso, ocorrerá a transformação interior que, certamente, irá proporcionar mais equilíbrio, satisfação e bem-estar.

Mudar radicalmente não é fácil nem possível, porém uma transformação lenta e bem estruturada é realizável.

Viver feliz é o desejo de todos.

Preze pela qualidade na sua vida. Você não vai se arrepender.

Os pensamentos venenosos que o levam ao imediatismo podem ser combatidos com a vigilância e com a prática da paciência. É necessário tomar posse de seus pensamentos e vigiá-los o quanto puder para que não se engane pela pressa nas suas decisões.

A atenção e a conscientização do que está fazendo e pensando são chaves para o sucesso pessoal.

Baixa autoestima e vaidade

Antes de falar sobre a baixa autoestima, é necessário conceituar o que é autoestima e de que forma ela atua em nossas vidas no cotidiano.

A Psicologia diz que "a base das relações humanas inicia-se na própria pessoa. Toda forma de tratamento que uma pessoa usa para estabelecer um relacionamento com outras baseia-se na relação que ela estabelece consigo mesma". Melhor explicando: Se ela é educada com os outros, ela é educada consigo. Se é rude com os outros, é rude consigo.

A utilização das emoções, crenças, personalidade e frustrações também são utilizadas quando alguém lida consigo mesma.

Tecnicamente, da maneira como tratamos os outros tratamos a nós mesmos, em termos de relacionamento. Sempre estabelecemos um comportamento espelhado, nesse sentido.

Diante disso, a autoestima é uma forma da própria pessoa ver-se e perceber-se em termos de capacidade para o enfrentamento do dia a dia. Para esse enfrentamento diário de situações, ela usa como base o que interiorizou como opiniões e sentimentos de tudo o que viu e experimentou ao longo de sua vida.

A autoestima representa o potencial de uma pessoa em lidar com as mais variadas situações do cotidiano.

Assim sendo, como potencial, a autoestima determina a capacidade de influenciar e de ser influenciado por outras pessoas.

Representa, portanto, a primeira linha a ser alcançada nas bases do relacionamento e que tem como resultado a construção do autoconceito, que é a pessoa estabelecer uma ideia, um conceito sobre si mesma, com base nos relacionamentos que teve com as outras pessoas.

Diante desse fato, pode-se perceber o quanto é importante o reconhecimento e o desenvolvimento das habilidades em saber lidar com as suas emoções. Quanto melhor compreender suas emoções, quanto mais se conhecer, melhores serão os seus relacionamentos. Quanto melhores forem os seus relacionamentos, melhor será o seu autoconceito, já que esse depende diretamente da capacidade de se relacionar. Quanto melhor a pessoa se relacionar consigo mesma, melhor irá se relacionar com os outros. É um aprendizado contínuo.

O autoconceito estabelece um padrão na forma de como a pessoa se vê e de como enfrenta a vida.

O que você está pensando?

Se em uma boa parte da vida uma pessoa ouviu, principalmente na infância e na adolescência, com certa persistência dos pais ou irmãos ou professores e colegas e até de si mesmo, as frases: *"você é burro mesmo"*, *"você não será nada na vida"*, *"estudar não é com você"*, *"nunca será alguém na vida"* etc., provavelmente o autoconceito que tem de si estará impregnado com essas frases ecoando em sua mente. Isso, provavelmente, irá mexer com a sua autoestima de uma forma muito negativa e prejudicará um desenvolvimento psicológico saudável.

Quando tiver de enfrentar os desafios do dia a dia, estará com um autoconceito do tipo: *"não sou capaz mesmo, nunca fui"*, *"bem que meu pai falou que eu não seria nada na vida"*, *"o que me tornei foi o que todos disseram que eu seria"*, *"essas coisas todas são muito difíceis para eu aprender"*, *"nunca serei um profissional bem-sucedido"*, *"não vou conseguir isso nunca"* etc.

Ao apresentar autoconceitos como esses, automaticamente a pessoa afeta sua autoestima, deixando-a baixa. Dessa forma, passa a viver segundo esses critérios, considerando-se desmerecedora de algum crédito ou algum elogio que receba de outra pessoa, achando-se incapaz de qualquer coisa que possa parecer além de suas qualidades.

A insistência nesse tipo de comportamento reforça suas crenças principais a respeito de si, estabilizando ou padronizando a sua baixa autoestima como sendo o seu estado normal de comportamento e humor.

Dessa forma, pode até viciar-se nesse estado e passar a fazer de tudo para permanecer nele, enriquecendo o vocabulário pessoal com frases e pensamentos prontos que saem "espontaneamente" de sua boca, mas que antes se formam em suas ideias.

Quando o indivíduo recebe um elogio, qualquer que seja, ou um comentário positivo, não há em seu íntimo uma variação positiva mesmo que pequena. Ele bloqueia, a si mesmo, por não se permitir sentir-se valorizado. É, então, que diz uma de suas frases deprimentes e desvalidas que o remetem, diretamente, ao estado "preferido" que é o de sua baixa autoestima.

Para exemplificar, imagine a situação em que um chefe aproxima-se do subordinado que tem baixa autoestima, comentando que o seu trabalho foi bem executado e, em seguida, dá-lhe os parabéns. Ao perceber isso, o indivíduo sente que sua autoestima recebe um impulso de melhora, mas, infelizmente, "viciado" para que ela esteja baixa, diz de forma "automática": *"não foi nada, eu nem fiz isso sozinho, outros estavam me ajudando, e se não fossem eles eu nem conseguiria"* ou ainda pensaria: *"executei bem por sorte, não costumo acertar na primeira"*.

Dessa forma o subordinado diminui seus méritos no trabalho. Ele pratica o desmerecimento, fazendo uso de frases que o desvalorizam, anulando o efeito que o elogio teve em sua autoestima, provocando a sua descida, de maneira que permaneça em baixa, levando consigo seu autoconceito.

Esses pensamentos são chamados de: "Pensamentos automáticos".

Pensamento automático é o conjunto de processo mental, ou seja, é um conhecimento pré-adquirido que passa, rapidamente, por nossas mentes quando estamos em determinadas circunstâncias ou relembrando acontecimentos, embora possamos nem lembrar a existência desses pensamentos automáticos. Essas ideias pré-adquiridas não estão à disposição para um julgamento racional cuidadoso, por isso acontecem.

Os pensamentos automáticos, normalmente, provocam emoções fortes e comportamento alterado.

Estudos mostram que casos de Depressão, Síndrome do Pânico, Ansiedade e outros Transtornos de Humor apresentam uma elevada presença de Pensamentos Automáticos induzidos.

As ideias de desesperança, baixa autoestima e sentimento de fracasso são os Pensamentos Automáticos mais presentes nos casos de Depressão. No caso de Transtornos de Ansiedade, os Pensamentos Automáticos apresentam falta de controle, incapacidade de lidar com ameaças, sensação de que está correndo perigo ou a impressão e expectativa de que algo sério vai acontecer.

Cabe salientar que os Pensamentos Automáticos não são exclusivos de pessoas com quadros clínicos identificados como Ansiedade ou Depressão. Todas as pessoas os têm. O que cabe verificar é a identificação desses quadros e em quais circunstâncias os Pensamentos Automáticos atuam, ou melhor, em quais momentos disparam e quais são os pensamentos que precisam ser eliminados ou reforçados.

Eles são chamados de Pensamentos Automáticos por serem disparados através de padrões de pensamentos condicionados a determinadas situações como se fossem uma forma de defesa, tentando manter-se como está.

Geralmente, o que está relacionado à autoestima, as pessoas apresentam alguns pensamentos como:

Acontecimento (Que levam a) →	Pensamento Automático (Que levam a) →	Anseios, Sentimentos e Emoções
Eu fui convidada para ir a uma festa na qual vou conhecer pessoas importantes.	"Será que terei roupa adequada para ir? A roupa que tenho ficará bem em mim, ou terei de comprar outra? Meus cabelos não estão bons, fiz uma química recentemente e não posso fazer outra. Vou conseguir um penteado bonito?"	Insegurança e Ansiedade.
Eu fui convidada para ir a uma festa na qual vou conhecer pessoas importantes.	"Vou usar uma roupa bem adequada para esse evento. Sei me comportar, falar com educação e ouvir atentamente. Tenho certeza de que vou causar boa impressão."	Confiança e Capacidade.

Fui advertido por ter cometido erro no serviço.	"Não tenho jeito, sempre faço alguma coisa errada. Sou burro, não tenho capacidade alguma."	Tristeza, Depressão e Baixa Autoestima.
Fui advertido por ter cometido erro no serviço.	"Ainda bem que fui avisado, pois assim não vou errar mais. Ficarei bem mais atento."	Confiança e Alta Autoestima.
Meu pai soube que vou me candidatar a uma vaga de emprego público. Ele me disse que não será fácil passar em tal concurso. Porém o filho de seu amigo, que é muito inteligente, conseguiu em concurso passado.	"Meu pai não acredita na minha capacidade, ele não acha que estou preparado. Será que é tão difícil assim passar nesse concurso? Pelo que ele está falando, acho que não vou conseguir."	Tristeza, Insegurança e Raiva.
Meu pai soube que vou me candidatar a uma vaga de emprego público. Ele me disse que não será fácil passar em tal concurso. Porém o filho de seu amigo, que é muito inteligente, conseguiu em concurso passado.	"Meu pai não me conhece tão bem. Preciso conversar mais com ele para que conheça a minha capacidade e saiba que eu estudei e estou preparado para esse concurso. Se eu não conseguir essa vaga, tenho conhecimento suficiente e estou pronto para outros testes em outros lugares. Vou mostrar para ele que sou capaz e ele terá orgulho de mim."	Confiança, Alta Autoestima e Sentimento de Esperança.
Vou fazer uma entrevista de emprego cujo salário é muito bom.	"O que vão me perguntar nessa entrevista? Terei capacidade de responder? Com que roupa devo ir? Será que vou agradar? Será que haverá outros candidatos melhores do que eu?"	Insegurança e Ansiedade.

O que você está pensando?

Os Pensamentos Automáticos são como outros pensamentos já mencionados. Eles são poderosos e capazes de rebaixar ou aumentar a autoestima. Concretizam-se quando entram em ação, justamente por atraírem situações, pessoas ou coisas que justifiquem o que acontece à própria pessoa.

Esses pensamentos vão atrair as circunstâncias necessárias que auxiliarão nos acontecimentos que irão reforçar a autoafirmação do que a pessoa acredita ser apropriado para si, a fim de que se tornem concretos.

Por exemplo: na situação em que o pai, ao saber que o filho concorre a uma vaga de emprego público, manifesta a sua opinião sobre a dificuldade de conseguir ser aprovado, e o filho tem, como Pensamento Automático, a ideia de que seu pai não acredita em sua capacidade, ele, o filho, acha que não está preparado e não vai conseguir. O resultado são emoções de tristeza, insegurança e raiva. A pessoa, no caso, o filho, irá atrair novas situações para dar razão a sua teoria de Pensamento Automático, provar para si mesmo que está certo. Então, na maioria dos acontecimentos em que sentir que alguém o considera incapaz, ele terá como resultado de suas emoções: tristeza, insegurança e raiva.

Podemos observar que em nenhum momento o pai disse para o filho que ele era incapaz. O pai só manifestou que o concurso não era fácil e também teceu comentários de que o filho de seu amigo conseguiu. Quem deduziu que o pai não acreditou em sua capacidade foi o próprio filho.

Os pensamentos negativos associados a determinadas situações, devido às repetições constantes, tornam-se automáticos e prontos para serem usados em situações parecidas.

Dessa forma, quando o indivíduo atrai para si situações, pessoas ou coisas que confirmem as suas crenças, tudo o que acontece à sua volta reforça o que ele pensa e afirma sobre si mesmo devido "supostas coincidências" que sucederam.

Os espiritualistas têm um pensamento a respeito de acontecimentos assim. Eles dizem não haver vítimas nem algozes, simplesmente existe a "vontade do livre-arbítrio, o desejo inconsciente e a atração", sendo a atração o resultado final do acontecimento.

Se não houver a vontade, através do livre-arbítrio, não ocorrerá uma série de acontecimentos que, provavelmente, irão privar e desviar as "coincidências" da vida da pessoa, alterando dessa forma o "destino" dela.

O mesmo se dá com os desejos lançados no inconsciente.

Quando uma pessoa não vê com bons olhos um determinado pensamento que cultivou, é porque ela o questionou com a mente consciente, verificando sua utilidade, função e objetivo. Para isso, usa o critério moral e a prudência que lhe convém. Então os bloqueia, trocando por outros pensamentos de mais produtividade ou simplesmente dirigindo sua atenção propositadamente a assuntos mais produtivos, que valem mais a pena.

Peguemos novamente o exemplo dado. Na situação em que o pai sabe que o filho concorre a uma vaga de emprego público e diz para ele que o concurso é difícil. O filho tem pensamentos automáticos de que seu pai não acredita em sua capacidade. Não acha que está preparado e, por sua vez, começa a duvidar de si mesmo, da própria capacidade... O resultado é a emoção de tristeza, raiva e insegurança. No instante em que vier qualquer tipo de insegurança, pare e reflita, analisando e dizendo para si mesmo: "meu pai não sabe que me preparei para concorrer a essa vaga. Tenho boas chances de conseguir aprovação. Se eu não passar, preparei-me o suficiente para conseguir outra vaga em outro lugar, que pode até ser melhor do que a oferta de hoje". E ainda refletir que o filho do amigo de seu pai pode ter se preparado como ele. Seu pai não deve conhecê-lo tão bem e comentou aquilo, tão somente, por ter ouvido falar.

Com essa atitude mental, usada também em diversas outras situações, a pessoa bloqueia sua crença negativa sobre si mesma. Troca os pensamentos inferiores por outros mais produtivos ou, simplesmente, dirige sua atenção, propositadamente, a assuntos mais importantes, que realmente valem a pena.

As pessoas que têm uma alta autoestima possuem uma autoimagem preservada de forma positiva. Elas conseguem fazer boas escolhas na vida, justamente por disporem de um equilíbrio emocional predominantemente positivo no seu dia a dia, o que auxilia a manter a autoimagem preservada e, consequentemente, uma autoestima favorável.

Os que não conseguem fazer o mesmo e, de certa forma, nutrem a baixa autoestima têm uma tendência à desvalorização extrema que é alcançada através de sucessivas descidas ao longo de sua vida.

Essas descidas iniciam-se em um grau de aparência inofensiva e muito leve que, ao longo do tempo, continua descendo até atingir o grau mais deprimente da desvalorização pessoal.

Nas descidas da autoestima, existem aqueles que fazem uma série de autocríticas muito severas e são muito inseguros, na maioria das vezes. Alguns chegam a se inibir na tomada de decisões, temendo as críticas alheias que podem surgir por consequência de suas iniciativas. Evitam a exposição pessoal ou de suas ideias, temendo ser criticados, pois acreditam estar vulneráveis expondo seus pontos fracos.

A baixa autoestima, quando acentuada, coloca a pessoa em total descrédito consigo mesma. Ela chega a duvidar das próprias convicções e das próprias crenças. Não sabe dizer sobre sua educação, se foi suficientemente saudável ou não. Não enxerga os valores que foram passados pelos seus pais, irmãos ou familiares. Não apresenta interesse em manter esses valores. Despreza-os integralmente. Daí, aparece um ponto de vista muito deprimente, que é não enxergar a si mesmo, não ter amor-próprio e passar a menosprezar a si mesmo completamente. A desconsideração chega a tal ponto que a pessoa não escuta mais o que diz a si mesmo. Começa a ouvir os outros, como se esses fossem os "senhores da verdade". Esses outros trazem um novo mundo cheio de ideias e novas possibilidades e probabilidades. Então passa-se a viver conforme os outros dizem, consideram e apregoam. Nesse instante, surge a vulnerabilidade da pessoa com baixa autoestima, que é deixar-se influenciar pelos outros, passando a aceitar tudo o que vier deles. Muitas vezes, essas pessoas são vítimas de influências negativas que as encaminham para uma vida fútil e desprezível, podendo ser o mundo da bebida, do descaso, do desrespeito a tudo e a todos, ao mundo das drogas proibidas, à prostituição, a cometerem furtos, roubos e a participarem de esquemas e golpes a instituições de uma forma geral. Resumindo, cometem ações ilícitas e imorais. Dependendo das consequências dos seus atos, alguns não encontram o caminho de volta. Muitas vezes, essa estrada é cheia de dor e sofrimento, podendo durar uma vida inteira.

A baixa autoestima é uma ferramenta muito perigosa nas mãos de pessoas aproveitadoras e mal-intencionadas. Elas podem se fazer valer de conhecimentos específicos a esse respeito e iniciar um processo de aliciamento e exploração usando a baixa autoestima, que alguns possuem, a fim de persuadi-los para que cometam atos ilegais ou imorais, muitas vezes, irreversíveis e destruidores da vida da vítima.

A autoestima é um assunto muito sério e importante ser observado pela nossa sociedade. É um tema delicado e deveria ser um ponto de atenção imediata por todos: família, escola, empresas, amizades etc. Nós podemos comprovar que países de Primeiro Mundo trabalham muito bem a questão da autoestima, incentivando o desenvolvimento da capacidade de seu povo. Todos deveriam ler, instruir-se, conversar e observar esse aspecto, pois uma autoestima saudável e focada no aspecto positivo ajuda a pessoa a crescer em todos os sentidos da sua vida pessoal e profissional. Enquanto que o descaso à autoestima torna as pessoas vulneráveis e suscetíveis a inúmeros males da sociedade moderna.

Imagem falsa de si mesmo

Quando um indivíduo tem baixa autoestima e quer torná-la invisível aos olhos dos outros, cria uma imagem falsa de si mesmo, bem como um diálogo igualmente falso para disfarçar as fraquezas. Dessa forma, inibe o oposto e apresenta uma autoimagem exagerada a seu respeito. Além do excesso de confiança, têm um apreço, acima da média, por si mesmo. Tudo isso está associado ao desejo inconsciente de encobrir suas fraquezas.

Geralmente, quando são questionados a respeito de sua valorização pessoal, os que têm baixa autoestima escondem-se na falsa autoestima, respondendo que se consideram acima da média diante dos colegas da escola ou do trabalho. Eles apresentam uma sobrestima, dando-se apreço ou valor exagerado. Têm considerações falsas de si mesmos e elevam-se acima dos outros quando levados a se classificar ou qualificar ao se descreverem. Por outras vezes, tendem a não assumir a culpa pelos enganos, procurando sempre um "bode-expiatório" para depositar a culpa que lhes cabe, ou seja, sempre culpam os outros pelo próprio fracasso.

Por outro lado, os indivíduos que possuem uma boa autoestima já são mais realistas em suas autoavaliações, demonstrando um equilíbrio maior e mais sensato em relação a si mesmo e ao seu desempenho real diante das situações vividas.

A autoestima é uma faculdade do indivíduo que está relacionada a um sentimento de aceitação e pertencimento, bem como o grau de popularidade. Sendo o pertencimento uma sensação de satisfação que se experimenta quando se é aceito por um grupo por suas qualidades e suas qualificações, a pessoa sente-se importante, valorizada em seu meio.

Algumas experiências a esse respeito demonstraram que pessoas que foram consideradas rejeitadas pelos seus grupos, seja na escola, no trabalho ou na própria sociedade, tendem a desenvolver uma atitude de evitar a própria imagem, desviando-se do encontro com um espelho. E quando se olham no espelho, experimentam a sensação de não querer ver seu reflexo, a fim de não encararem, realmente, quem são. Na verdade, eles gostariam de ver outra pessoa e não a si mesmos. É como se a imagem que vê fosse culpada pelo que sente.

Quando as pessoas são expostas a situações que resultam em exclusões, apresentam um acentuado grau de insegurança, bem como a capacidade de julgamento nas mais diversas áreas de atuação que estejam envolvidas é afetada. Quando isso acontece, elas perdem a segurança nas tomadas de decisão, por não saberem se o que decidiram será o melhor a fazer. Ficam, portanto, dependentes de outras pessoas para auxiliá-las a decidir.

Vejamos um caso que chegou até mim através de minha esposa.

Minha mulher estava em uma loja à procura de um vestido clássico, pois muito em breve seríamos padrinhos de casamento. Lá ela presenciou o caso de uma moça que ia se casar. Essa noiva precisava escolher e comprar seu vestido. Queria estar bonita a fim de não se sentir ridícula ou fora de moda. Não se achava bonita. Achava-se insegura sobre o que queria e sua capacidade de julgamento estava afetada por diversos fatores. Então, para a escolha da vestimenta mais importante de sua vida, ela levou para ajudar: a colega de faculdade, a madrinha do casamento, a irmã, a mãe, a futura sogra, a irmã do noivo e a organizadora do casamento. A colega de faculdade pouco se importava com ela. A madrinha do casamento era uma senhora que não entendia muito de moda. A irmã parecia uma pessoa prática, objetiva, além de arrogante e que gostava de impor sua vontade. A mãe demonstrava um estilo conservador. A futura sogra não estava nem aí. A irmã do noivo se achava muito esperta em tudo, mas não entendia a sensibilidade da noiva. Na hora de escolher o modelo do vestido, uma opinava por um vestido clássico, de baile, daqueles redondos e acinturados. Outra achava que o decote deveria ser em "V". Outra pensava que o decote deveria ser quadrado com renda até o pescoço. A mais prática opinou por um vestido em "A", liso, reto, sem detalhes nem rendas.

Minha esposa contou que as sugestões eram infinitas e as combinações da vestimenta tornavam-se absurdamente insensatas.

Gente, quanto ao vestido em "A" ou em "V", clássico ou de baile, decote quadrado, redondo, rendado... sobre isso gostaria de deixar claro que nada entendo. Essas informações foram todas colhidas pela minha esposa. Então, vamos voltar ao assunto que nos interessa.

É muitíssimo provável que essa noiva não se sentiria feliz, se aceitasse a opinião das outras no que ela deveria decidir.

Diante de tanta insegurança, caberia até consultar uma estilista com boa visão estética e até psicológica, a fim de saber se essa noiva é uma pessoa sensível ou não, romântica ou não, se gosta de rendas ou não, além de outras questões que vão ajudar a descobrir o que a noiva, e só a noiva, realmente gosta, quer e lhe fica bem no dia de seu casamento. Indivíduos com opiniões bem definidas e autoritários, nesse caso, só vão atrapalhar. É necessário descobrir o que a pessoa indecisa pensa e quer, além do que lhe fica bem. Isso vai ajudá-la a se sentir segura e com alta autoestima, pois foi ela quem descobriu o que gosta e escolheu.

As pessoas precisam aprender a ter opiniões e a valorizar as próprias ideias. Essa é a importância de saber o que se está pensando. Quando se pensa, decide-se, tem-se uma opinião formada.

Como a autoestima é vista como um indicador de adaptação social e de bem-estar, o rebaixamento dessa faculdade humana age de modo degenerativo no aspecto psicológico no âmbito social, podendo levar a comportamentos mais diversos e de rebaixamento, tais como: baixo desempenho escolar, ausência de progresso na vida profissional, fumo, álcool, vida sexual desregrada, problemas conjugais, problemas de relacionamento social, agressividade, até drogas ou depressão.

A sociedade hoje, no que diz respeito ao desenvolvimento da autoestima, parece viver na contramão. Ela apresenta muitas características que excluem as pessoas em maior grau do que proporciona inclusão.

Na escola, os alunos são tratados diferentemente pelos professores, apesar desses dizerem que não. Pelos colegas, esses mais cruéis, criam grupos fechados que os autoidentificam pelas preferências, atividades e gostos em comum, criando, um movimento de rejeição que, para os excluídos, é motivo de desprezo e de falta de adaptabilidade àquele grupo, tendo como consequência uma atitude de rebeldia e aversão ao grupo que se fechou em si mesmo. Criam, portanto, feudos, ilhas de pessoas que, muitas vezes, nada têm a ver com os objetivos que as trouxeram até ali. Acabam por se unir por outros objetivos, muitas vezes até mais inconscientes do que propriamente conscientes.

Você, talvez, deva pensar: "o que há de errado nos grupos?" A resposta é: nada. Assim como também não há nada de certo. Os grupos precisam ser vistos como uma ferramenta para fazerem as pessoas crescerem e não simplesmente tornarem-se uma entidade que serve de muro e isolamento.

A ideia principal da serventia dos grupos é o apoio, a fim de todos seguirem juntos em busca de um ideal ou um objetivo. Os grupos não devem ser formados sem objetivos e propósitos.

É importante que as escolas entendam e aprendam a se valer da força dos grupos. Precisam acionar a autoestima de todos sem criar hostilidades, rivalidades, *bullyings*. Esse é o ponto maior da questão. Todos irão ganhar com isso.

Se o lado cooperativo dos grupos não atuar de forma produtiva, surgem os acontecimentos de rejeição, que irão perseguir as pessoas durante boa parte de suas vidas. Essas sofrerão uma queda na sua autoestima, perturbando sua autoimagem e contribuindo para o surgimento de outras perturbações de mesma ordem.

Na atualidade, a sociedade valoriza a independência, eficácia, inteligência, capacidade de aprendizagem, agilidade nas decisões e nas ideias criativas. Com base nisso, um problema de autoestima poderia comprometer todas essas qualidades essenciais.

Muitas vezes, esse problema de autoestima positiva vem sendo gerado na própria convivência em família. A partir daí, espalha-se para o resto da sociedade como forma de "epidemia".

O indivíduo prejudicado na formação da sua autoestima positiva tende a repetir o que aprendeu, tornando-se um possível destruidor da autoestima dos outros.

Convém, o adulto ou criança, serem instruídos a esse respeito com o intuito de diminuírem ou eliminarem as atitudes que minam e destroem a vida psicológica saudável de uma pessoa, a ponto de prejudicar e abalar sua autoestima. É importante considerar que não há algo pior que isso, pois deturpar a autoestima de alguém é como arrancar-lhe a alma e a razão de viver plenamente. Seria o mesmo que arrancar as colunas de sustentação de um edifício. Lembrando, mais uma vez, que aquele que destrói a autoestima de alguém é porque não a tem.

Comparando as pessoas a um edifício, pensemos no que poderia acontecer a elas se tivessem suas colunas mestras arrancadas em vida. O pior poderia acontecer. Seria a destruição de uma mente que ainda produziria muito.

O que você está pensando?

Prevenir o alcance de um estado da autoestima alterado negativamente é melhor do que remediá-la.

As consequências sociais vão longe, pois, além da perda do autocontrole, as pessoas também sofrem com a incapacidade de lidar de forma equilibrada, emocionalmente, com o novo e com situações adversas no quotidiano.

Automaticamente, perdendo o autocontrole, as pessoas arriscam mais, expõem-se aos perigos inúmeros e se deixam afetar pelo senso de irresponsabilidade. São também mais fracas em termos de resistência nas realizações de tarefas mais difíceis, com uma tendência maior à desistência de tarefas da escola e do trabalho, e nos relacionamentos não demonstram empenho no que fazem, pois, se sua autoestima está em baixa, "para que vão se esforçar?"

Alguém com autoestima baixa pode, muitas vezes, dispensar atenção exagerada a si mesmo, pois fica atento no que faz, no que fala, está sempre preocupado com o que os outros vão dizer a seu respeito. Isso acontece pelo medo das críticas, porque, não sabendo lidar com elas, irão piorar o seu estado de autoestima, baixando-o ainda mais, sofrendo além do que já sofre. Devido à concentração em si mesmo, no que é negativo a seu respeito, esquece-se de gerenciar o mundo, fechando-se cada vez mais e fazendo disso um ciclo vicioso.

A autoestima é uma base importante da personalidade.

Para as pessoas que têm baixa autoestima, a utilização das técnicas de mudança de pensamento são recomendadas, pois, se a autoestima é explorada em aspecto positivo, ajuda no crescimento pessoal, fazendo-a viver em plenitude na maioria das suas realizações. Com a autoestima valorizada e em alta, a pessoa cultiva pensamentos produtivos de crescimento e apreciação pela vida.

A autoestima dá forma aos pensamentos. Se ela está em alta, os pensamentos serão harmoniosos e saudáveis, pois a pessoa irá depositar um valor maior no trato e na consideração a si mesma.

Autoestima e o acaso

A Sincronicidade é um termo relativo à teoria que foi formulada pelo psiquiatra suíço Carl Gustav Jung, que viveu de 1875-1961. Aos setenta e cinco anos de idade, aproximadamente, ele a colocou no papel após mais de vinte anos de estudo e pesquisas.

A Teoria da Sincronicidade menciona que existe uma relação entre a pessoa e as situações que ela passa em sua vida. Menciona, ainda, que nada acontece por acaso, pois todos os acontecimentos na vida estão associados ao seu estado interno ou mental.

Esse estado mental liga o indivíduo aos acontecimentos que lhe sucedem.

Para exemplificar, tomemos emprestado o texto de Ira Progoff, em que ele diz: "suponhamos que você estivesse preocupado com um determinado problema e que não tivesse contado a ninguém que estivera pensando nele. Nesse exato momento, você recebe a visita de alguém por motivos totalmente independentes e sem nenhuma relação com o seu problema. A conversa prossegue de acordo com a finalidade da visita até que, de repente e sem qualquer propósito quando não se estava absolutamente discutindo o assunto, a outra pessoa faz um comentário que lhe dá a solução que você estivera procurando"[2].

No exemplo acima, pode-se ver o fato de a visita mencionar, "por acaso" a solução de um problema que não era de seu conhecimento. Esse "por acaso" ou coincidência é conhecido como acontecimento acausal ou de coincidência significativa ou, ainda, sincronicidade.

Lembro-me de um caso muito especial ocorrido com uma escritora, em meados de 1996. Ela acabava de escrever o seu primeiro romance e estava à procura de uma editora. Preocupada e em dúvida, pois não conhecia bem a respeito do mundo editorial, não queria fazer alardes, mas também não gostaria de ficar por muito tempo com o livro sem publicação. Somente ela e seu marido sabiam a respeito da obra. Juntos, percorreram três ou quatro editoras, mas

---
2 - Progoff, 1973.

não gostaram das propostas recebidas. Desanimada, ela conta que pegou o exemplar e o engavetou, mas não o tirava da cabeça.

Dias se passaram, e, inesperadamente, o casal recebeu a visita de um tio, vindo de uma cidade distante, do interior do estado de São Paulo. O simpático senhor, muito falante, contou sobre suas viagens, seus projetos e seus filhos, assim como o casal também se dispôs a relatar sobre a vida na cidade grande. Em nenhum momento nada foi dito sobre o livro escrito e engavetado. Mas, repentinamente, o tio contou um caso que envolvia um amigo e, nesse relato, comentou que esse amigo era revisor técnico de texto de várias editoras. Nesse ponto da história, a escritora e o marido ficaram atentos. Esperaram o senhor desfechar o caso e, só então, mencionaram que ela tinha acabado de escrever um livro e que estavam em busca de uma editora.

Exibiram o original para o tio que, após examinar o calhamaço, disse que iria entrar em contato com o amigo para ele dar um encaminhamento melhor ao literário.

Em alguns dias, o encontro foi arranjado e a escritora acabou tendo seu romance editado, continuando, até hoje, no mercado com várias obras de sucesso publicadas.

Como explicar o fato de o tio contar uma história de sua vida, envolvendo um amigo que trabalhava para várias editoras? O que levou esse senhor a fazer isso? O que atraiu aquele encontro, aquela visita?

Somente um evento acausal ou a chamada sincronicidade ou ainda uma coincidência significativa pode explicar tal fato, de modo que a escritora estava em um estado mental onde os pensamentos acabaram atraindo a visita do tio que veio de longe trazendo a solução de que ela necessitava.

Dessa forma, pode-se perceber que a teoria junguiana sobre a sincronicidade confirma que alguns eventos têm uma participação ativa da mente inconsciente. Através de experiências, são verdadeiramente constatados os seus efeitos, e quando as pessoas se utilizam deles esses são capazes de afetar suas vidas.

O pensamento ativa uma energia que, através da mente inconsciente, encontra alternativas de se conseguir o que se quer.

A sincronicidade explica cientificamente esse fato.

Muitas vezes, quando uma pessoa está envolvida com um problema em sua vida, diz para si mesma: "eu vou resolver isso", "vou dar um jeito na situação", "a solução virá até mim", ou "com a ajuda de Deus eu vou conseguir resolver isso". Essas afirmações, essa convicção, certamente vai trazer até ela o que procura.

Quando essa pessoa pensa em frases como essas, está acionando o poder da mente superior que existe nela e que é o seu subconsciente, acionando os recursos infinitos para que trabalhem para ela, a fim de conseguir resolver aquela situação.

Mais cedo ou mais tarde, a solução para a superação de seu desafio aparecerá.

Para que as saídas para suas dificuldades apareçam, a pessoa deve acreditar que pode encontrá-la. Caso contrário, não irá ativar essa energia mental que vai ligá-la à resolução de seus problemas.

A autoestima está relacionada com isso. Se a pessoa tem uma autoestima baixa, desacredita em si mesma. Assim sendo, não conseguirá produzir uma energia mental boa e suficientemente produtiva para ajudá-la a acionar os poderes da mente infinita. Ela ficará apenas pensando no problema e na solução impossível ou que vai ser muito difícil resolvê-lo. Ela irá encarar a dificuldade como uma pedra gigante que apareceu em seu caminho e nunca conseguirá transpô-la ou tirá-la dele.

Quando a autoestima está positiva, a pessoa acredita em si o suficiente para acionar os recursos da mente superior, a ponto de conseguir ativar energias que encontrem uma solução para os seus problemas.

À medida que a pessoa acredita em seu potencial e em sua capacidade de superação, estará aumentando a sua autoestima, proporcionando a si mesma mais poderes de atuação e, com isso, terá uma vida mais produtiva e mais tranquila.

Os pensamentos que surgem em uma mente com autoestima positiva são mais salutares e envolvem a pessoa em uma atmosfera de energia positiva e produtiva.

A chave para a ativação da energia mental, a fim de se conseguir o que se quer, está na crença em si mesmo. Você precisa acreditar que pode conseguir as soluções para os seus problemas e assim será.

Assim como a Depressão, a Ansiedade, a Síndrome do Pânico e muitos outros Transtornos Emocionais e Transtornos Mentais, a baixa autoestima possui suas razões próprias no processo de instalação e de permanência na mente do indivíduo. Inúmeros são os motivos para que a pessoa tenha sua autoestima baixa. Alguns já foram citados, mas devemos ressaltar outros que são igualmente importantes de serem entendidos, assim como o da comparação.

A comparação se dá quando o indivíduo se examina simultaneamente com outra pessoa, querendo considerar algum nível, analisando, desde a sua aparência física, situação social, capacidade mental, intelectual e até o seu desempenho nos estudos ou no trabalho. O indivíduo com autoestima baixa estabelece uma comparação que, normalmente, está acima do ponto máximo de como se vê. Como se ele observasse seus melhores aspectos e depois os comparasse às outras pessoas que possuem esses mesmos aspectos, só que em condições superiores às suas. Dessa forma, compara o incomparável, colocando-se numa condição subalterna ou inferior aos demais.

Esse tipo de comparação, além de desleal para consigo mesmo, é irracional. As pessoas são diferentes, e isso é um fato que não se pode mudar. E ainda bem que não se pode mudar. Todos nós somos necessários ao mundo do jeito que somos. Cada um é um ser independente, único e que se construiu mediante as influências do meio em que nasceu, cresceu, aprendeu e conseguiu se ajustar, através de suas características particulares. Nessas características particulares, existem as qualidades que podemos usar, pelas escolhas que fazemos a partir do nosso pensamento, para sermos melhores naquilo que desejamos.

Não podemos ser comparados com os outros, muito menos nos compararmos com alguém, embora façamos isso o tempo todo. Essa crença que leva aos Pensamentos Automáticos que, por sua vez, repetem o comportamento verbal quando a pessoa diz: "não sou capaz", "não sou bonita igual à fulana", "não sou merecedor de tal elogio ou prêmio" etc. Ao dizerem essas palavras, estarão introjetando pensamentos na mente inconsciente para que, em seguida, acione mecanismos inconscientes de tristeza, inferioridade, mágoa, raiva, sentimento de mal-estar etc. E, através de eventos de sincronicidade, atinja os seus objetivos que, para a pessoa com baixa autoestima, é permanecer na condição atual. E é justamente o que irá acontecer.

Vejamos um bom exemplo que envolve baixa autoestima, sincronicidade, comparação e pensamentos automáticos.

Uma mulher com baixa autoestima se acha feia e também pouco produtiva, incapaz.

Ao ver seu reflexo no espelho ela não se admira. Fala que seus cabelos não são bonitos, pois são enrolados. Nenhum corte fica bom, porque seu rosto é redondo demais ou não é chamativo.

Encontra algumas rugas ou manchinhas na pele e pensa: "estou ficando velha e feia". Acha que está com sobrepeso e que suas vestimentas são sempre horríveis. Pensa que sua imagem não tem jeito. Que seu marido não vai gostar mais dela porque está velha, está gordinha, com celulite, com... sei lá mais o quê. Acha-se pouco inteligente e produtiva, pois poderia fazer algo melhor, mas está sem ânimo. Pensa que não sabe falar direito, que seu riso é feio. Fica triste consigo mesma, deprime-se e acha que não tem valor algum, não serve para nada. Não é chamativa e ninguém repara nela. Não gostando da própria aparência nem dela mesma, passa a reparar as atrizes, com idade semelhante a sua, observando a beleza facial, o corpo, o jeito de se expressar, as roupas que lhes caem bem e tudo mais.

Então, as sincronicidades começam a acontecer, reforçando suas ideias. Atrai para si situações que intensificam sua baixa autoestima. Ela sai para comprar roupa e não encontra aquilo de que gosta. Tudo o que é bonito não lhe serve ou não lhe cai bem. Volta para casa sentindo-se pior do que quando saiu. O marido não lhe dá atenção e ela acredita que é por causa de seu jeito, sua idade, seu peso etc.

No outro dia, sai para trabalhar e, ao olhar uma revista que está sendo lida por alguém no metrô, vê a foto de uma atriz bonita, com aproximadamente a sua idade, posando para a capa da famosa revista. Ao ir ao salão de beleza para ficar melhor, a televisão que está ligada exibe uma apresentadora do programa de TV, com aproximadamente sua idade, e as demais pessoas no salão começam a reparar e comentar, excessivamente, que a apresentadora é bonita, que não parece ter a idade que tem, que é talentosa etc.

Em todos esses e outros acontecimentos de sincronicidade, aqueles Pensamentos Automáticos, que não planejou, entram em ação: "estou ficando velha, não tenho jeito. Minha pele tem manchas. Estou gordinha. Meus cabelos nunca vão ficar bonitos. Tenho rugas e essa atriz não tem..." Ela se sente mal e nem sabe direito a razão. Fica mais triste e com a baixa autoestima mais baixa ainda. Fica magoada consigo mesma, deprimida, achando que a vida não é boa para com ela, que o mundo é cruel, que ela não consegue fazer nada direito, nem cuidar de si mesma.

Talvez, quando pequena ou na adolescência, essa mulher tenha reparado quando os outros elogiaram uma outra criança e não a elogiaram. Isso a entristeceu. Sentiu-se ferida, pisada. Em outra ocasião, alguém gostou do jeito de uma outra garota dançar ou falar, de se vestir, e não mencionou nada sobre o seu jeito de ser, e essa situação a deixou novamente melindrada, magoada. Deve ter recebido algumas críticas que também não lhe fizeram bem, que devem tê-la feito sofrer muito. Além desses, outros acontecimentos provocaram a instalação da baixa autoestima na mente dessa pessoa.

Todos esses episódios, sem exceção, deixaram-na magoada e, cada vez mais, ela se desconsiderou. Então, começa a atrair, mais e mais, situações de sincronicidade, eventos acausais como o do metrô, quando vê alguém lendo uma revista com uma atriz linda, da sua idade. A beleza da outra ela não tem. Na loja, onde foi comprar roupas, não havia o que lhe caísse bem. Olhando-se no espelho, vê um reflexo que não gosta etc, etc, etc. Compara-se com as outras e não vê que é uma comparação injusta e desleal. Não se pode comparar o incomparável. Fica paralisada. Não encontra uma saída. Não sabe o que fazer e desacredita de si mesma. Não produz energia mental suficientemente produtiva para acionar em si os mecanismos de sua mente poderosa.

Não adianta só ficar mentalizando que é bonita, que se acha bonita, e não fazer nada para mudar.

A primeira coisa a fazer é eliminar os Pensamentos Automáticos, pois são eles quem a levam para a tristeza, para a baixa autoestima, para um estado deprimido.

Quando ela vir uma revista com a foto de uma atriz bela, da sua idade, ou o programa de televisão com a apresentadora atraente, deve parar e pensar que aquela pessoa vive para aquilo. Ela é, praticamente, uma máquina. Vive da arte técnica para veicular mensagem, persuadir, distrair o público. Tem de ser desse jeito. Repetindo: não se pode comparar o incomparável. Aquela atriz vive em um mundo artificial e não no mundo real. Ela praticamente vegeta. Todos vivem a sua volta buscando meios de fazê-la aparecer. É certo que essa atriz tem uma alma, é uma pessoa, mas que aceitou viver daquela forma por algum motivo, embora suas dificuldades e dores existam e podem ser piores do que as nossas. Essa mulher comum jamais pode se comparar a uma atriz. Se for a uma loja de roupas e não encontrar o que lhe caia bem, deve entender que entrou na loja errada e procurar uma loja que tenha o que ela goste, o que aprecie e com o que se sinta bem ao vestir. Procurar roupas da moda e que fica bom nos outros nem sempre é o mais sensato, até e inclusive para quem tem um corpo bonito. Elegância e classe em um traje, normalmente, é distinção de porte e maneiras, mostra bom gosto, graça e encanto. A delicadeza de vestimenta e expressão, amabilidade e finura exibem qualidades internas, principalmente em uma mulher. Depois, vem o cabelo. Como já foi comentado no início do livro: bons cabeleireiros fazem milagres! Dicas de maquiagens vão ajudá-la a apresentar um rosto melhor, mais bonito. Maneiras delicadas vão fazê-la aparecer. Isso, e muito mais, vai ajudá-la em tudo.

A partir do momento que essa mulher adotar um novo pensamento e sair buscando algo que lhe seja merecedor, que mostre quem ela é de fato, a baixa autoestima vai perder força e as comparações deixarão de existir. Os acontecimentos de sincronicidade negativos não terão mais importância, não vão provocar Pensamentos Automáticos e, consequentemente, não terá mais dor em sua alma, ficando com a autoestima equilibrada. Com um pouco de empenho, descobrirá algo que goste de fazer e se sentirá produtiva, útil.

Entender o que se sente, o que se pensa e se conhecer vai fazer uma pessoa buscar melhoras em todos os sentidos, desde que ela mude sua forma de pensar.

Por isso é importante saber o que se está pensando.

Autoestima e o transtorno de personalidade narcisista

Convém, nesse momento, tratar da definição e da diferença de graus da autoestima e o seu excesso desmedido, o Narcisismo.

Faz-se importante conceituar suas diferenças, devido ao fato de muitos considerarem que uma pessoa narcisista seja alguém que tenha uma autoestima alta e saudável. Veremos as diferenças, bem como os cuidados que se devem tomar para não trilhar pelos caminhos que levam ao desenvolvimento de tal distúrbio: o Narcisismo.

O termo narcisista e a mitologia grega

Narciso, em grego: *Nárkissos*, significa entorpecimento, torpor. Relaciona-se com a flor Narciso. *Nárke - em grego*. Sendo essa a base etimológica da palavra *Narkotikós*, em grego, que em português é Narcótico, "substância que produz narcose, cuja ação se caracteriza pela produção de amnésia, hipnose, analgesia e certo grau de relaxamento muscular", conforme informações do dicionário.

Na mitologia grega, Narciso era filho do rio Céfiso, em grego *képhisos* e da ninfa, mulher formosa e jovem, Liríope, em grego *Leírion*, que teve uma gravidez penosa e indesejável, mas um parto jubiloso e, ao mesmo tempo, apreensivo. Julgava-se não ser possível o nascimento de um menino tão belo.

Na cultura grega, de modo particular, beleza fora do comum sempre assustava. É que essa facilmente arrastava o mortal para a *hýbris*, ou seja, o descomedimento, insolências, excessos, fazendo-o ultrapassar, muitas vezes, a medida certa, *métron*. Competir com os deuses em beleza era uma afronta digna de ser punida. E Narciso era mais belo que os imortais, que carregavam o peso da eternidade, embriagados de néctar e fartos de ambrosia, que era o alimento dos deuses e que conservava a imortalidade.

A beleza, para eles, era uma concessão do divino. Constituía, portanto, ultrapassar a medida certa existente para a beleza. Era como se o mortal se apossasse de um dom ou de uma qualidade que não lhe pertencia. Para impor limites, existia Nêmesis, a deusa que representa a justiça distributiva, por isso era a vingadora da justiça praticada. Estava sempre atenta e pronta para punir os culpados, aqueles que ultrapassassem as medidas.

Uma beleza assim, nunca vista, realmente conturbava o espírito de Liríope, mãe de Narciso. Quantos anos viveria o mais belo dos mortais? O temor levou a mãe preocupada a consultar o velho cego: Tirésias, em grego *Teirésias*, que quer dizer: o célebre. O nome *Teirésias*, que é derivado de neutro, era o sinal enviado pelos deuses donde surge o *"adivinho, profeta"*.

Tirésias, porque era cego, possuía o dom da adivinhação.

Diante do grande profeta grego, o mais célebre que encontrou, Liríope perguntou se seu filho, Narciso, viveria muitos anos. A resposta do adivinho foi resumida e direta. Tirésias respondeu: *"Si non se uiderit"*, ou seja, "se ele não se vir".

Apenas isso. Narciso viveria longos anos, desde que não se visse.

E as grandes paixões pelo filho do rio Céfiso e Liríope começaram...

Jovens da Grécia inteira e ninfas, como sonhou Liríope, estavam irremediavelmente presas à beleza de Narciso que, no entanto, permanecia insensível à paixão das mulheres. Entre as grandes apaixonadas pelo jovem, estava a ninfa Eco, que acabava de vir do Olimpo e era portadora de uma tagarelice invencível. A história de Eco se resume da seguinte forma: A deusa Hera, esposa de Zeus, teria condenado Eco a não mais falar, por temer que fosse usada por Zeus para distraí-la, a fim de seu marido partir para as suas aventuras amorosas.

Hera, deusa defensora dos amores legítimos, condenou Eco a não mais falar. Eco repetiria, tão somente, os últimos sons das palavras que ouvisse.

Mas Eco estava apaixonada pelo mais belo dos jovens.

Era verão. Narciso partiu para uma caçada com alguns companheiros. Eco o seguia, sem se deixar ver. Tendo-se afastado em demasia dos amigos, o jovem começou a gritar por eles, e Eco repetia as suas últimas palavras, tentando aproximar-se de Narciso. Mas foi ignorada pelo rapaz.

Por ter sido tão friamente repelida, embora ardesse imensamente de paixão por Narciso, Eco se isolou e se fechou numa solidão. Por fim, deixou-se de alimentar e definhou, transformando-se num rochedo, capaz apenas de repetir os últimos sons de tudo o que se diz perto.

As demais ninfas, irritadas com a insensibilidade e frieza do filho de Liríope, pediram vingança, e Nêmesis, a deusa que representava a justiça distributiva, prontamente, condenou Narciso a amar um amor impossível.

Foi então que o jovem Narciso, sedento, aproximou-se de uma límpida fonte para matar a sede.

Debruçou-se sobre o espelho imaculado das águas e *viu-se*.

Viu a própria imagem refletida no espelho da fonte.

Si non se uiderit, "se não se vir", profetizou Tirésias.

Narciso se viu e não mais pôde sair dali. Ele se apaixonou pela própria imagem. Nêmesis cumprira a maldição. Narciso ficou parado, imóvel, admirando sua invejável beleza. Tanto permaneceu ali que morreu de amor por si mesmo, pela própria imagem.

Conta a mitologia que procuraram seu corpo, mas, no lugar onde deveria estar, havia apenas uma delicada flor amarela cujo centro era circundado de pétalas brancas. Surgiu, então, a flor narciso.

De qualquer modo, Narciso ainda tenta, no *Hades* – inferno, *ver-se* nas águas escuras do Rio Estige, mostrando que a paixão por si mesmo nunca acabou.

Com relação ao mito de Narciso, convém lembrar que a mitologia grega é uma forma de elucidação alegórica, ou seja, é a forma figurada, fantasiosa de esclarecer ou representar uma ideia sobre os acontecimentos da humanidade, que teve origem na Grécia, como forma de compreender a sociedade grega antiga e seu comportamento.

Ela teve e tem uma grande influência cultural em todo o mundo. Possui uma forte expressão no campo da Psicologia, pois, através da compreensão de um mito grego, pode-se também compreender um comportamento humano e ajudar a entendê-lo de que forma instalou-se e quais foram os motivos conscientes ou inconscientes pelo qual esse comportamento se deu.

O mito de Narciso ajuda a compreender o quanto pode ser prejudicial a admiração ou paixão exagerada pela própria imagem. Isso leva as pessoas por um caminho mais acentuado em direção à autoadoração e autopaixão. O que mostra a falta de equilíbrio na autoestima. Podemos dizer que existe a baixa autoestima, a autoestima equilibrada e o Narcisismo.

A paixão voltada para si mesma é paralisante. Pode acontecer de ela ir matando as atividades emocionais, tornando uma pessoa fria, fazendo com que o individuo só dê atenção para si e, à medida que se deixa dominar por essa autopaixão, nada mais é importante. Foi o que aconteceu a Narciso que não fez mais nada a não ser se admirar, até morrer.

Jesus, em uma de suas parábolas, alerta-nos com relação a isso: o evangelista Mateus, no cap. 22, v.v. 39, traz-nos Sua menção: – "Amarás teu próximo como a ti mesmo".

Dessa forma, pode-se perceber que devemos nos amar de forma idêntica ao que amamos aos outros, nem mais, nem menos. Na medida certa. Isso é equilíbrio.

Se amarmos a nós mesmos menos do que amamos aos outros, estaremos apresentando um estado de baixa autoestima. Esse sintoma é característico de estados depressivos. Quanto mais baixa a autoestima, mais próxima a pessoa estará de desenvolver um estado depressivo.

Se amarmos a nós mesmos mais do que amamos aos outros, estaremos desenvolvendo um sentimento narcisista e egoísta.

Narciso, no mito, sempre se mostrou orgulhoso e insensível para com os outros. Ele já apresentava características de uma criatura orgulhosa e egoísta. Quando *se viu*, virou objeto do próprio amor, que o paralisou.

Eco, que de tanto amar Narciso ficou sem qualquer amor próprio, simboliza uma pessoa deprimida, que não se ama. Ama mais a outro do que a si mesma. Ela não se alimentou. Descuidou-se e morreu, transformando-se numa rocha, que também é o símbolo do amor paralisante, imutável.

Repare que os extremos acontecem neste mito: enquanto Narciso apaixona-se extremamente por si, Eco abandona-se extremamente por amor a Narciso. Não existe um estado mediano, equilibrado, nesse mito.

Esses dois estados extremos são paralisantes, e Jesus, com imensa sabedoria, alerta essa questão em sua parábola.

A *vaidade*, excesso de autoamor, e o *solipsismo* – o solitário, em que a única realidade no mundo é o Eu – tem o Eu, o ego, como única realidade. São características marcantes do estado Narcisista.

Algumas pessoas denominam-se um pouco narcisistas quando se cuidam demais, ficam à frente do espelho admirando-se. Vão a academias para esculturarem o corpo, aos salões de beleza cuidarem de si, da aparência etc. Não há nada de mais em se cuidar. Enquanto a pessoa estiver num grau apropriado, dentro da medida necessária desse cuidado, sem exageros, não há problema. Isso é correto. É cultivar autoestima equilibrada. Entretanto, quando o grau de necessidade ultrapassa o equilíbrio e o bom senso, o indivíduo entra na zona de desequilíbrio e passa a fazer autoadoração como sendo uma atividade exclusiva, necessária e obsessiva.

O perigo está justamente em exagerar nesse processo de autoadoração, o que leva as pessoas a se afundarem cada vez mais nesse grau obsessivo, chegando a desenvolver comportamentos comparados a transtornos muito complicados e difíceis de enfrentarem e corrigirem.

Por isso, surge a importância do alerta que é para, justamente, o indivíduo despertar do estado quase hipnótico da obsessão narcísica ao qual está se deixando levar para acordar para a realidade e mudar os seus hábitos, cultivando outros mais saudáveis.

Para maior entendimento da condição narcisista, é interessante citar a descrição constante no *Manual Diagnóstico e Estatístico de Transtornos Mentais*, que diz que o Transtorno de Personalidade Narcisista está associado a um padrão global de grandiosidade, que é quando a pessoa necessita de muita admiração e dificilmente consegue ser empática. Ela não consegue se colocar no lugar dos outros, em situação inversa, pois se acha mais importante do que os demais. Cuida e se preserva tanto, em tantas situações diferentes, que chega a ser egoísta ou individualista. Os narcisistas têm uma tendência a valorizarem exageradamente as suas capacidades. São arrogantes e exageram nas suas realizações, achando que os outros o veem da mesma forma. Eles fantasiam com o sucesso sem limite, nas questões relacionadas ao sucesso profissional, beleza, inteligência ou amor ideal. O narcisista considera-se especial e único e espera ser visto dessa maneira pelos outros. Consideram que suas necessidades estão acima das dos outros e que essas jamais irão entender as suas urgências, que são sempre especiais e mais importantes. Elas se acham dignas de serem atendidas primeiro. Não querem esperar, e que o profissional que as atenda seja da melhor qualidade, seja o melhor advogado, o melhor médico, o melhor professor, o melhor cabeleireiro etc. Eles estão se analisando o tempo inteiro para saberem como estão desempenhando suas atividades, pois precisam de consideração e admiração constante e não conseguem entender quando outras pessoas não cobiçam tudo o que têm.

Os narcisistas possuem uma vaidade exagerada, a ponto de exigirem irracionalmente que sejam tratados de forma especial, não se importando com os sentimentos e problemas dos outros. Incomodam-se muito quando ouvem as queixas dessas outras pessoas. Ainda por cima, muitos deles podem dizer palavras ofensivas de forma que atinjam a fraqueza de quem ouve. Afirmam estar bem financeiramente diante de quem está com problemas de mesma ordem. Afirmam estar muito bem de saúde diante da pessoa enferma. Eles se surpreendem quando não recebem louvor por algo que tenham feito. Acham que devem se associar com outras pessoas especiais ou de situação elevada. Gostam de ser bajulados e ficam desconsertados ou furiosos quando isso não acontece. Ficam irritados quando os outros não os auxiliam em "seu trabalho muito importante", pois todo trabalho que executam tem uma importância acima do normal. Sempre estão acima do trabalho dos outros em grau de importância. Esperam que os outros sejam sempre muitos dedicados quando estão trabalhando em algo que estejam envolvidos. Sobrecarregam os outros com muitas atividades, não se importando com o que isso pode significar na vida dessas pessoas. Procuram relacionamentos românticos quando percebem que seu par irá atender suas necessidades e objetivos narcisistas. Frequentemente, invejam os outros ou acreditam que os outros têm inveja deles. Podem guardar rancor pelos sucessos ou posses dos outros, achando que seriam mais merecedores dessas realizações, admiração ou privilégios. Podem desvalorizar rudemente a contribuição dos outros, particularmente quando esses recebem reconhecimento ou elogio por suas realizações. Comportamentos arrogantes e insolentes caracterizam esses indivíduos. São esnobes e desdenhosos.

O Transtorno de Personalidade Narcisista é bastante sério e seu tratamento não é muito fácil. Os pacientes precisam lidar constantemente com ataques ao seu narcisismo, resultantes de seu próprio comportamento ou de experiências da vida. Para eles, que valorizam a sua beleza, a velhice não é bem-vinda, pois estão apegados à jovialidade, ao belo, à força de forma inapropriada e exagerada, por isso tendem a ser pessoas mais vulneráveis às crises de meia-idade.

De acordo com isso, faz-se necessário chamar a atenção do leitor ao transtorno em questão. É prudente tomar ciência e compreender que pessoas portadoras desse transtorno precisam de acompanhamento médico psiquiátrico e/ou de psicólogo especializado.

Os narcisistas em suas funções e trabalho

É comum termos pessoas narcisistas em qualquer tipo de empresa. Não importa se são organizações públicas, particulares ou militares.

No mundo dos negócios, o surgimento de pessoas que possuem ambição pelo poder, muitas vezes, é vista com bons olhos, porque funcionários assim buscam realização pessoal, de crescimento financeiro e material através da empresa em que trabalham. Dessa maneira, acabam trazendo mais lucros para a organização em que atuam.

Muitas pessoas não sabem que, pelo fato de a empresa possuir líderes narcisistas, acaba criando um clima de desarmonia entre os funcionários. O que resulta em pedidos de demissão que, muitas vezes, partem dos melhores funcionários.

Os líderes narcisistas, em sua maioria, por não compreenderem as necessidades de seus subordinados, não conseguem atuar de forma produtiva. Eles impõem a sua vontade narcisista acima daquilo que realmente precisa ser feito.

Em todo local de trabalho, onde o capricho de alguns se coloca acima da obrigação e do que realmente precisa ser feito, encontraremos problemas de relacionamento entre os funcionários, resultando em perda de produtividade e o surgimento de um clima pesado e sufocante.

A insensibilidade dos líderes narcisistas e o desejo que eles têm à obediência cega os tornam cruéis. O comportamento de líderes dessa espécie chega a ser comparado ao de lideres militares.

Em organizações militares, os soldados têm o dever à obediência, e isso contribui para o surgimento de líderes narcisistas, mas isso está longe de afirmar que todos os líderes militares sejam narcisistas e cruéis.

O fato de os líderes militares serem "durões" dá-se pelo fato de terem que cumprir missões que pessoas comuns, sem os mesmos treinamentos, não seriam capazes de realizar.

O trabalho de militares é de difícil realização e requer empenho, treinamento e preparo constantes, além de aptidão tanto na área mental quanto na física. Isso justifica a rigidez verbal e psicológica de fazer parte de alguns treinamentos para incentivar a coragem de realizar, com sentimento de patriotismo e cumprimento do dever, o que muitos não fariam por salário algum.

Tomemos como exemplo a seguinte situação: imagine que você seja um Policial Militar, que pertença ao Corpo de Bombeiros, chegando próximo a um prédio de três ou quatro andares em chamas, que a qualquer momento pode desabar. É capaz de ver e sentir o perigo iminente, não só arder totalmente, como de desmoronar a qualquer momento. De repente, aparece alguém e lhe diz que lá dentro ainda existe um bombeiro ferido, uma mulher que deu à luz recentemente e que, por complicações, não consegue andar direito e seu filhinho, um bebê, ainda está no berço chorando, por causa do calor e da fumaça. Algo precisa ser feito. Você, sem treinamento algum, iria lá? Valeria a pena pôr em risco a própria vida sabendo que os que lá estão quase não têm chance alguma? Quem você salvaria primeiro?

Situações como essa acontecem com frequência na vida de militares, principalmente aos que pertencem ao Corpo de Bombeiros. Esse fato ocorreu há uns trinta anos. Quando o bombeiro chegou e viu o que se passava, confiante em seu treinamento e instrução oferecida por chefes rigorosos e seu poder de calcular ou prever a ameaça de desmoronamento a acontecer em breve, arriscou a própria vida e entrou no prédio. Pegou a criancinha e a escondeu no interior do casaco. Pegou a mulher, que mal andava, colocou-a nos ombros e saiu com os dois pendurados em si. Voltou e pegou o colega, também bombeiro, que estava caído e, no momento em que erguia, escutou o concreto ranger. Com o amigo nas costas, correu. No instante em que pensou que não conseguiria sair, sentiu o deslocamento de ar provocado pelo desabamento e experimentou uma espécie de empurrão, que o ajudou a se deslocar para fora do edifício. Mesmo ferindo-se, esse bombeiro e policial militar salvou quatro vidas, pois, nesse enredo, incluímos a dele também. Isso graças ao seu estado mental e treinamento rigoroso. Embora devemos admitir que ele se arriscou muito.

Aqui, o fato que chama a atenção é a impressionante atração das mentes subconscientes ao desastre: o bombeiro certo dotado de coragem, treinamento e motivação apropriados estava no local certo e pronto para a ação.

Certamente, o treinamento desse bombeiro foi apropriado aos moldes necessários para a execução de determinadas tarefas. Mas também tem-se de levar em consideração o aspecto do caráter pessoal e do altruísmo do herói, que é o desprendimento de si para ajudar o outro. Dificilmente veremos pessoas narcisistas apresentar atitudes parecidas com essas do nosso herói.

Com isso, podemos perceber que o trabalho dos militares, policiais, bombeiros e guarda-vidas os expõem a constante perigo e que o treinamento duro se faz necessário. Esses treinamentos nem sempre podem ocorrer sob a orientação de chefes mansos e bondosos. Os chefes rigorosos, específicos para determinados treinamentos, têm em mente que seus subordinados estarão salvando vidas, a princípio as próprias.

No caso de algumas empresas, o tratamento duro, rígido e áspero não se justifica pelo motivo de sua atividade principal não depender de atuações parecidas com as dos militares, bombeiros, policiais e guarda-vidas.

Dessa maneira, nas empresas, muitas vezes, os líderes tratam os subordinados de forma rígida e incompatível à necessidade, extrapolando na medida do tratamento necessário. Esses narcisistas transtornados não respeitam as pessoas, enfurecem-se com maior frequência, justamente para esconder uma autoestima frágil, bem diferente do que se faz ver pelos outros.

Geralmente não respeitam o direito das pessoas trabalharem nos horários estipulados pelo contrato de trabalho. Por isso, sobrecarregam os seus subordinados de atividades que não se encaixam dentro do tempo disponível para realização, forçando-os a trabalharem mais e mais além do horário limite a cada dia.

Os interesses voltados ao enriquecimento e poder são muito fortes nos líderes narcisistas. Eles também não possuem valores verdadeiros no comprometimento com a ética e o bom senso. São dissimulados e culpam os outros a todo instante pelos seus fracassos. Depreciam as pessoas que chamam mais a atenção do que ele, pois querem o palco dos espetáculos só para si e ainda querem ser aplaudidos, apesar de maltratarem a plateia.

Na maioria das vezes, os narcisistas são os que sobem mais rápido na escala de liderança das organizações, justamente por conta de sua determinação incessante na busca de poder, dinheiro, fama e status social privilegiado. Se suas ações não forem percebidas e interrompidas, muitas vezes também são os que mais rápido põem tudo a perder, inclusive o que a empresa demorou anos para conseguir.

O líder com Transtorno de Personalidade Narcisista pode, algumas vezes, utilizar-se de meios ilegais, podendo mentir, trapacear e maltratar as pessoas. Com essa atitude, acaba afugentando os bons funcionários que pedem demissão para trabalharem em outras empresas.

Não é difícil perceber que as empresas que estão em ruínas, sendo divididas, vendidas e indo à falência, é por conta de gerentes ou líderes narcisistas que querem levar vantagem em tudo o que fazem.

Ninguém, no mundo, só ganha. Algumas vezes perdemos ou temos algum prejuízo. Isso faz parte do jogo da vida, dos negócios. Mas quando os narcisistas, em alto grau, perdem, eles perdem tudo. Não sobra pedra sobre pedra. Não estamos aqui falando só de grandes empresas, mas, principalmente, de pequenos negócios onde possa ter dois, três ou quatro funcionários. Quando um líder narcisista estiver nesse negócio, a empresa estará ameaçada.

É difícil acreditar nisso, mas os líderes narcisistas são mestres em se fazer aparecer, agindo, falando e mostrando um conhecimento, um domínio que não duvidamos ser ótimo e, a princípio, damos-lhes razão e crédito. Com o tempo, é quase impossível não perceber quando fazem propaganda de si mesmos, não tendo modéstia, fazendo questão de serem arrogantes maior parte do tempo e com todos.

Como o pensamento é um meio de atração, os líderes narcisistas atraem os subordinados ideais aos seus propósitos através do que pensam e sentem. Entretanto, aqueles que não se submetem aos seus caprichos, não continuam ao seu lado por muito tempo. Às vezes, ficam juntos só pelo tempo necessário para o subordinado encontrar outro lugar para atuar.

Porém, os que se sujeitam aos narcisistas e são atraídos através do pensamento desses líderes, apreciando-os, são pessoas iguais a ele ou ainda podem ser bajuladores que irão alimentar o seu narcisismo.

A bajulação ou "puxa-saquismo" desses funcionários deixa transparecer que esse líder narcisista é repleto de competência e que merece ter seguidores. Isso pode não ser verdade.

Com o tempo, esses líderes narcisistas irão atrair tantos bajuladores e situações embaraçosas para a organização, que irão pôr a perder todo um trabalho árduo que lá existia.

Os pensamentos do narcisista

Os pensamentos de uma pessoa com o Transtorno de Personalidade Narcisista estão voltados para si mesma, a fim de satisfazerem os seus desejos, não se importando com os outros de forma alguma, trazem consigo uma psicosfera cheia desse clima venenoso e asfixiante que faz todos a sua volta sofrerem.

A pessoa que só pensa em si e quer ser o centro das atenções irá atrair para si outras pessoas que o ajudem a manter o seu status de narcisista, a fim de que o ajude a ser o "imperador absoluto em tudo". Um narcisista precisa de pessoas submissas e sem princípios para aplaudi-lo o tempo inteiro, pois os sentimentos de grandiosidade devem ser vistos por súditos fiéis.

Os gestores narcisistas atraem para perto de si funcionários sem valores morais e sem princípios éticos, justamente para poder apoiá-los no que vier a fazer. Se um narcisista perceber que alguém não louvou os seus feitos arrogantes, será demitido em breve.

Nem todo ator é narcisista, mas todo narcisista deseja ser ator, e muitos estão presentes no mundo artístico. O que os atores, com certo grau de narcisismo, precisam fazer é se cuidar para não terem seu estado agravado.

Outro sinal claro é o surgimento de páginas pessoais na internet. Essas páginas, e outras formas de exibição, colaboram para a manifestação do narcisista a fim de que ele possa se ressaltar e aparecer de alguma forma. Nelas eles contam vantagem e postam fotos de viagem a lugares deslumbrantes para despertarem, nas outras pessoas, a inveja e a admiração pelo o que fizeram. O narcisista mostra poder diante da situação de evidência perante o status social que exibe. Muitos ainda contam vantagens inventadas e postam fotos maquiadas e alteradas por programas de computador, exibindo, justamente, o que não são. Registram, ainda, pensamentos que refletem a opinião da massa manipulada a fim de atraírem mais visitantes às suas páginas nas redes sociais para se tornarem populares no mundo virtual. Afinal, o que há de verdade nessas páginas na internet é algo difícil de saber, quase impossível. Não quero dizer que todos os internautas sejam narcisistas ou que estão a caminho de se tornarem um pelo fato de terem suas páginas em redes sociais. Só é importante salientar o fato de que essa exposição deve ser vigiada a ponto de não se tornar exagerada e extrema.

Lembro-me de um caso em que fui a um hospital visitar uma pessoa conhecida, após uma cirurgia ortopédica. Ela dividia o quarto com outra paciente também pós-operada. Essa outra tinha a visita de suas duas filhas adolescentes. Era impossível não reparar que as jovens, ao lado do leito de sua mãe, tinham um computador portátil e, no aparelho, mantinham-se compenetradas, mexendo ou digitando freneticamente. Não ofereciam atenção à mãe. As moças conversavam entre si, falando, para quem quisesse ouvir, sobre as postagens em suas páginas na *Web*, de forma que aquele feito parecia absolutamente necessário como se daquilo dependessem suas vidas.

Duas filhas, ao visitarem a mãe após uma cirurgia, estavam muito mais preocupadas com suas páginas na internet do que com a mãe na cama. A senhora necessitava de uma conversa calma e de bom ânimo, além de carinhos ao pé do leito para esquecer-se da dor da cirurgia. Mas nada disso ganhou.

Como explicar tal fato?

Só restava a mulher acamada, ficar olhando para as duas filhas que se ocupavam da máquina em vez de cuidar dela.

A cena foi estarrecedora.

Porém uma coisa ficou clara: o egoísmo está tomando as pessoas desavisadas e está levando consigo os bons costumes e o respeito pelas pessoas.

O egoísmo é uma atitude narcisista e caminha no sentido contrário da união tão necessária aos relacionamentos humanos.

Antídoto para baixa autoestima, vaidade e narcisismo

Ao falar da baixa autoestima, do Transtorno de Personalidade Narcisista e vaidade, praticamente fala-se de um problema que todos esses assuntos têm em comum, que é a autoestima.

A baixa autoestima é pouco amor próprio. Enquanto que o narcisismo é o exagero ao amor próprio.

Diminuindo o narcisismo

O Transtorno de Personalidade Narcisista é autoestima fragilizada. Ao mesmo tempo em que é amor próprio exagerado.

O exagero ocorre para compensar sua fragilização de autoestima. Para manter a satisfação pessoal do narcisista em alta, são necessários estímulos constantes através de situações que o deixem em evidência e que mantenham a chama do narcisismo acesa. Essas situações, muitas vezes, podem ter uma dose acentuada de exagero, que é relativamente proporcional ao medo que ele tem de perder o que resta de sua autoestima.

No mito, Narciso morre e vai para o inferno, que é justamente o significado de uma morte psíquica, mental ou psicológica.

A morte psicológica que se vê nesse caso é como uma descida tão profunda ao inferno narcísico que, quando se chega ao chão desse inferno, dali não se pode mais descer.

A desilusão, provocada pela descida, faz-se por completo, e a angústia é profunda no momento da revelação de que todo o caminho narcísico que foi percorrido não valeu a pena, a não ser o aprendizado do próprio caminho.

Com isso, pode-se entender que as pessoas, na maioria dos transtornos, incluindo o narcisismo acentuado, afundam-se neles, devido à constante necessidade de atenderem a seus caprichos e a frenética necessidade viciosa que cada transtorno envolve. No caso do narcisismo, a pessoa precisa de constantes estímulos para o seu poder de beleza, inteligência ou de dinheiro, para que continue a atender as suas necessidades básicas narcisistas.

Enquanto estimula a constante necessidade em manter-se como narcisista, a frequência e intensidade dessa procura vai se tornando mais agressiva, e cada vez se satisfaz menos, até que o indivíduo chega a um estágio que se pode dizer "no fim do poço", assim como os vícios que provocam o mesmo efeito.

Quando o narcisista chega ao fundo do poço, no grau mais elevado, ele tem duas opções: lá permanecer ou iniciar o caminho de volta.

O caminho de volta consiste em renunciar ao narcisismo e desenvolver a autoestima saudável, enxergando o outro com respeito, consideração e amor igual ao seu amor-próprio. Consiste também em anular a sua indiferença para com as outras pessoas, bem como desenvolver a habilidade de se colocar no lugar delas, desenvolvendo sua empatia.

A empatia é uma prática superior de comportamento que auxilia o crescimento espiritual e permite uma compreensão muito maior a respeito das outras pessoas, como seus sofrimentos, angústias, dificuldades e limitações. Resumindo, a empatia é uma maneira de transferir-se imaginariamente para o lugar da outra pessoa, como se fosse o seu, e dentro "desse mundo" tentar agir e pensar como ela.

Quando uma pessoa se coloca no lugar da outra, ela tenta sentir o que a outra sente e, se conseguir fazer isso, irá então entender de forma muito ampliada os sentimentos dessa outra em certos momentos da vida. Isso permitirá entender que o julgamento sem empatia não tem valor. Numa fase ampliada de estado de empatia, a pessoa poderá perceber que estando no lugar da outra talvez acabasse fazendo o mesmo que ela fez.

Eis a maravilha da empatia: entender e sentir para não julgar, pois se a pessoa ainda julga o seu semelhante não aprendeu a arte da empatia.

Desenvolver empatia é fundamental para quem quer sair do comportamento narcisista para a autoestima saudável.

Renunciar ao narcisismo consiste, num primeiro momento, aceitar que é narcisista. A pessoa precisa reconhecer-se como narcisista. Depois, deve ficar caracterizado que ela quer ser ajudada e realmente sair desse estado, modificando aspectos de sua personalidade através da ajuda especializada de um psicólogo ou psiquiatra. A pessoa precisa demonstrar prontidão para sua renúncia. Só assim será possível trabalhar a sua transformação.

Os narcisistas são sensíveis às mágoas. Não lidam muito bem com as críticas ou com derrotas.

Todos esses aspectos necessitam ser trabalhados nos narcisistas. Eles precisam entender que algumas derrotas e críticas fazem parte da rotina de aprendizagem sobre a vida humana. Todos erram e erram porque não aprenderam ainda. Quando aprenderem, não errarão mais. Para os narcisistas o aspecto de cometer erros é encarado como um fator de inferioridade e isso fere o orgulho que eles possuem. Por isso não admitem o erro nem próprio nem dos outros. São muito intolerantes nesse ponto.

Os narcisistas precisam atender aos chamados da simplicidade, da empatia e entender que um dia vão ganhar e em outro perder e que isso se chama viver.

Melhorando a autoestima

Uma das maiores dificuldades que as pessoas enfrentam, na vida, é ter uma baixa autoestima.

A autoestima tem uma importância enorme. Quando ela não está equilibrada, reflete, praticamente, em todos os aspectos da vida de uma pessoa. E é justamente por isso que merece atenção.

Cada um enfrenta os desafios do dia a dia da maneira como sabe ou como pode.

O modo como a pessoa age para enfrentar cada uma dessas situações depende de como ela se vê e de quem ela pensa ser.

A autoestima, geralmente, é pouco utilizada para se descobrir quem a pessoa é ou o que ela é capaz de fazer. No lugar disso utiliza-se a personalidade. Alguns se referem ao tipo de pessoa através da personalidade, quando querem descrever as características de alguém. Seria como se a sua identidade e potencialidade estivessem limitadas a aspectos da sua personalidade.

Não é a personalidade que determina como será a autoestima e sim o contrário, é a autoestima que determina como será personalidade de alguém.

É justamente nesse ponto que se pode identificar o grau de importância da autoestima na vida de uma pessoa. Ela pode determinar o sucesso ou fracasso de alguém.

Quando alguém tem uma baixa autoestima, seria como se essa pessoa se sentisse desencaixada do mundo em que vive, como se ela não tivesse sido aceita nesse mundo. Igualmente, sente que tem poucas possibilidades de ser aceita. Sente-se inadequada, como alguém que não merece ter o que tem ou não merece ser quem é.

A autoestima apresenta-se e é sempre avaliada na forma de grau. Uns têm mais, outros menos.

Por ser uma questão de grau, as pessoas podem subir ou descer nessa escala. Essa variação depende do pensamento, de forma que a pessoa mude o caminho dos seus pensamentos para mudar a posição da sua autoestima nessa escala.

O autoconhecimento é a estrada mais segura para desenvolver uma autoestima positiva.

Conhecer suas dificuldades e limitações o ajuda a entender no que precisa melhorar.

Conhecer suas virtudes e capacidade de realização o ajuda a entender no que é bom e onde e como pode empregar essas virtudes para sentir-se produtivo e elevar sua autoconfiança.

Conhecer-se também implica em aceitar-se como é. Quando a pessoa se aceita como é torna-se consciente de si mesma, ou seja, conhece as boas qualidades, bem como conhece também suas dificuldades e limitações.

Ter em mente que é capaz de melhorar a autoestima é abrir-se para a vida de forma plena. É dar-se o direito de viver com felicidade, crendo ser merecedor dela. A pessoa com baixa autoestima tem que lembrar que ela existe e toda existência merece felicidade e paz.

Ao desenvolver a autoestima, a pessoa torna-se muito mais capaz de viver a vida. Terá atitude de otimismo, mesmo diante das dificuldades. Será uma pessoa mais feliz consigo mesma e com o mundo. Será mais confiante nas suas decisões e no modo como enfrentará a vida.

Esses motivos são suficientes para indicar o quanto é importante se preocupar com a autoestima e que a atenção constante no seu desenvolvimento deveria estar entre as tarefas mais importantes na vida de uma pessoa.

Como a autoestima é um atributo que vem de dentro para fora, somente a própria pessoa pode tomar atitudes que fortaleçam a sua autoestima.

Ficar quieto, observando e esperando o tempo passar não ajuda em nada a elevação da autoestima.

É necessário agir.

A construção de planos e a realização deles ajudarão a pessoa a melhorar a autoconfiança e, consequentemente, elevar sua autoestima.

Crie algo para se ocupar. Planeje uma viagem ou um piquenique. Ajude alguém a preparar uma festa de aniversário ou de casamento. Planeje fazer um curso de artesanato ou profissionalizante. Manter-se ocupado com projetos e com metas, aplicá-los e ver o resultado, é primordial.

Os planos devem ser concretizados, mesmo que sejam pequenos como: pintar a porta de entrada da casa, consertar o portão, limpar o vaso de plantas, retirar o mato do jardim, ler um livro por mês, limpar e arrumar um armário ou gaveta, arrumar o guarda-roupa, jogar as coisas velhas fora, redecorar a sala de visitas ou o quarto, cuidar melhor das pessoas que vivem com você, dar atenção real aos filhos, mãe, pai, esposo e esposa.

Realizações simples irão provocar modificações muito profundas e positivas no reequilíbrio da autoestima.

O método apresentado é simples. Ele foca no processo de autoconhecimento e na criação de valor próprio, melhorando a confiança em si e, consequentemente, elevando a autoestima.

Ao iniciar um projeto e terminá-lo, sentirá orgulho disso. Perceberá que é capaz de realizar algo do começo ao fim.

Após isso, sentirá uma melhora significativa.

Se por acaso, você não conseguir realizar algum dos seus planos, não desanime. Tente novamente.

Lembre-se de que, de vez em quando, algumas coisas não saem exatamente como se quer. Isso serve para você perceber que a frustração existe e que se pode trabalhar esse lado também.

O fato de alguns planos, às vezes, não se realizarem, está relacionado ao processo de mudança a que a pessoa se propôs e que ainda requer algum esforço pessoal para ser realizado. Com o passar do tempo, verá que concretizar tais tarefas se tornará um hábito.

Vamos lembrar que a frustração faz parte da vida para testar nossos apegos e as nossas fraquezas. Quando uma frustração ocorre na vida de uma pessoa, principalmente daquela que está recuperando a autoestima, ela serve para testar sua inteligência e persistência na utilização do esforço pessoal para manter o nível de elevação da autoestima. Em outras palavras, não desanime caso os seus planos deem errado. Insista nele ou em outro que possa ser melhor.

A cada nova realização que puder concluir, a pessoa verá que sua autoestima recebeu uma nova carga e cada dia se sente mais animada. Dessa forma, frustrações podem ocorrer, mas são passageiras e fazem parte do processo de crescimento.

Cada passo em direção à elevação da autoestima faz com que o sentimento de desvalia se dissipe e fique mais fraco. Os pensamentos de desvalorização a respeito de si também ficam mais insignificantes até deixarem de existir.

Algumas pessoas relatam que depois de algum tempo nem se lembravam mais que tinham desânimo, depreciação pela vida e falta de propósitos. Até os que tinham ideias suicidas contam que elas desapareceram. Outras relembram essas ideias infelizes, mas as contam como um acontecimento que acreditam serem uma espécie de fase referente ao momento que viveram no passado.

Para os psicólogos, o tratamento psicoterápico para reequilibrar a autoestima de alguém vai além de convencer o paciente a criar uma lista de planos e ajudá-lo a concretizá-la. Apesar de que isso é possível e recomendável.

O psicólogo irá, junto com o paciente, procurar identificar os motivos que o estão levando ao rebaixamento da autoestima, o que, muitas vezes, não é uma tarefa fácil.

Enquanto o psicoterapeuta trabalha para identificar aspectos conscientes e inconscientes que o estão levando a ter uma baixa autoestima, o paciente por sua vez trabalha com projetos e planos para manter-se ocupado, permitindo-se sair do estado paralisante e deprimente em que se colocou.

Ocupado com alguma atividade, o paciente desliga-se do estado que lhe põe abaixo a autoestima. Isso dará um novo rumo aos seus pensamentos. Esse estado de suspensão irá proporcionar um alívio que o ajudará a renovar suas energias e aumentar o seu ânimo.

O processo de erguer a autoestima é muito útil para trabalhar os pensamentos, que precisam ser melhorados a cada dia.

O pensamento atrairá situações, pessoas ou coisas de acordo com a sua sintonia. Nesse caso, é prudente corrigir os pensamentos e direcioná-los para os projetos em que se torne atuante.

Quanto mais projetos conseguir realizar, mais paz interior e autoconfiança terá.

Os pensamentos bons irão atrair outras ideias e realizações boas, e assim por diante.

Quanto mais estiver no caminho do bem, mais situações positivas estará atraindo para si.

Deixar para depois

Deixar para depois ou adiar é o mesmo que procrastinar, que significa deixar para outro dia uma tarefa que pode ser feita agora.

Deixar para depois é um fenômeno corriqueiro na vida das pessoas, mais comum do que se pode imaginar. Muitos são os motivos pelos quais se procrastinam as atividades, quer sejam estas atividades diárias ou parte de um projeto de trabalho específico.

O que você está pensando?

Segundo o dicionário Michaelis, procrastinar vem do latim *procrastinare*, que significa *"transferir para outro dia; adiar; delongar; demorar; espaçar; protrair"*[3].

Deixar para depois ou procrastinar é um comportamento que, a princípio, não gera preocupações maiores, ou melhor, parece que não faz mal a ninguém. Parece inofensivo, mas pode disfarçar inúmeros problemas por trás de um simples adiamento de afazeres. A constância com que isso vem acontecendo no mundo moderno chamou a atenção de estudiosos da área da saúde mental com o intuito de explicar as causas desse comportamento.

A preocupação principal que a procrastinação desperta não está no fato de o indivíduo adiar compromissos simplesmente por serem menos importantes que outros. O problema surge quando ele adia tarefas que o irão prejudicar futuramente, ou seja, quando deixa para depois tarefas de maior urgência.

Essa tendência à procrastinação, quando identificada como padrão de comportamento do indivíduo, tem um reflexo prejudicial que acarreta perdas efetivas de credibilidade pessoal e comprometimento profissional e perdas financeiras por falta de pontualidade em compromissos com clientes, fornecedores e em negociações de cooperação com outras organizações. Perde também, quando adia compromissos com familiares e amigos, deixando para depois o passeio com a família, encontro com colegas, visita a parentes e amigos e outros eventos. Com o tempo, essa pessoa torna-se distante de todos e não percebe que o tempo passou tão depressa e agora não consegue mais resgatar o que foi perdido.

A consequência mais difícil de detectar é o dano à saúde mental do indivíduo que, muitas vezes, não apresenta sintomas de imediato.

O problema reside na associação dos acontecimentos com a procrastinação, ou seja, se acontece algo ao indivíduo e este procrastina uma decisão ou ainda adia uma atividade, ele acaba por associar uma situação ao adiamento. Esse fato é muito comum em crianças e pré-adolescentes que ainda manifestam problemas rela-

---

3 - Michaelis, 1998.

cionados com a apresentação de trabalhos escolares, que exigem uma exibição pública onde terão que falar para toda a sala. Se, por exemplo, um aluno nessas condições não for à escola no dia da sua apresentação, estará procrastinando a sua participação e com isso estará associando a situação de medo que teve de apresentar com a procrastinação. Dessa forma, ele terá feito uma associação em sua mente de que em momentos de apresentação em público ou qualquer tipo de exposição, ele precisará procrastinar para deixar de sentir a tensão e medo que isso lhe causa. Se essa situação se agravar, ele poderá estender a procrastinação a tudo que lhe apresentar tensão ou medo de exposição pelo resto da vida.

Uma das razões de deixar para depois suas tarefas pode ser por um ganho secundário no processo de adiamento. O ganho secundário significa que se ele adiar uma tarefa estará ganhando algo com esse comportamento, nem se for uma folga, um alívio para o medo que sentia.

Essa pessoa deixa para depois o que poderia ter feito naquela hora, usando como desculpa para explicar um possível mau desempenho. É como se ela dissesse para si mesma que poderia se sair melhor se adiasse aquela atividade.

Isso quer dizer que o indivíduo atrasou propositadamente, porque sabia que não iria desenvolver sua atividade de forma satisfatória aos olhos dos outros, por isso atrasa e depois se justifica dizendo que deveriam ter passado a tarefa bem antes do que foi realmente.

Estudos mostram que pessoas que deixam para depois, ou seja, as que procrastinam, costumam também adiar tratamentos de saúde como os para colesterol, diabetes, sobrepeso, obesidade e outros até mais sérios, colocando em risco a própria saúde.

Pesquisadores relatam que indivíduos que adiam trabalhos procrastinam deveres, retardam até mesmo as tarefas domésticas em torno de si, as mais simples como: arrumar a cama, pôr a roupa suja no cesto, arrumar as gavetas e armários, organizar o local de trabalho etc. Têm os mais altos níveis de estresse e muitos com sérios problemas de saúde se comparados às pessoas que realizam suas tarefas no instante em que elas surgiram.

Outro motivo associado à procrastinação é a aversão a determinadas tarefas.

O simples desinteresse e adiamento à realização de um determinado dever que não lhe agrada, faz do indivíduo um procrastinador, pois percebe que não será recompensado de imediato ou que simplesmente é algo que tem de fazer, mas não sente o menor interesse em realizar.

Em muitos casos existem outros afazeres que o interessam mais naquele momento. Esses afazeres despertam muito mais sua atenção e tem um peso maior na sua decisão.

Quando os indivíduos têm uma meta a ser cumprida e o prazo de término ainda está distante, a tendência a procrastinar é ainda maior.

À medida que o prazo limite está se aproximando, o indivíduo apresenta um comportamento de preocupação, atenção e comprometimento com a meta, pois a recompensa proveniente da tarefa ou a sensação de realização está próxima.

A procrastinação sempre esteve presente em todas as fases de desenvolvimento do ser humano. Mesmo no tempo em que a atividade agrária era dominante na evolução da humanidade, a pessoa corria riscos sérios de sobrevivência se fosse negligente com a época certa do cultivo. De certa forma, todas as atividades que dependem da natureza devem ter uma precaução extra nos limites estabelecidos por ela, pois a natureza não procrastina, não deixa para depois as suas realizações. Tomando-se, por exemplo, uma cidade que está precisando ter reformas na retenção ou no desvio da água pluvial, deve-se planejar as reformas em uma época em que as chuvas não precipitem em abundância, pois, caso contrário, irá atrasar ou prejudicar as reformas.

Como a Natureza não tem personalidade, não tem preferências nem interferências de ordem pessoal, não procrastina. Somente o ser humano as tem porque é de sua natureza ter, pois é movido por interesses e desejos ligados às suas preferências que estão ligados à sua personalidade, por isso procrastina.

A procrastinação, ou seja, o deixar para depois, acaba afetando e disparando alguns aspectos da personalidade e vice-versa.

A impulsividade é um dos aspectos da personalidade mais afetado quando a pessoa deixa para depois algo que precisava fazer naquele momento. Normalmente, a impulsividade acionada pela procrastinação não consegue proteger uma intenção de outra, ou seja, as pessoas põem os pés pelas mãos em algumas situações. Como exemplo: imaginemos uma família que está reunida para a comemoração do aniversário da avó. Brinca-se, canta-se e se confraternizam. Repentinamente, o tio mais velho se vira para o sobrinho adolescente e o repreende na frente de todos porque, na semana anterior, esse sobrinho passou por ele e não o cumprimentou, fingindo não o ver. Perceba que o motivo da reunião em família era a comemoração do aniversário da avó. Não era o momento de se tirar a limpo uma situação ou de se advertir alguém por algo ocorrido dias antes. O tio não resolveu o problema com o sobrinho logo de imediato ao ocorrido e deixou para depois e, por impulsividade, decidiu falar desse assunto no meio da comemoração do aniversário, criando um clima ruim.

A primeira intenção do tio foi comemorar o aniversário, sua segunda intenção era falar com o sobrinho a respeito do descaso que recebeu. A segunda intenção poderia ser deixada para depois, mas a sua impulsividade, acionada pela procrastinação, trocou a ordem das coisas e o fez dar prioridade ao assunto inapropriado para aquele momento. Ele acabou atropelando ou desvirtuando o motivo ou a razão pela qual a família estava reunida.

Outro aspecto da personalidade é a falta de conscienciosidade, pois acarreta a desorganização pessoal e na falta de zelo, deixando de lado o compromisso consigo mesmo ou com os outros. A falta de conscienciosidade é como se o indivíduo não tivesse consciência clara do momento que está vivendo e paira seus pensamentos no "mundo da lua". Ele não está atento ao que ocorre ao seu redor, vive nos próprios pensamentos e não toma consciência do acontecimentos que o cercam.

No âmbito universitário, no qual as atividades são muitas vezes impostas e sempre acompanhadas de limite de tempo para a execução da tarefa, os alunos encontram sempre alguma desculpa para adiar tais atividades sem justificativa aparente. O que estariam pensando? Quais desejos e interesses estariam ocupando as suas mentes?

A procrastinação tem como definição principal a delonga em resolver algo pendente, deixar para depois, adiar.

A procrastinação faz confronto com o imediatismo que quer as coisas resolvidas para ontem e deixa para que sejam resolvidas amanhã ou depois. São dois extremos. O bom senso nos diz para agirmos com equilíbrio, pois todo extremo é prejudicial.

Se a pessoa tem algum trabalho para realizar como, por exemplo; um professor que tem, em sua agenda, o compromisso de fazer uma palestra para alunos do primeiro ano do curso de engenharia mecânica marcada para daqui há um mês, significa que ele tem, pelo menos, três maneiras de se preparar:

Primeira – é a do imediatismo, a qual o professor já começa a desenvolver o tema e a escrever sobre ele, bem como montar os *slides* que irá apresentar e de que forma e em que ordem irá abordar a questão.

Segunda – é a do procrastinador, o qual irá relaxar, pois ainda tem um mês pela frente e não precisa esquentar a cabeça, quando faltarem uns dois dias para terminar o prazo ele decide estudar e desenvolver o assunto.

Terceira – é o uso do bom senso e de planejamento, o qual o professor pensa no tema e consegue, pela experiência, saber quanto tempo demora para desenvolvê-lo, criando um plano de pesquisa escrita e criação de *slides* dentro de um cronograma apropriado.

O fato de se usar a terceira opção como ideal é porque o imediatismo não permite que o que se está fazendo tenha uma participação maior da mente criadora, pois se o professor resolver fazer tudo num dia só, ele não dará oportunidade para que a mente inconsciente o ajude de uma forma a atrair textos e situações que possam agregar muito mais valor a sua palestra, pois, ao longo desse um mês, pode chegar às suas mãos algum material que irá fazer muita diferença no que irá falar ou escrever e isso poderá ser de grande valia. O mesmo se dá com a procrastinação, pois se deixar tudo para a última hora, não terá tempo para trabalhar os textos que se somaram ao seu material e terá de fazer tudo correndo e com baixa qualidade.

Assim como o imediatismo é radical, a procrastinação extrema também o é.

Um adiamento estratégico pode ser de grande valia para realizar qualquer coisa, pois soluções para diversos problemas podem se tornar muito mais completas e podem ser concretizadas de uma forma bem mais inteligente e com menos esforço, quando se sabe utilizar esse adiamento a seu favor.

O deixar para depois, o adiamento ou a procrastinação está relacionada à administração do tempo, e quando isso está em jogo somos os piores inimigos para nós mesmos, pois as pessoas, em sua maioria, acabam por sabotar o tempo e praticam a procrastinação de forma a esconderem alguma coisa, algo que as incomoda de forma geral.

Apesar de concentrar-se no lado negativo, a procrastinação apresenta um lado positivo quando se fala em termos de adaptação da pessoa a um determinado ambiente ou situação.

Diante de algo novo na vida de uma pessoa, ela tem o bom senso de adiar decisões a fim de se favorecer para que possa se ambientar melhor. Um exemplo claro disso é quando alguém está em um emprego novo e necessita aprender todos os costumes e afazeres na nova empresa. Por ser nova em determinada função ou locação, ela não vai desafiar a organização precipitando-se em algo que ainda não domine ou que ainda não aprendeu direito. O bom senso preza que vá devagar para não cometer erros e terminar por ser demitida.

Algo que pode ser sentido também pela maioria das pessoas é o fato de que deveriam fazer uma coisa, mas, por força da procrastinação, adiam a execução da tarefa principal para a execução de outra. Porém o sentimento de culpa se instala quando a pessoa percebe que está enganando a si mesma.

O fato de as pessoas adiarem algumas tarefas resume-se ao aspecto de que a outra tarefa lhe dará uma recompensa mais rápida do que a primeira. Imagine o exemplo de um aluno universitário que resolve estudar diante do computador, e quando este aluno está estudando algo complicado e sério, muitas vezes é assolado por um desânimo e uma tentação muito forte de se desviar da tal tarefa e resolve impulsivamente entrar na internet para ver vídeos engraçados, saber do resultado dos jogos de seu time ou ainda ver seus e-mails etc. Ele resolve ver tudo o que não está ligado à sua atividade principal, que é estudar. Acaba se desviando da tarefa principal justamente porque considera que entrar na internet e acessar os seus contatos é muito mais prazeroso. Isso lhe oferece uma recompensa imediata e proporciona uma satisfação para aplacar o tédio. Fazer isso é enganar-se.

O problema desse aluno exemplo está se tornando muito comum hoje, e o fato de as pessoas estarem desviando-se de suas atividades prioritárias está atrelado ao mundo moderno do entretenimento onde a distração e o exercício do prazer é diário e constante. Portanto, nesse mundo interativo as pessoas vão sentir prazer em tudo menos em trabalhar ou estudar.

Veja o que o astronauta brasileiro Marcos Pontes tem a dizer da procrastinação:

A questão é por que tendemos a adiar certas tarefas e outras não? A raiz do problema é relativamente simples de entender. Todo ser humano busca instintivamente por menos medo, mais prazer, menos ansiedade e menos gasto de energia em todas as suas atividades. Geralmente, as duas primeiras razões (medo e prazer) são usadas em nossas justificativas mentais para escolhermos o que devemos fazer agora, enquanto as duas últimas (ansiedade e energia) motivam o adiamento de tarefas.[4]

Dando razão ao comentário do astronauta brasileiro, e com base nisso, podemos complementar que o ser humano, com muita facilidade, decide pelo que mais lhe convém e isso nem sempre é o correto. Principalmente, quando o assunto é projeto pessoal, como: fazer por completo um trabalho escolar, iniciar a prática de exercí-

---
4 - Pontes, 2010.

cios físicos, iniciar uma reeducação alimentar, tomar decisões, assumir responsabilidades, abandonar um vício, assumir emoções e sentimentos, decidir carreira profissional entre outros.

Por que fazemos isso?

Por medo de assumirmos responsabilidade ou por experiências anteriores cujos resultados não foram bons ou por simples acomodação na zona de conforto.

As pessoas se tornam procrastinadoras por conta das perdas que sofrerão ao tomarem determinadas atitudes. Vejamos o exemplo: alguém decide equilibrar o seu peso perto do ideal. O que terá de fazer? Ginástica, caminhadas, natação, mudar a alimentação, comer menos carboidratos e comidas pesadas e com gorduras, trocar os elevadores pelas escadas. O que ela está perdendo? Comodismo, prazer de comer tudo o que é gostoso, tempo ocioso, o conforto de um sofá macio por mais tempo, horas a mais de sono, a praticidade e rapidez do elevador. Daí ela observa o que está perdendo e se sente sofrida. Pensa se vale o sacrifício. Para que tudo isso? Nesse caso, o sentimento de perda, para ela, é grande. Então essa pessoa adia a decisão de iniciar essa mudança.

Outro fato da procrastinação é a satisfação de algum tipo de prazer, como por exemplo: estudar ou sair com os amigos? Essa decisão provoca na pessoa uma reação em cadeia. Começa a fazer julgamento de valores a respeito do que vai perder em um ou em outro caso. Se ela tiver características procrastinadoras, irá, sem dúvida alguma, sair com os amigos, pois esse fato proporciona mais prazer e diversão a ela do que estudar.

O medo é outro aspecto que provoca a procrastinação. Muitas pessoas adiam a coleta de exames de sangue ou a ida ao médico por saberem que o que irão fazer lá está longe de ser agradável e prazeroso. Por medo acabam deixando para depois o que deveriam estar fazendo agora. O mesmo se aplica a pessoas que passaram por experiências ruins e tiveram muito medo. Na iminência de vivenciarem aquilo novamente, já dispara um mal estar e o medo se aproxima para fazê-la lembrar-se do que passou da outra vez e a leva a decidir pela procrastinação.

O que você está pensando?

A procrastinação não é uma doença, é apenas um comportamento que está encobrindo algo. As pessoas procrastinam porque sentem prazer em fazer outras coisas ou por estarem com a sensação de perda de algo quando, na verdade, precisam se decidir na vida.

Todas as pessoas do planeta foram, são ou serão, um dia, procrastinadores. Isso é fato. O que as pessoas precisam entender não é o simples fato de estarem procrastinando, mas por que o estão? O que as pessoas querem encobrir com a procrastinação? O que elas querem esconder com isso?

Muitos procrastinam por medo do sucesso, assim como também existem aqueles que procrastinam por medo do fracasso.

Muitas pessoas ficam apreensivas só de pensar que serão julgadas pelas outras e ficam preocupadas com o que os outros pensam a seu respeito. Essa inquietação se torna um desconforto tal que ela acaba disparando pensamentos de fracasso que terminam atraindo situações às quais ela irá fazer jus ao seu próprio julgamento.

Com os pensamentos persistentes no fracasso, as pessoas começam a atrair para si uma série de insucessos e assim não ficam satisfeitas consigo mesmas nem com as coisas que realizam.

Se esses pensamentos persistirem, essa pessoa passa a atrair situações de descaso e começa a faltar com os seus deveres no serviço, na escola. Não entrega os trabalhos em dia e acaba se colocando numa posição de incompetente para, justamente, evitar a dúvida que se cria diante do julgamento dos outros.

O mesmo se dá com pessoas que têm medo do sucesso. Ao vislumbrarem que, em breve, receberão uma promoção e irão assumir um cargo de chefia na empresa, sentem um medo que as abala. Isso é porque ocupam um estado na zona de conforto que não querem abandonar. Por essa razão acabam cometendo erros graves para, justamente, não serem promovidas.

Isso não é feito de forma consciente, planejada. Acontece inconscientemente, pois a pessoa sabia que, se fosse promovida, teria de sair da sua zona de conforto para enfrentar situações nunca experimentadas, nas quais teria de se aplicar e se empenhar demais para conseguir atingir um grau de competência à altura da exigência do cargo. Ela percebe que isso lhe custaria horas de sono e lhe traria perturbações e inquietações. Sentindo isso, começa a gerar uma série de pensamentos desarmoniosos que inicia a atração de situações que irão tirá-la desse sufoco e irão fazer com que as pessoas percebam que ela não serve para o cargo que está sendo cogitado. Inicia-se o processo de autossabotagem, no qual a própria pessoa provoca situações de desaprovações de forma geral e desagrada a maioria, atendendo o seu inconsciente para fugir daquela situação.

Muitas pessoas que passam por esse processo ficam se perguntando por que não conseguiram ser promovidas ou não cresceram na carreira ou nos estudos. Inconscientemente, sabem a resposta. Elas não venceram o medo de sair da zona de conforto ou não conseguiram vencer a si mesmas.

Como todos os outros transtornos ou neuroses, a procrastinação tem o seu efeito com base no mal que causa. Assim, dependendo do grau em que está instalada, a procrastinação irá proporcionar um sofrimento à mesma altura. A definição e a diferença entre uma procrastinação leve e de uma mais grave estará ligada ao grau de desconforto sentido pela pessoa após ter procrastinado.

A procrastinação e os pensamentos automáticos

A Psicologia é uma ciência única que se apoia em vários métodos ou abordagens de psicoterapia para atingir o seu propósito de ajudar e trazer bem estar às pessoas que procuram os seus serviços.

Assim como existe uma variedade muito grande no que se refere à personalidade, as abordagens ou métodos foram criados para atender essa diferença e ajudar as pessoas a se cuidarem de uma forma mais apropriada ao seu modo de ser.

Quando se fala em pensamento e o modo como as pessoas veem as situações ou, mais propriamente dizendo, o modo como interpretam e classificam de bom ou de ruim o que lhes acontece, isso está ligado ao seu pensamento a respeito de tudo.

O que você está pensando?

A abordagem ou método Cognitivo Comportamental está baseado nas crenças e no modo de pensamento das pessoas a respeito da sua vida e de como ela se ajusta a tudo o que lhe ocorre. Essa abordagem é formada por planos e teorias bem desenvolvidas para atender e orientar os pacientes sobre os princípios da cognição, que é o pensamento, e de que forma eles afetam os comportamentos e as emoções das pessoas.

De acordo com as bases da terapia cognitiva, a ideia de que a pessoa faz de um acontecimento exibe o que ela sente, entende e como se comporta de acordo com o ocorrido. Ao passo que se entenderem e pensarem de forma diferente em determinada situação, os seus sentimentos e suas emoções percebidos também serão diferentes.

Nesses termos, pode-se afirmar que a Teoria Cognitivo Comportamental tem como ideia básica a análise interpretativa que o indivíduo faz da situação vivida e que, dessa forma, tem como resultante uma gama de sentimentos e de comportamentos oriundos dessa interpretação.

Como os pensamentos determinam o estado emocional de uma pessoa, é muito interessante que seja abordada a questão do pensamento automático.

Os pensamentos automáticos, como o próprio nome diz, são pensamentos que surgem a partir de preconcepções do indivíduo. Eles aparecem na mente no momento em que se vivem situações, das mais diversas, ou enquanto se têm lembranças.

Vamos simular um exemplo: um adolescente entra na sala de aula, no primeiro dia no Ensino Médio, e se depara com um professor de Física que se parece muito com seu pai. Ao se lembrar do pai, recorda que ele é muito rígido e controlador. É nesse momento que surge um pensamento automático de que o professor será igual a seu pai. Esse pensamento irá direcionar o comportamento do adolescente com relação ao professor, ou seja, ele poderá agir com o professor de uma maneira semelhante a que age com seu pai, que poderá ser boa ou não. O professor, sem entender, será uma vítima dos pensamentos do jovem, e o jovem, por sua vez, não entenderá muito bem porque age daquele jeito com o professor. Isso tudo se deve a pensamentos automáticos que o rapaz teve.

Para se desfazer um pensamento automático, nesse caso, é fundamental não se ter ideias preconcebidas a respeito das pessoas. Primeiro é preciso conhecer a si mesmo e depois conhecer os outros, a fim de entender a forma como está se relacionando com eles. Em casos assim, é necessário ficar claro para o adolescente que o professor não é o seu pai, que é uma pessoa com ideias e valores diferentes.

Quando não conhece a si e não conhece o outro, pode ocorrer o fenômeno de transferência, isto é, o aluno de Ensino Médio transfere as atitudes do pai para com ele na figura do professor, acreditando que o professor de Física agirá como o seu pai.

É muito importante conhecer esse conceito básico, porque, às vezes, pode-se fazer uma transferência para o outro. A pessoa sente como se a situação do passado estivesse voltando à tona e se repetindo.

Por isso é necessário que as pessoas conheçam a si mesmas, para poderem distinguir se estão fazendo um processo de transferência ou se estão sendo invadidas por pensamentos automáticos e tirando conclusões precipitadas das situações.

O procrastinador está preso a pensamentos automáticos que são sustentados por crenças desadaptativas, desajustadas, tornando-os vítimas destes, de forma a reproduzirem um padrão comportamental problemático e limitador cujas consequências podem chegar ao desenvolvimento de quadros depressivos ou ansiosos.

Os pensamentos automáticos modificam o comportamento das pessoas e também suas emoções. Muitas vezes, eles podem fazer com que se sintam desconfortáveis e que evitem, futuramente, sentirem-se assim. Portanto, procrastinar situações que lhe tragam mal-estar torna-se uma forma de se proteger contra esse incômodo.

Portanto, adiar compromissos ou tarefas que precisam ser feitas aumenta a quantidade de pensamentos relativos ao que se tenta evitar, adiando.

Os medos e as ansiedades que envolvem esses pensamentos podem atrair situações embaraçosas em vez de evitá-las.

A procrastinação e a recorrência

É muito comum vermos pessoas falarem de situações que vivem acontecendo repetidamente com elas. Relatam que não demora muito e o mesmo fato volta a ocorrer.

A essas circunstâncias ou situações que vivem se repetindo podemos denominar *recorrência*, justamente porque são ocorrências que voltam a acontecer.

Essas recorrências não se apresentam numa data definida previamente, elas acontecem por motivos de atração pelo pensamento.

Antes de se aprofundar nesse assunto, convém falar de algo bem importante.

Muitos filósofos, desde que o mundo é mundo, levantam questões ou filosofam sobre a razão da existência do ser, ou seja, por que existimos?

Tem-se muitas variações de respostas para essa questão e uma delas, a que podemos, invariavelmente, ressaltar, na Filosofia, é que existimos porque "Alguém" ou "Algo" nos criou.

Independentemente de "Quem" nos criou, podemos afirmar que fomos criados para uma coisa ou por uma razão: Evolução.

Temos de evoluir. Necessitamos evoluir.

Evolução é superação, crescimento. Isso significa também felicidade ou deixar de sofrer.

Quando sofremos intimamente, é sinal de que necessitamos ainda evoluir, seja em pensamentos, atitudes, sentimentos, emoções, para deixarmos de ser submissos, ou conhecermos o nosso potencial ou sabermos o quanto o nosso orgulho ou vaidade atrapalha, entre outras coisas.

Essas situações repetidas voltam a acontecer porque elas precisam ser resolvidas. E, no momento em que forem superadas, deixarão de incomodar ou de trazer sofrimento. Em outras palavras, quando uma pessoa toma uma atitude e resolve uma situação e, depois disso, aquilo não a faz sofrer mais, ela pode dizer que evoluiu.

A dificuldade em lidar com situações difíceis e recorrentes é o que faz uma pessoa sofrer. Ninguém nasce sabendo lidar com os seus problemas, é preciso aprender isso de alguma forma e são as situações recorrentes que nos ensinam ou nos mostram como precisamos agir.

Normalmente, o indivíduo que não sabe lidar com determinada situação acaba abandonando-a em sua mente, através da mudança de pensamento ou de comportamento.

Dessa forma, a mente inconsciente dispara recursos de atração, provocando o surgimento de situações e circunstâncias semelhantes à situação não resolvida a fim de que a consciência tome uma atitude, resolva e trate adequadamente o assunto.

Muitas pessoas dizem: *"isso vive acontecendo comigo!"*, *"eu sou vítima de situações assim, já era de se esperar!"*, *"eu sempre arrumo namorados muito parecidos e eles fazem sempre a mesma coisa"*.

Enquanto essas pessoas não resolverem suas questões, o seu inconsciente irá atrair esses acontecimentos que irão tornar a acontecer até que elas aprendam a lidar com as situações, resolvendo-as definitivamente. Depois de tudo resolvido, irão recordar e falar de tal acontecimento como uma lembrança distante, que ficou para trás, sem grande significado emocional.

Quando a pessoa não toma uma decisão ou atitude para resolver uma situação recorrente, ela está procrastinando, adiando, deixando para depois a resolução dos seus problemas. Com isso, ela sofre e deixa de evoluir.

Em muitas circunstâncias, lidar com situações difíceis requer o acompanhamento de um profissional preparado na área da saúde mental.

Um problema emocional mal resolvido, muitas vezes, pode dar origem a um outro ainda maior.

Lembrando também que conversas com pessoas não habilitadas para lidar com assuntos de nível emocional, mesmo sendo parentes e amigos, podem levar a grandes erros ou enganos, pois essas pessoas próximas têm opiniões carregadas de emoções e estão, inconscientemente, inclinadas sempre em favor delas mesmas.

Amigos não têm a responsabilidade de oferecer "conselhos" que nos encaminhem para soluções acertadas. Se um amigo nos orientar de forma errada e agirmos conforme foi aconselhado, será problema nosso.

A procrastinação e seus efeitos na saúde mental e física do indivíduo

Pode acontecer de alguém dizer: "não faz mal eu ser um procrastinador. Tudo que eu faço sempre deu certo, mesmo eu sendo assim." Se tudo que essa pessoa fez sempre deu certo e ela se sai bem, é bom ressaltar que essa pessoa poderia ser bem melhor do que é. Além disso, existe problema sim, quando deixamos tudo para depois.

A procrastinação, apesar de ser tratada como se fosse algo apenas cultural ou um hábito de pessoas desavisadas, tem por consequência uma série de fatores que podem prejudicar o indivíduo tanto na questão mental quanto física.

A procrastinação pode se tornar prejudicial de forma leve ou mais grave.

Na forma leve, por exemplo: os juros pelo atraso do pagamento de um boleto escolar, o carro que ficou no meio da avenida por falta de combustível ou a nota baixa devido à entrega de um trabalho escolar atrasado.

Não sendo suficiente para que a pessoa se corrija, ela vai se acostumando a procrastinar tudo, passando para a forma mais grave da procrastinação que podemos citar como exemplo: a perda do emprego por chegar atrasado ou ainda por não entregar os projetos na data específica, resultando em prejuízos financeiros; falta com deveres e compromisso com cônjuge ou com os filhos no lar, que implicará consequências sérias, causando abalo em sua vida conjugal, podendo até chegar ao divórcio. Essas faltas são as típicas tarefas que deixam de ser cumpridas como: a roupa suja acumulada para lavar, o não preparo da alimentação adequada, a acumulada bagunça da garagem, os pequenos reparos que uma residência precisa, os passeios não realizados, o desleixo pessoal etc.

Além das consequências externas, que são percebidas com prejuízos materiais e abalos nos relacionamentos, existem também as internas, que podem variar de sentimentos leves de chateação ou incômodo emocional, até um intenso sentimento de culpa ou desespero, incapacidade, tristeza, pânico, depressão, sensação de nunca estar livre para aproveitar a vida.

Apesar da pessoa procrastinadora exibir-se bem, mostrar-se capacitada, desempenhar bem suas tarefas, parecer bem-sucedida, as consequências internas da procrastinação resultam em grande peso que ela parece ter de carregar e a impossibilita de experimentar satisfação e confiança na vida.

Dessa forma, pode-se perceber que a procrastinação não é algo tão simples de lidar. Existem casos em que a pessoa se acostuma a procrastinar, a deixar tudo para depois e, se esse costume se agravar, pode se tornar um vício.

A evolução da espécie humana foi acompanhada pelo medo, que é uma emoção natural. Foi ainda um dos maiores responsáveis pela sobrevivência humana. O medo é considerado um "primo-irmão" da ansiedade. A diferença básica entre eles é que o medo é específico e tem um objeto como alvo, já a ansiedade é generalizada (medo de quê?). O problema, contudo, é o homem que passou a ter medo de vir a sentir medo e, dessa forma, evita situações que são capazes de amedrontá-lo. Surge aí um medo antecipado que o tira do convívio social, deixando, muitas vezes, marcas profundas e persistentes na consciência humana, devido ao seu enorme peso. E dessa forma reflete no psiquismo: nos conflitos, nos complexos, na memória, no comportamento, nas atitudes e no sentimento. Quando os medos são persistentes, resultam em fobias, que levam os indivíduos a evitarem objetos ou satisfações que desencadeiem a crise fóbica e apresenta, nessas situações, ansiedade intensa sempre acompanhada de sintomas autossômicos (nervosismo, fadiga, dores no peito, sudorese etc)[5].

Nesses termos, verifica-se que o medo e a ansiedade perseguem a evolução humana, em um momento a protege e em outro a destrói. Pode-se, assim, estabelecer vinculação aos motivos da

---

5 - Ballone, Ortolani & Neto, 2007.

procrastinação relacionados ao medo de falhar. A pessoa tem medo de falhar e por isso ela procrastina. Bem como na ansiedade. Por conta da ansiedade a pessoa sofre bem antes da falha ocorrer. Antes de ela fazer algo, acredita, piamente, que existe uma ameaça "no ar" e, como consequência, ocorre o desenvolvimento dos sintomas psicossomáticos típicos das crises de ansiedade, já descritos no capítulo destinado a esse tema.

A ligação da procrastinação com a Ansiedade, a Depressão e o Estresse são evidentes e apontadas por vários estudiosos da área da saúde mental.

Tive a oportunidade de conversar com o Dr. Timothy A. Pychyl, Ph.D. da Universidade de Carleton, em Ottawa no Canadá, e membro do *Procrastination Research Group* – Grupo de Pesquisa em Procrastinação.

Fiquei surpreso e muito satisfeito ao saber, pelo Dr. Pychyl, que a procrastinação é um tema de tamanha importância para estudo no Canadá que até foi criado um grupo específico de pesquisa sobre a procrastinação associado ao Departamento de Psicologia da Universidade de Carleton. O foco desse grupo é estudar única e somente a questão de por que as pessoas deixam seus deveres para fazerem depois e as consequências disso em suas vidas, ou seja, eles pesquisam sobre a procrastinação, as suas causas e os seus efeitos nocivos na vida das pessoas. Minha satisfação ocorreu pelo fato de esses estudos virem ao encontro, positivamente, de minhas análises investigativas, meus estudos e suspeitas, que serão relatadas a seguir.

Logo os primeiros estudos levaram à conclusão de que a procrastinação tem efetiva ligação com a Depressão, com a Ansiedade e com o Estresse. Isso é bem lógico de se afirmar, tanto que motivou a criação desse grupo de estudo devido aos males que o adiamento ou procrastinação causa na vida e na saúde das pessoas.

Tudo nos faz crer que uma coisa leva à outra. É como no ciclo vicioso. A pessoa procrastina, fica sobrecarregada e se leva à Depressão. A Depressão, com todos os seus malefícios psicológicos, incluindo a baixa disposição, leva a procrastinação de outros deveres ainda.

Uma coisa agrava a outra. O indivíduo fica procrastinando não só os deveres materiais como: colocar a casa em ordem, pôr gasolina no carro, chegar no horário ao trabalho etc., mas também procrastina os deveres emocionais como: saber dizer "não", tomar uma atitude a fim de não se ver prejudicado ou incomodado por alguém que o perturba muito, decidir um problema de ordem afetiva, ter postura de enfrentamento diante de situações que requerem um posicionamento mais firme, fazer as cobranças sobre os deveres de cada um para não se sobrecarregar com o que é dever dos outros.

Assim como na ansiedade, o indivíduo fica ansioso por ter alguns trabalhos a fazer. Se ele é procrastinador, sente-se sobrecarregado. Acha que não vai dar conta de tudo e sofre crises de ansiedade acompanhadas de sintomas psicossomáticos, já mencionados em capítulo referente a esse assunto, levando-o ao estresse por consequência de tarefas pendentes. Normalmente, o indivíduo ansioso não sabe dizer "não" ou procrastina dizer um "não" a alguns trabalhos que lhes são solicitados, aceitando os que aparecem ou lhe são impostos. Por serem muito voluntariosos ou solícitos, alguns trazem para si tarefas que não são de sua obrigação e as realizam mesmo assim, sobrecarregando-se. Consequentemente, adiam outras para atender às novas solicitações e a ansiedade nunca acaba.

As pessoas com ansiedade possuem um aspecto importante que atua em suas emoções: a atenção seletiva. Nesse aspecto, a pessoa com ansiedade seleciona acontecimentos e pontos de atenção que irão confirmar seu estado de ansiedade ignorando outros acontecimentos, ou seja, procrastinam outros acontecimentos de sua vida, quer sejam de ordem material ou emocional, resultando num acúmulo de pendências. Esse ciclo vicioso só contribui para o aumento do seu estado ansioso.

Meus estudos me levaram a crer que é quase impossível existir depressão, ansiedade e estresse de causas emocionais sem a prática da procrastinação, quer seja essa procrastinação de ordem material ou emocional. Nunca vi essa afirmação em outro lugar, mas todas as análises investigativas a respeito desse assunto me fazem crer nessa afirmação.

Alguns podem questionar sobre a procrastinação, por exemplo, como causa de Depressão por perda de pessoa querida, que é uma Depressão de fundo emocional.

A depressão por perda de um ser muito querido é um estado de luto que, embora triste e muito sofrido, pode ser considerado normal. A ausência de alguém nos provoca dor. Porém, em caso de prolongamento, pode-se estudar o caso e verificar alguma espécie de procrastinação envolvendo a ligação da pessoa em Depressão com aquela que se foi.

Por exemplo: uma mulher perde o marido e entra em depressão. O período de luto, de tristeza profunda que haverá depende dela e é normal. No entanto, se houver, nos sentimentos dessa mulher, a ideia consciente ou inconsciente de que ela procrastinou algo que esteja ligado com aquele que se foi, ela sofrerá com isso até descobrir e entender o que aconteceu e, de alguma forma, compensar isso.

Vamos explicar melhor, supondo acontecimentos:

Nádia é uma mulher casada há mais de vinte e cinco anos. Ótima mãe, esposa e dona de casa. Repentinamente seu marido faleceu e ela entrou em depressão. Sua vida perdeu a cor. Perdeu o brilho. Nada mais faz sentido. Passado algum tempo, Nádia ainda não se recuperou da tristeza profunda e continua sem motivo para viver.

Nesse caso, a pessoa pode sofrer por remorso, e remorso é um sintoma de procrastinação, pois a pessoa deixou para depois alguma demonstração de sentimento, ajuda ou presença. Ela não disse que amava ou o quanto gostava do outro. Ela não ajudou a fazer algo que seria simples ou não estava ao lado quando a outra pessoa precisou e, se ela tivesse se esforçado um pouquinho, conseguiria estar lá. É daí que vem o sentimento, consciente ou inconsciente, de remorso, que dói, machuca e até deprime.

Nádia, no entanto, tratou muito bem seu marido. Sempre foi ótima esposa, mas não disse, talvez, o quanto ele era importante para ela, não fez alguns de seus gostos, deixando isso para depois, ou seja, procrastinou sentimentos.

Nádia sempre se dedicou à casa, ao marido e aos filhos, mas adiou o seu próprio desenvolvimento e crescimento pessoal. Ela procrastinou a si mesma.

Nessas alturas da vida, com mais de vinte e cinco anos de casada, os filhos já sabem se cuidar sozinhos, e com a ausência do companheiro, ela sente que a vida terminou. Não tem mais nada para fazer. Por não ter investido em si mesma, por ter procrastinado a própria evolução, não sabe o que fazer agora.

Nós podemos perceber, nitidamente, que Nádia procrastinou duas coisas importantíssimas: deixou para depois o crescimento pessoal e adiou algumas palavras de carinho e amor ao seu esposo.

Sua vida vai tornar a ter sentido quando ela entender que sempre é tempo de investir em si mesma e o momento é agora! E quanto a ter adiado alguma frase carinhosa, foi por não ter encontrado o momento certo e, talvez, ela tenha dito de outra forma sem as palavras planejadas.

Vejam, essa é uma suposição bem grosso modo. A vida é muito mais do que isso. Muito mais detalhada, minuciosa. Sentimento é algo muito extenso, expresso de várias maneiras, e cada caso é muito particular. Porém, é possível, sim, uma pessoa querer e libertar-se da depressão quando ela se entende. Entende o momento e enxerga sua própria capacidade.

Nádia, usada nesse exemplo, pode aprender a se trabalhar para não cometer a mesma falha. Conhecer-se e descobrir seus potenciais. Com relação à morte, é necessário entender que iremos sair desta vida exatamente como entramos nela: sozinhos.

Embora vivamos juntos, precisamos desenvolver habilidades e competências individuais. Somos seres únicos e muito importantes para o mundo, para a humanidade, pois, quando você melhora, o mundo fica melhor. Por essa razão, devemos nos valorizar.

Assim são muitos outros casos, cada qual com sua particularidade, porém, envolvendo a procrastinação. A pessoa sempre deixa algo para fazer depois e isso, de alguma forma, prejudica-a.

O indivíduo com depressão, com ansiedade e estresse de ordem emocional precisa descobrir o que, ou melhor, quais são as procrastinações que vêm realizando em toda a sua existência. Se elas são de ordem material ou emocional e aprender um meio de equilibrar-se e de harmonizar-se, não repetindo os mesmos comportamentos que o fazem permanecer nesse estado. Isso ele pode e vai conseguir quando tomar a atitude de se dispor à psicoterapia com profissional qualificado, com formação acadêmica na área de Psicologia.

Como já foi dito, conselhos e sugestões de parentes e amigos não têm a mesma visão clínica de um psicólogo e pode vir carregado de sentimentos e enganos.

O fato da ligação da procrastinação ao estresse dispara um alerta médico, de proporções ainda piores, no que tange à vulnerabilidade.

Dada a ligação entre a procrastinação, ansiedade, depressão e estresse, e dependendo do nível de estresse que a pessoa se expõe devido ao grau sentido por ela na procrastinação, irá disparar todos os sistemas de defesa do organismo, podendo alterar o Sistema Nervoso, Endócrino e Imunológico.

Uma vez afetado o sistema imunológico, todos os outros ficam comprometidos, associando-se a alterações nervosas e endócrinas às alterações de estado de humor que afetam a ansiedade e depressão. Todas ficam vitimadas pelo estresse, que causa prejuízos enormes à saúde integral da pessoa, tornando-a vulnerável a outras doenças.

Antídoto para a procrastinação

Depois das considerações anteriores, pode-se perceber que a procrastinação não é somente um ato de má vontade ou de preguiça de uma pessoa. Ela é muito mais do que isso, pois muitos problemas podem estar associados a "tal" atraso em fazer as coisas ou de deixar para depois.

O antidoto para a procrastinação será de igual complexidade, devido ao fato de que a pessoa, ao combater a procrastinação, estará enfrentando os seus medos, temores, males, transtornos, complexos e desinteresses para, então, mudar o comportamento de procrastinar em sua vida.

Procrastinar significa adiar, mas por que a pessoa está adiando? Essa é a pergunta primordial para se resolver a questão.

Caso a pessoa não consiga responder por si, deve procurar ajuda com um psicólogo para poder traçar o seu perfil procrastinador e identificar causas conscientes e/ou inconscientes que estejam resultando na procrastinação.

Muitos possuem características de procrastinação em diferentes áreas, pois ninguém é um procrastinador geral, ou seja, ninguém procrastina em todas as áreas a toda hora em todos os lugares. As pessoas procrastinam porque possuem um motivo e esse motivo, provavelmente, esteja agrupado em áreas como:

- Família (cônjuge, filhos e parentes);
- Trabalho (pares, subordinados e chefes), tipo de trabalho;
- Participação social (amigos, namorado(a)), (relacionamentos);
- Financeiro / econômico (quanto ganha/gasta);
- Saúde (física, psicológica e religiosa/filosófica);
- Escola (cursos, universidade), (aprendizagem).

Dentro de um desses aspectos, a procrastinação da pessoa estudada estará concentrada. Dessa forma, já é possível identificar o foco ou área causadora da procrastinação.

Se, por exemplo, a pessoa procrastina, ou seja, demora a fazer algo para a esposa, esposo, filhos ou parentes, é porque existe um problema de relacionamento: mágoa, estresse, desgaste, mau entendimento, orgulho, submissão, autoritarismo, medo, lealdade, deslealdade etc.

O passo seguinte é descobrir com quem a pessoa tem problemas e quais dos citados estão sendo usados pelo procrastinador. Isso é importante saber, diria, fundamental.

Em muitos casos, algumas pessoas são procrastinadoras com os filhos, porque os consideram "folgados" e que, um dia, irão embora e nem se lembrarão de seus pais. Esse medo do abandono dos pais pelos filhos é mais comum do que parece e que, por erro interpretativo dos pais, eles consideram um comportamento de indiferença por parte dos filhos e seu abandono é uma afronta e um desrespeito a tudo que lhes foi ofertado enquanto moravam com eles. Nesse caso, o medo se traduziu em procrastinação com os filhos, quer seja no carinho, na atenção, no bom trato ou em qualquer outra coisa. No entanto, esse mesmo pai procrastinador é um profissional exemplar, sempre chega na hora e entrega o seu trabalho no prazo. Em resumo, ele é procrastinador somente em casa em com os filhos. Esse é um tipo entre tantos tipos de procrastinadores.

Existem outros que são excelentes pais, mas como profissionais não conseguem realizar todas as suas obrigações a tempo ou sempre falta algum documento ou alguma verificação. Nesse caso, vê-se que existe uma autossabotagem, pois detestam o seu trabalho, querem mudar de emprego e não têm coragem de fazê-lo. Porém, são excelentes pais e companheiros. Dão toda a atenção à sua família, em todos os sentidos.

Quando uma pessoa procrastina em determinada área, é ali que se apresentam as suas dificuldades. Ela precisa de ajuda para entender a sua relação procrastinadora com as pessoas, assuntos ou tarefas da área focada como "problema". Assim, terá dado um grande passo na sua identificação. Muitos passam a vida inteira procurando razões para as suas procrastinações e morrem sem saber exatamente onde realmente essa concentração se dava.

Quando encontrado o ponto focal, no qual as procrastinações se acumulam, a pessoa precisa montar um plano de ação, que consiste em anular a procrastinação em fases e aos poucos, transformando os velhos hábitos em novos hábitos. Dessa forma, o seu entendimento terá novas concepções a respeito das mesmas coisas.

O plano consiste em identificar as frases usadas por alguém para identificar a forma como ela procrastina, ou seja, identificar sua estratégia procrastinadora.

As frases são geralmente assim:

– *Agora eu não posso!* (sendo que pode, mas não quer. Por que ela não quer, por que não gosta?);

– *Agora está tarde para fazermos isso!* (sendo que está tarde/cedo, mas não quer fazer aquilo por algum motivo);

— *Eu não gosto de fazer desse jeito, então deixe que depois eu faço do meu jeito!* (sendo que o jeito apresentado pelo outro não tem nada de mais, às vezes é apenas orgulho ferido e resistência à mudança que o faz procrastinar);

— *Não vou fazer isso agora, pois a minha mesa está organizada e limpa. Deixe para depois!* (Por que não pode fazer agora? O que tem a ver a mesa limpa? Não será possível limpá-la depois também? Está querendo adiar mais essa tarefa e ficar mais aborrecido depois?);

— *Agora estou cansado. Vamos deixar para depois!* (ela está cansada de fato ou tem o vício de deixar para depois?)

Muitas são as desculpas e muitos podem ser os motivos.

Mesmo assim, é necessário procurá-los sem procrastinar!

Por exemplo: o de um pai que se atrasa para ir para casa, fingindo fazer hora extra. Na verdade, não quer chegar cedo a sua casa para não ter que ajudar a esposa no banho dos filhos ou no preparo do jantar ou, ainda, em algum tipo de cuidado com a casa. Talvez, não queira ficar ouvindo as cobranças da esposa pela sua omissão ou não quer ver o trabalho que sua mulher tem com as crianças e com a casa. Para não se sentir culpado por não ajudar, permanece no trabalho, enrolando, mas estava no trabalho. Isso é muito comum.

Nesse caso, a procrastinação está relacionada com a família e com as responsabilidades como pai e esposo. São nesses relacionamentos que estão focados os seus problemas e por isso ele procrastina.

Quando o ponto focal da procrastinação é descoberto, metade do caminho já foi alcançado, sendo que a outra metade é planejamento de como atingi-lo e resolvê-lo.

Ao encarar o problema pela primeira vez, o tamanho assusta e a pessoa se acha incompetente para lidar com ele. Então, ou ela o enfrenta ou finge que ele não existe.

Se decidir enfrentá-lo, ótimo!

A primeira coisa que se deve fazer é mudar os seus pensamentos, pois se não os mudar, continuará procrastinando.

Nessa mudança, o primeiro pensamento que deve entrar em sua mente é: *eu posso. Eu consigo resolver o que eu quero!* Encare um problema não como um problema, mas como um desafio. Somente pessoas capacitadas, seguras e confiantes estão dispostas a encararem e solucionarem os desafios. Se algum desafio chegou até você, é porque, de alguma forma, você o atraiu e, se o atraiu, tem também força e competência para resolvê-lo.

Sabendo que pode superar os desafios, resta saber como.

"Movimento" é a palavra que irá tornar isso possível.

Quando falo em movimento, refiro-me à energia mental que necessita circular, mudar, energizar-se através da alteração dos pensamentos, possibilitando-o novas direções.

O pensamento se divide em três classificações:

Curso
Forma
Conteúdo

Curso – Aceleração do pensamento (taquipsiquismo), lentificação do pensamento (bradipsiquismo) e roubo de pensamentos (a pessoa sente como se alguém os houvesse roubado).

Forma – Confusão de ideias, na qual uma ideia segue a outra de forma rápida e sem seguir uma lógica de pensamento. Ideias pouco conexas (ligadas) de forma lógica. Extravio do pensamento, como se tivesse saído do curso que deveria ser normal num encadeamento de ideias. Desagregação total dos pensamentos, são pensamentos sem nexo, sem ligação uns com os outros. Início de pensamentos que não se concluem. Pensamentos fixos que, dificilmente, a pessoa muda.

Conteúdo – está referenciado ao tema do que se pensa. Quanto mais focado na realidade, mais normal é o quadro. Quanto mais focado no extraordinário e irreal, mais patológico.

A pessoa deve observar se os seus pensamentos estão enquadrados nos pontos observados acima e tentar identificar se alguma dessas classificações se encaixa com a sua maneira de pensar.

Depois que a pessoa aprender a mudar os seus pensamentos, irá, definitivamente, para a parte final do controle da procrastinação que é fazer o planejamento de uma vida melhor no sentido de suprir a falta de compromisso com a área problema. Por exemplo: se a área problema for o trabalho, é preciso elaborar um plano de ação para suprir as necessidades que estão ausentes nessa área. Se uma pessoa tem problemas com a área familiar, é necessário rever os seus compromissos com a família, sair do trabalho na hora certa para chegar mais cedo a sua casa, reservar tempo para ouvir, falar, orientar e brincar com os filhos, planejar passeios de final de semana ou viagens.

Elimine as suas desculpas para não ficar com sua família. Muitas vezes, a rejeição aos entes mais próximos ocorre por não se conhecerem melhor. Dê-se essa oportunidade. Desligue a televisão e o computador. Sente-se em círculo com todos e inicie uma conversa descontraída. Fiquem à vontade, sentados no chão da sala ou em cima da cama. Comece a conhecer as pessoas da sua família. Descubra seus medos e anseios. Descubra suas dificuldades e indecisões. Descubra do que elas gostam e de onde gostam de ir. Deixe que eles também o conheçam, saibam o que sente e do que gosta. Planeje um passeio, nem que seja para comer pipoca no parque, não importa. Não é dinheiro que está em jogo aqui. É a saúde mental de todos, principalmente a sua. As pessoas da família precisam entender que uns dependem dos outros e que juntos podem muito mais. Precisam aprender a compartilhar seus problemas com os membros da família que são ponderados e responsáveis. Dessa forma, a família irá crescer em grandiosidade e afeição, trazendo segurança, confiança e evolução para todos. É para isso que a família serve: para mútuo auxílio. O Universo não erra. Deus não erra. Se estamos em determinada família ou se formamos uma família, é exatamente dela que necessitamos para nossa evolução.

Uma das formas bem eficazes para combater a procrastinação com a família é aproximar-se dela.

Se a área da procrastinação estiver apontando para o trabalho, a pessoa precisa pensar no que faz. Se o agrada ou se o que faz está alinhado com a sua formação e se quer continuar a fazer, no futuro, o que faz hoje. Nesse caso, é preciso reavaliar sua profissão, se deseja mudar de atividade, se é necessário fazer algum curso ou se convém mudar de emprego.

Tudo precisa ser analisado, pois, quando se faz isso, evita-se os pensamentos perturbadores e desconexos que levam às insatisfações e, consequentemente, à procrastinação.

Para evitar entrar numa avalanche desenfreada de pessimismo e agravar ainda mais a sua procrastinação, deve-se parar com esses pensamentos e procurar identificar o que a afeta, o que a perturba no trabalho, a fim de provocar uma vontade irresistível de afastar-se dele e de procrastinar.

Ao descobrir o que a perturba, deve iniciar um plano de melhora e de ação (movimento) que coloque sua mente para trabalhar e tentar mudar a situação, tomando providências para ter uma vida mais alegre e produtiva.

Lembre-se de que os planos que o auxiliarão no combate à procrastinação precisam iniciar e terminar. Caso a pessoa abandone seu plano no meio, ficará evidente que a procrastinação para ela é muito forte e que deve persistir e até procurar ajuda de um psicólogo. Esse profissional o ajudará a entender suas necessidades, conscientes e inconscientes, para tentar trabalhar seus pensamentos e, consequentemente, o seu ângulo de visão a respeito de si mesmo, de tudo e de todos.

A procrastinação e a baixa autoestima andam de mãos dadas. O indivíduo que atrasa, que procrastina emoções, tarefas ou compromissos, que chega atrasado em tudo, que deixa tudo para depois, sente que deixa os outros aborrecidos, porque os outros o consideram uma pessoa desrespeitosa e grosseira. Além disso, acreditam que ele, o procrastinador, não tem consideração por ninguém, é egoísta e incompetente. E quanto a isso os outros têm razão. O procrastinador sempre deixa uma má impressão a seu respeito, pois os outros pensam que não podem, nunca, contar com ele que, quando se atrasa e não cumpre os compromissos, sempre tem uma desculpa, uma mentira ou meias verdades para tentar justificar seus atrasos.

Por essa e outras razões, a procrastinação é um problema sério, psicologicamente falando, que requer muita atenção por parte de quem a tem.

CAPÍTULO 10

O pensamento em forma de oração

O pensamento cria tudo! É uma força criadora incomparável!

Nada existe no plano físico e nenhum sentimento há no plano emocional, sem antes ter sido criado ou atraído por um pensamento.

Todas as coisas criadas pelo ser humano tiveram sua origem no pensamento. Todas foram pensadas em primeiro lugar, para depois se tornarem uma realidade.

A Lei do Progresso é universal. O homem tem uma meta transcendental, ou seja, que vai além de tudo, que é evoluir constantemente, incessantemente. Nunca parar.

O ser humano, em sua maioria, sempre procura realizar-se de forma produtiva e criativa. Basta lermos sobre a história da humanidade. Quantas coisas já foram construídas. E todas tiveram origem no pensamento.

Pode-se citar como exemplo as pirâmides do Egito, o tear, o computador pessoal, o acelerador de partículas, a fusão nuclear, as profissões com todos os seus recursos e formalidades de treinamento e instruções que lhes são próprias, os livros e os conhecimentos que eles trazem, todos foram originados no pensamento.

Essas criações foram feitas para atender os desejos e necessidades humanas como forma de tornar o mundo cada vez melhor, em todos os sentidos. Os inventos, na sua totalidade, foram criados para tornar o mundo um lugar mais ajustado às necessidades humanas, e esse esforço tem meta a longo prazo, que é de aumentar, consideravelmente, a qualidade de vida, tornando o planeta um lugar agradável e habitável para nós.

Descobrir sobre o pensamento exige estudo, pois esse assunto é extremamente delicado e detentor de um poder sem limites. Por esse fato, necessita ser bem compreendido para que não seja utilizado de maneira equivocada.

Há piadas que dizem que pensar "dói" ou "cansa" ou, ainda, que "perturba". Também há quem diga que pensar constrói, enobrece, evita equívocos e desperdícios de todo tipo. Torna o humano um ser divino na Terra.

Através do pensamento edificante e projetado para o bem, o ser humano se torna o ator principal no próprio papel que deve desempenhar na Terra. Traz de volta a si o motivo pelo qual foi escolhido, dentre os seres vivos que habitam o planeta, que é o de cumprir a missão de ter e de poder dominar o pensamento que, para ele, é a origem de toda criação humana.

Só o pensamento produtivo, criativo e voltado para o bem garante plenitude do funcionamento da potencialidade humana, ou seja, o ser humano se torna o que pensa. Somos o que pensamos. Atraímos para nós o que os nossos pensamentos produzem, criando uma psicosfera[6], com propriedades magnéticas de atração mútua ao que nela imprimimos através dos nossos pensamentos e desejos.

Pensemos em um homem que usa as oportunidades que aparecem para furtar, seja no trabalho ou em qualquer outro lugar. Através do pensamento ele criará uma psicosfera que atrairá novas chances para fazer isso, ou melhor, essa psicosfera estará levando-o ao encontro de situações associadas às suas atividades ilícitas.

Suponhamos, então, que esse homem experimente uma sensação estranha que lhe diz que o que faz é errado e que ele se arrependa. Pelo fato da mente ser criadora de tudo, ela vai proporcionar situações para que ele se corrija.

O comportamento desajustado provoca na mente um disparo de recursos de defesa e inicia um processo de autoequilíbrio, que

---

6 - Psicosfera é relativo à atmosfera psicológica, como sendo algo percebido pela própria pessoa, como se estivesse envolvida por uma atmosfera relativa aos pensamentos que cultiva.

tem início nos sentimentos, de forma a sentir-se envergonhado, culpado, arrependido, contrariado. Ou sente um mal-estar indefinido proveniente dos atos ilícitos cometidos. Todo esse processo são mecanismos para avisar que se está no caminho da contramão da moral e dos bons princípios aos quais foi criado.

Diante da situação desse homem arrependido, caso ele insista em continuar nessa vida, a própria consciência através da força do pensamento procurará criar uma situação em que esse próprio homem faça autossabotagem, criando uma situação na qual seja preso ou corrija o que cometeu.

Da mesma forma que a mente cria situações que continuem atraindo esse homem a outros delitos, a mesma mente cria situações para corrigi-lo, das quais mais cedo ou mais tarde ele será vítima de si mesmo. Será seu próprio delator a fim de que faça uma reparação consciencial.

Os nossos pensamentos estão aliados aos nossos desejos e as emoções são os seus potencializadores.

Quando queremos mudar de vida, nossas emoções começam a flutuar em precisão, ou seja, não se sabe exatamente o que se quer. Dessa forma os pensamentos começam a se direcionar em outro sentido por causa dos nossos desejos indecisos.

A mente precisa trabalhar integralmente num único sentido. Não pode estar dividida ou indecisa na sua atuação. Todos os mecanismos do pensamento devem estar apontados para um objetivo. Caso contrário, a força plena do pensamento estará comprometida e não atuará cem por cento naquilo que se pretende atingir. Portanto, é importante que a mente esteja focada no momento da oração, a dispersão prejudica a sua atuação.

Ao se falar em orar, surge uma ideia de que seja algo relativo às religiões ou, ainda, algo que se faz presente na mente das pessoas necessitadas. Mas não se trata disso. A oração é, antes de tudo, um pensamento associado a uma emoção com profundo desejo de realização. Por natureza ela, a oração, é nobre.

Quando a oração é oriunda de uma intenção benéfica, composta por palavras sinceras e harmoniosas, repleta de sentimentos calmos e equilibrados, com votos de crescimento, evolução e aperfeiçoamento, ela faz bem às pessoas.

Sempre que existe um sentimento harmônico associado a uma realização construtiva ou que proporcione bem-estar, saúde, prosperidade ou grandes realizações a uma pessoa ou a um grupo em específico, ela traz um bem-estar profundo.

Orar, normalmente, está associado a uma situação de angústia ou de grande necessidade. Para falar mais francamente, as pessoas, na sua maioria, só oram quando precisam mesmo, ou, ainda, quando passam por grande dificuldade e encontram-se desesperadas.

Cabe ressaltar que as orações que são feitas pelas pessoas sem emoção ou sem qualquer desejo de realizá-la é o mesmo que não fazê-la. Não teria o mesmo efeito de uma oração sincera com desejo profundo de realização.

A oração quando feita de forma sentida, expressando uma intenção clara, voltada para o bem, traduz-se num pensamento tão poderoso que cria uma psicosfera de harmonia e bem-estar em torno da pessoa. Ela atrairá, portanto, uma infinidade de energias, situações, coisas e oportunidades que irão, de certa forma, contribuir para que a oração atinja seu efeito necessário, à medida da intensidade do desejo de quem a realizou.

Como já foi mencionado, o pensamento, que é energia pura, quando associado ao desejo, que é a fé, cria uma psicosfera positiva a respeito do que se quer. A partir daí, o processo de atração ao que se quer inicia.

A oração apresenta um funcionamento idêntico. Tem, como instrumento fundamental, o pensamento que está associado à ideia do que se deseja alcançar, daí movimenta energias diversas para atingir o alvo, criando um campo vibratório que se expande como se fossem "ondas" de intensidade proporcional ao grau do desejo de quem ora. Dessa forma angaria esferas superiores até atingir o Criador Maior, Deus.

A oração, além de trabalhar ativamente a nosso favor, ainda tem um efeito benéfico muito importante que é, justamente, trazer um bem-estar quase que imediato após ser proferida.

O bem-estar que a oração proporciona é devido a uma espécie de "limpeza" que ela faz na psicosfera, trocando a energia saturada pelos pensamentos de baixo padrão vibratório por outros de alto padrão vibratório.

Após a oração ser feita, as energias perturbadoras se dissipam e dão lugar a outras energias mais elevadas, revigorantes, superiores, nobres em essência. Essas novas energias renovam a força interior, resultando em aumento dessa força e da resistência psicológica em suportar situações angustiantes que possam atormentar.

A sensação boa que a oração nos oferece pode ser comparada à sensação de que se tem em estar diante de uma paisagem de um lindo campo gramado e com árvores frondosas. Essa aparência tranquila e revigorante, enche a pessoa com um bem-estar, trazendo mais serenidade e paz interior.

Todo esse bem-estar emocional reflete no organismo, ocasionando mais tranquilidade ao funcionamento do corpo, apaziguando o metabolismo, trazendo um equilíbrio generalizado.

Assim como os mecanismos e sintomas da ansiedade aumentam o funcionamento do corpo, estressando-o, a oração tem efeito contrário: acalma-o, torna-o mais tranquilo, apaziguado, colocando um grau de normalidade maior no seu funcionamento, evitando, assim, doenças psicossomáticas[7] associadas ao estado emocional alterado.

Quando a pessoa sente os benefícios da oração, passa naturalmente a recorrer a ela ao se encontrar em estado de angústia ou desprazer, porque sabe que a oração irá trazer-lhe um estado emocional melhor, mais calmo e revigorado. Diante disso, a pessoa começa a fazer mais uso da oração, estendendo-a aos demais momentos de sua vida, como: na hora das refeições, agradecendo o alimento; dando graças pelo seu progresso pessoal ou profissional, agradecendo pelas oportunidades de aprender para tornar-se melhor em todos os sentidos, agradecer por trabalhar, agradecer pela família que tem, agradecer por tudo que conquistou, pela moradia etc.

---

7 - Doenças psicossomáticas são doenças orgânicas que surgem através de uma combinação entre o estado psíquico e o estado corporal.

Quando a pessoa passa a praticar a oração em várias atividades no seu dia a dia, cria um hábito que trará inúmeros benefícios a sua saúde mental e física.

Esse hábito irá modificar a psicosfera de uma forma tal que trará um bem-estar constante e muito saudável a esse indivíduo.

Lembro-me de uma ocasião, quando ainda era muito jovem, estava na casa de um amigo e ambos iríamos procurar emprego juntos. Ao sairmos, lembro-me desse meu amigo dizer a sua mãe que rezasse por ele para que desse tudo certo, a fim de que pudesse arrumar um emprego tão logo fosse possível. Depois perguntei-lhe se ele fazia orações nesse sentido, como uma forma de criar energias propícias, favoráveis para atrair as situações certas para ele. Meu amigo mencionou que não, pois era suficiente a mãe fazer as orações por ele, pois Deus sempre atende aos pedidos das mães por serem especiais para Ele.

Lembrando-me disso, ocorre-me fazer um alerta muito importante ao caro leitor, que é o fato de delegar a outro o que é de sua responsabilidade fazer, ou seja, você não pode encarregar outras pessoas o ato de proferir as orações que lhe cabem fazer, pois, se fizer isso, estará repetindo o que o homem faz há séculos. É certo que as orações de pessoas queridas, como as das mães, são de grande valia para todos nós, no entanto também precisamos estar receptivos a elas.

O ser humano, sempre que pode, procrastina em sua vida e isso inclui a oração, ele sempre deixa para depois o momento da prece. Para não se sentir em débito com o Poder Criador ou para não deixar de receber boas energias, foi criada a forma de delegar ou deixar que outro faça orações por você. Isso pode ser constatado através da história. Embora as orações, as energias mentais alheias e positivas nos auxiliem, isso não nos ajuda na desenvoltura do crescimento pessoal ou espiritual.

Não é errado, de forma alguma, orar por alguém ou pedir que alguém faça isso por nós. Como já foi dito, a oração é fonte criadora de energias positivas que nos auxiliam muito, mesmo quando oramos para os outros. Porém, é importante que nós aprendamos a orar por nós mesmos, a fim de sermos essa fonte criadora e atrativa de energias positivas.

A oração e suas origens

Considero importante e curioso conhecermos um pouco da origem da oração.

Na pré-história, o homem, diante do seu nível de desenvolvimento precário em relação a hoje, mas que na época fazia o melhor que podia, temia os fenômenos naturais por desconhecê-los. Tinha medo do trovão, dos relâmpagos, das tempestades e de tudo que não conhecia. Todo esse medo o fez pensar que, se passasse a fazer cultos de adoração e de reverência ou ainda sacrifícios de humanos e animais, iria agradar aos deuses da natureza a fim de que não o castigassem com suas tempestades ou intempéries do clima, como nevasca, inundações ou até mesmo catástrofes, a ponto de prejudicarem a caça ou a pesca, o principal meio de sobrevivência naquela época.

Diante disso, passou a desenvolver cultos específicos de adoração, criando adornos, amuletos, enfeites para uso pessoal que o caracterizavam e identificavam a atividade que exerciam, enquanto trajado de forma especial para agradar aos deuses da natureza.

Dessa forma, algum membro da tribo acabava se destacando nessa função, demonstrando habilidades específicas para se comunicar e entender o que os deuses "diziam", através dos fenômenos da natureza. Esse indivíduo aprendeu a decifrar, como ninguém, os sinais de transformações mandatárias da mãe natureza, de maneira que podia antever determinadas situações. Na maioria das vezes, isso nada mais era do que as estações do ano se revelando ao seu entendimento.

Esse indivíduo que se destacava nas atividades de adoração passava a ter essa atividade de forma exclusiva, privando-se de exercer outras tarefas relativas ao funcionamento do grupo, como a participação de caças coletivas e outras atividades correlatas. Ficando, portanto, esse membro como o responsável pelos assuntos espirituais da tribo, o qual era sempre solicitado pelo líder do grupo a fim de dizer o que os deuses pretendiam com a natureza. De outras vezes, era chamado a aconselhar de que forma poderiam se dar melhor em situações que iriam garantir a sua sobrevivência, como nas atividades de caça e pesca, bem como nos movimentos migratórios em busca de comida.

Dessa forma, o grupo encarregou a atividade de pedidos e prece pela sua vida, para serem feitas aos deuses, pelo líder espiritual da tribo. Foi aí que se originou os conhecidos xamãs, feiticeiros, videntes, sacerdotes etc. Alguém no qual todos acreditavam possuir conhecimentos específicos, superiores a respeito de assuntos dessa natureza. Eram indivíduos que apresentavam uma sensibilidade mais apurada e que possuíam um conhecimento especial dos relacionamentos da tribo com os deuses.

Nesses termos, podemos entender em qual momento da história o homem separou Deus de si, porque confiou, ou seja, encarregou a atividade mais sagrada para ele. Deixando de orar por si mesmo, fez com que existisse um representante espiritual para servir de intermediário entre ele e Deus.

Eis aí um engano em relação ao Grande Poder Criador, pois ninguém pode fazer o papel que é seu. Ninguém poderá representá-lo nessas questões. É você mesmo quem deve fazer as orações que irão ajudá-lo.

Mas a pergunta que não quer calar é: a oração feita pelos outros não tem efeito algum?

Sim. É claro que tem. O problema é que a oração feita pelos outros possui uma característica de superficialidade no pedido, na súplica ao Pai da Vida. Essa oração não possui os desejos que nascem no âmago do próprio indivíduo que necessita delas. Não espelham a realidade sentida por ele nem apontam as suas mais prementes necessidades e isso tudo é para ele mesmo.

É muito importante entender que não se deve deixar a tarefa da oração para outro fazer em seu lugar.

Ore por você e seja mais feliz. Sinta-se integrado ao mundo e a Deus.

Ore pelos outros e peça para que eles recebam a iluminação necessária ao seu crescimento pessoal. Peça para que Deus esteja no caminho deles, protegendo-os e amparando, dando coragem e confiança em todos os momentos da vida.

É importante trabalhar os pensamentos com harmonia e paz. Sempre no desejo do bem. Não só para nós mesmos, mas também para o mundo.

CAPÍTULO 11

Os profissionais que oram têm mais sucesso na vida

Talvez esse assunto seja novidade para alguns. Poucas pessoas conhecem que o poder da oração pode ser direcionado às atividades de trabalho.

Dos profissionais que fazem suas orações para melhorar seu desempenho e despertar oportunidades de crescimento profissional, a maioria deles não diz que o faz. Também não é algo que precisa ser dito aos quatro ventos, pois falar em orar no ambiente de trabalho, ainda hoje, é algo visto com certa restrição. A oração ainda não atingiu a sua naturalidade merecida.

Quantos livros mencionam a questão da necessidade do homem se ligar a Deus?

Desde o surgimento da Bíblia até os dias atuais, centenas de milhares de livros já foram escritos sobre esse assunto.

Um dos grandes problemas da humanidade é a falta de fé. A incredulidade é o que afeta o funcionamento da mente subconsciente.

A fé é o antídoto para todos os males da humanidade.

Só a fé é capaz de converter uma vida de fracasso em total sucesso.

Só a fé é capaz de criar, materialmente, aquilo que se deseja em pensamento.

Só a fé é capaz de fazer evoluir o ser humano que desejar crescer, moral, intelectual e espiritualmente.

Só a fé é capaz de alternar o sentimento de desespero em esperança de um amanhã melhor.

Só a fé é capaz de converter "vitimismo" ou "coitadismo" em oportunidade de crescimento.

Só a fé transforma o comodismo em garra de conquista.

Para se desenvolver a fé, é preciso tê-la. Felizmente, todo ser humano a tem de forma latente, sendo que alguns a desenvolveram a ponto de se tornarem poderosas ferramentas de progresso e crescimento pessoal. Outros ainda não aprenderam a utilizá-la de forma adequada.

A incredulidade é algo devastador. É a causa principal das desgraças humanas. É a origem da desesperança e a maior responsável pelos sofrimentos humanos, como: a ansiedade, a depressão, a traição, o ciúme, as angústias, as separações conjugais e muitos outros sofrimentos.

O mundo está ficando mais evoluído a cada dia em termos sociais e científicos, mas a humanidade não compreendeu ainda as suas reais necessidades. Alguns se julgam racionais, donos da razão, da lógica e do progresso desmedido. Ficam passivos diante da incredulidade ter nascido, crescido em seus pensamentos, ignorando a necessidade de ligação divina em todas as suas atividades, quaisquer que sejam.

Para aquele que se considera o ser da razão e coloca tudo a sua disposição, para sentir-se superior, elevando a sua opinião sobre si mesmo, colocando-se acima de tudo e de todos, esquece-se de sua origem de uma forma conveniente, pois, se se lembrar de sua origem divina, verá que existe Deus como seu Superior e seu Criador. É a Ele que deve agradecer todas as suas conquistas. Em outras palavras, existe aquele que não se lembra de Deus por acreditar que tudo que tem na vida foi conseguido, só e unicamente, pelo próprio esforço.

Sendo assim, vendo a possibilidade de considerar Deus na superioridade absoluta, sente-se destronado da autoria de suas realizações mais grandiosas, as quais renderam créditos diante da sociedade e muitos ganhos financeiros a partir de invenções e criações maravilhosas que, com certeza, tiveram muitos momentos de inspiração Divina. Muitas das incontáveis "coincidências" da qual foi vítima e que propiciou a invenção no momento "certo" na "hora certa" ou, ainda, encontrou-se com pessoas e acontecimentos que trouxeram a combinação perfeita para a tarefa que realizava.

É muito provável que isso ocorra por falta de conhecimento.

Somos sempre aprendizes e estamos nos aperfeiçoando. Quando aprendermos a nos ligar a uma Consciência Universal, através da oração, seremos criaturas bem melhores.

Certa vez, conversando com um médico que faria uma cirurgia em pessoa bem próxima a mim, pedi que me esclarecesse sobre como seria o procedimento cirúrgico. Ele pensou um pouco. Era fácil observar sua humildade e o profundo conhecimento que possuía, embora eu já soubesse de sua famosa experiência como profissional. O que me deixou bem surpreso e feliz foi quando respondeu que, naquele dia, já havia estudado as manobras cirúrgicas e, antes disso, havia se ligado à Divina Providência, pedindo para ser iluminado para fazer o melhor durante o ato cirúrgico, bem como pediu que fosse guiado para o caso de surgir alguma surpresa durante o procedimento.

Como psicólogo tenho contato com muitos profissionais da área da Saúde e, diante de uma situação como essa, comecei a observar e a perguntar aos profissionais que fazem parte do meu convívio, se possuíam o hábito de orar para se sentirem fortalecidos e ligados a um Poder Criador a fim de que atuassem da melhor maneira durante o seu trabalho. Eu também faço isso.

A grande maioria admitiu não ter esse hábito. Porém, por se tratar de algo bem íntimo e não comum de ser revelado, creio que alguns omitiram tal feito. Constatei que a minoria que faz uso da oração ou admite ligar-se a Deus, pedindo iluminação antes de atuarem como profissionais, são profissionais muito bem-sucedidos. São pessoas emocionalmente equilibradas, tranquilas e confiantes.

É óbvio que nos momentos de apuro e desespero, a maioria das pessoas se lembra de que Deus existe.

Somente o hábito de orar não garante uma efetiva e produtiva atividade profissional. A ideia básica é que a oração deveria ser uma prática diária como forma de preparação para o trabalho.

O que você está pensando?

Alguns estranham quando se fala de oração e trabalho. Mas a pergunta é: por que não?

Se formos convidados para um evento religioso, como um casamento em uma igreja católica, por exemplo, nós vamos e assistimos. No momento em que o líder religioso solicita que todos desejem votos de prosperidade aos noivos, nós nos levantamos, estendemos as mãos e repetimos o que o padre nos pede.

Se vamos a um velório prestar nossa homenagem final àquele que se foi e nossos sentimentos aos familiares presentes, normalmente a maioria admite fazer uma oração por aquele que faleceu e outros ainda fazem orações pelos familiares que ficaram. Nos velórios, existem até as missas de corpo presente, orações realizadas com terços, por pessoas religiosas. Esse é o objetivo do velório.

Então, por que fazemos orações nesses eventos e não nos momentos de usufruir um crescimento profissional? Por que não fazemos uma oração de agradecimento quando somos promovidos ou passamos nos vestibular ou simplesmente por estar bem de vida ou com saúde?

Por que é que não fazemos a prece em ocasiões assim?

A resposta é simples: porque não aprendemos. Simplesmente isso. O fato é que ficamos condicionados em associar a prece a momentos especiais como casamento, batizado ou sofrimento. Por isso só nos lembramos dela em momentos assim.

A oração é ato sublime. É o momento de ligação com o Criador Maior, por isso não deve ser somente nas necessidades que se deve fazer uma prece.

Muitos se perguntam por que precisam fazer preces em momentos felizes, pois se eles já são momentos de harmonia na vida dessas pessoas, o que devem pedir nesses momentos durante a oração? Pra quê? Por que orar nessas horas?

Porque a oração simplesmente regula o equilíbrio emocional e a saúde física.

A oração ponderada, calma, em que as palavras são pensadas e ditas com cuidado, em voz baixa ou em pensamento, acreditando no que se diz, quando se procura visualizar a paz e a harmonia, pedindo ou agradecendo, é uma oração tranquilizante, que produz efeitos psicológicos maravilhosos. Ela não oferece somente resultados positivos a nossa consciência. A sensação de paz, proporcionada pela oração, interfere com o metabolismo do nosso cérebro. Entre outras coisas, ela reduz a pressão arterial e a produção de cortisol, que é um hormônio de estresse.

Os benefícios clínicos são evidentes e imediatos, equilibrando o indivíduo, baixando a frequência cardíaca, liberando, inclusive, hormônios anti-inflamatórios, melhorando a qualidade do sono, relaxando tensões, diminuindo a ansiedade e a depressão.

A oração é uma forma de ligar-se a um Poder Superior, Criador, Mantenedor e Curador, mas não é a única forma de fazê-lo. Existem várias maneiras de nos ligarmos ou nos religarmos a esse Grande Criador. Como já li em alguns lugares: "O silêncio é uma prece". Sim, o silêncio, assim como calar os pensamentos agitados e acelerados, ponderar e tudo o que acalma e eleva o ser, sem incomodar os outros, é uma forma de se ligar a esse Poder Supremo que nos envolve, guia, inspira e, principalmente, equilibra-nos.

Nem todas as pessoas são religiosas ou sabem colocar em palavras suas emoções ou seus desejos a fim de se equilibrarem e tornarem receptivas as suas mentes subconscientes para receber o auxílio criativo ou curativo existente no Universo.

Um método que funciona perfeitamente para os que sabem ou não orar é o seguinte:

Harmonização mental

A harmonização mental serve para acalmar a mente e o corpo. É uma forma de a pessoa desligar-se do "mundo de fora" e ligar-se consigo mesma, focando o "mundo de dentro". O mundo de sua mente, sentindo o seu ser em essência e proporcionando-se os melhores sentimentos e sensações.

Para uma boa harmonização mental, é necessário escolher um local isolado e calmo onde a pessoa escolherá uma posição confortável, mas que não induza ao sono.

É aconselhável a posição sentada, pés totalmente apoiados no chão e ligeiramente afastados. Costas retas, mãos repousadas sobre as coxas e olhos cerrados. Essa costuma ser a postura mais prática e fácil.

Procure soltar os ombros e sentir todo o corpo solto, mas sem se curvar. Nessa posição, a pessoa deve tomar três ou quatro respirações profundas, inalando e exalando pelo nariz, depois regular a respiração de uma forma que fique tranquila. Nem muito rápida nem muito lenta, próxima ao normal e que sinta que está se acalmando com o ritmo da respiração que adotou.

Preste atenção somente em sua respiração. Se algum pensamento lhe surgir, volte a se concentrar em sua respiração, no ar que entra e sai lentamente de seus pulmões trazendo paz.

Tente, mentalmente, visualizar um lago com águas calmas. Procure, com uso da imaginação, ouvir pássaros. Sinta-se nesse lugar. Imagine que existe uma luz azul bem clara que desce do alto de sua cabeça e começa a iluminar o seu corpo todo, por dentro e por fora, até chegar aos pés. Faça isso de forma lenta, sempre tentando sentir a calma que a luz traz. Não se esqueça da respiração, que deve estar calma também.

Ao se sentir tranquilo, de forma pausada e prestando atenção em cada palavra, diga a si mesmo: *Sou calmo. Tudo a minha volta está calmo. O meu corpo está saudável e em harmonia. A minha mente está em paz, está tranquila. Meus pensamentos sempre são equilibrados e coerentes. Vivo em paz.*

Com o uso da imaginação, banhe-se com essa luz por alguns instantes, sentindo-se envolvido totalmente.

Quando sentir-se verdadeiramente calmo e relaxado, abra os olhos vagarosamente e sorria. Mexa-se lentamente, recuperando os movimentos do corpo desde o pescoço até os pés.

Fazendo isso todos os dias, começará a equilibrar os seus pensamentos e irá torná-los menos tensos, mais equilibrados e com formas mais coerentes. Para essa harmonização mental não é necessário alongar-se por muito tempo. Quinze minutos são suficientes.

Essa harmonização mental trará calma aos seus pensamentos, equilíbrio à sua mente e muitos benefícios ao seu corpo.

CAPÍTULO 12

O pensamento é capaz de destruir aquele que o criou

Muitas vezes os pensamentos, capazes de destruir, estão associados a fatos supersticiosos.

No dicionário Michaelis, encontra-se a definição para a palavra "superstição", da seguinte maneira:

1 – sentimento religioso excessivo ou errôneo que, muitas vezes, arrasta as pessoas ignorantes à prática de atos indevidos e absurdos.

2 - crença errônea; falsa ideia a respeito do sobrenatural.

3 – temor absurdo de coisas imaginárias.

4 – opinião religiosa baseada em preconceitos ou credenciais.

5 – prática supersticiosa.

6 – presságio infundado ou vão que se tira de acidente ou circunstâncias meramente fortuitas.

Nesses termos, quando a superstição é mencionada, pode-se verificar uma influência muito grande nas ideias das pessoas, pois está relacionada a aspectos religiosos, crenças no sobrenatural, temor ao imaginário, presságios associados a acidentes e desastres de toda espécie.

A mente distraída e desavisada, movida pelas crenças fantasiosas, deixa-se levar por esses aspectos imaginários, tornando-os um fato real para si, no qual acredita, verdadeiramente, que eles têm efeito sobre sua vida e a controla.

A pessoa começa a acreditar piamente em coisas inócuas, ou seja, sem fundamento racional. Não encontra motivos racionais para crer naquilo, simplesmente creem serem verdadeiros e deixam que eles conduzam sua mente e corpo, deixam-se levar pelas águas da superstição e do sobrenatural infundado.

A crença em fatos sobrenaturais e fantásticos vem de tempos remotos, desde quando não se possuía a ciência para explicar os fenômenos da natureza. A criatura humana se apossava de explicações fantasiosas e extraordinárias que, para a época e para as circunstâncias, eram aceitas como dogmas ou, simplesmente, por não possuírem razões ou explicações que sustentassem as suas afirmações. A ignorância dominava o mundo. Acreditava-se que algumas pessoas com dons naturais eram bruxos, feiticeiros ou magos, detentores de poderes e, por essa razão, eram temidos e até condenados nos Tribunais da Inquisição.

A ignorância sempre foi o maior mal da humanidade.

Em certas ocasiões, a sorte ou o azar estão associados aos efeitos de uma superstição.

Muitas pessoas acreditam que, quando assistem ao jogo de futebol vestindo a camisa do seu time do coração, aumentam as chances de ele vencer a partida. Cruzam os dedos para atraírem sorte. Usam bonés, amuletos e bandeiras. Estão, com isso, repetindo um ritual para atraírem sorte, pois da outra vez isso "funcionou". Pelos menos, é o que elas acreditam.

Nas superstições populares, passar por debaixo da escada dá azar. Porque, simbolicamente, a escada representa ascensão, crescimento e subida, no qual crê que ao se passar por baixo, "corta-se" essa sorte. Interrompe o ciclo de sorte que estava tendo em sua vida.

Existem outras como os gatos pretos que cruzam seu caminho, ferraduras penduradas acima das portas de entrada das casas ou, ainda, quebrar um espelho (sete anos de azar).

O problema é que pessoas, sem habilidades para lidarem emocionalmente com essas e outras crendices, impregnam suas mentes subconscientes, hospedando nelas pensamentos venenosos que, com o decorrer do tempo, ganham força e podem se concretizar. À medida que esses eventos são atraídos, mais as pessoas creem neles.

Ideias supersticiosas podem ser representadas como se fossem parasitas, ou hospedeiros, cheios de venenos que, com o passar do tempo, ganham vida própria e acabam atraindo situações, pessoas ou coisas de mesma sorte.

Assim como os pensamentos relacionados às superstições são venenosos quando se creem neles, temos também que considerar os pensamentos que marcam um povo, uma nação, aprisionando a consciência dessas pessoas, tornando-as menores do que realmente são.

Por agora, é bom entendermos o aspecto dos pensamentos supersticiosos que destroem a mente por hospedarem no subconsciente das pessoas ideias venenosas e infundadas que complicam suas vidas.

Lembro-me de um caso curioso.

Certa vez, em viagem para o interior, tive a oportunidade de ouvir uma história muito interessante, contada pelo dono de um armazém onde fui efetuar uma compra. Esse senhor me disse que ele e outros homens estavam reunidos em uma adega ali perto, quando um homem entrou e, num murmurinho, todos começaram a apontá-lo, informando que se tratava de um novo fazendeiro cujas terras havia adquirido fazia pouco tempo.

Ao entrar na adega, esse fazendeiro exibia-se como alguém que desejava fazer novos amigos e logo passou a dar atenção a um peão que estava sempre por ali.

Esse peão relatou que, em uma de suas primeiras viagens como tropeiro, tocando uma boiada com animais bem valiosos, decidiram acampar perto do rio onde, agora, eram as terras daquele fazendeiro. Durante a noite, foram assaltados por ladrões que os surpreenderam dormindo e, na troca de tiros, o gado disparou, havendo perdas dos dois lados. Bandidos e peões morreram bem perto de onde existe uma cerca e uma grande pedra próxima do rio, quase ao lado da porteira. Mesmo depois de muitos anos terem se passado, era possível ainda ver, em noites bem escuras, as almas dos peões mortos que apareciam para avisar sobre os ladrões aos que estavam de passagem por ali.

O novo morador da região e fazendeiro sorriu e balançou a cabeça mostrando-se incrédulo. Porém, outro homem que também estava presente, contou que, em uma noite escura, passando perto do lugar mencionado, viu a alma de um tropeiro montado em seu cavalo branco, exatamente como o peão havia dito.

Em meio à admiração de todos, surgiram novos casos sobre assombração até um e outro ir embora, incluindo o fazendeiro com a história da alma do peão sobre o cavalo branco, na sua cabeça.

Já era bem tarde quando o fazendeiro pegou sua caminhonete e, após alguns quilômetros, percebeu que o pneu furou. Trocou-o e decidiu voltar para arrumar, pois não queria ficar sem estepe.

Quando conseguiu retornar para sua fazenda, à medida que se aproximava, a neblina deixava tudo mais escuro naquela noite sem luar. Mesmo com os faróis acesos, não conseguia ter boa visibilidade.

Pensava na história do assalto aos peões e ficava impressionado com as mortes ocorridas nas portas de suas terras, quando pegou a estrada ladeada pelo rio e por um campo muito extenso. Ao chegar à porteira, que ficava ao lado da pedra grande, olhou para frente e viu algo estranho. No fundo, ao longe, ele viu a figura esguia de um homem em cima de um cavalo branco.

O fazendeiro não precisou lembrar da tal história, pois ela não saía de sua cabeça. Sentiu um arrepio medonho. Um frio na barriga. Não conseguiu se aproximar, mesmo estando dentro da caminhonete.

Alguns arbustos e a neblina densa não deixavam que a imagem fosse mais viva; porém, ali, há alguns metros, havia um homem sobre um cavalo branco, com certeza.

O fazendeiro, atordoado, não conseguia descer do veículo para abrir a porteira e entrar em suas terras. Temia que as almas dos outros peões aparecessem. Decidiu apagar os faróis, pensando que quando sua vista se acostumasse com a escuridão, poderia ver que não tinha ninguém ali.

Isso não resolveu. Ele continuou vendo o peão morto em seu cavalo, sem sair do lugar, e ele também. Não tinha coragem para se aproximar.

Decidiu que ficaria ali para ver quem era mais firme: o fantasma ou ele. Afinal, alguém precisaria se mexer.

Nas primeiras horas da manhã, quando o dia quase clareava, o fazendeiro ainda pôde ver, na penumbra, o fantasma do peão e seu cavalo branco. Ele não acreditou. Esfregou os olhos e firmou a visão.

Com o chegar da claridade, naquela manhã nebulosa, pôde ver direito que, na cerca ao lado da porteira, havia uma pele branca de boi esticada dando formato ao corpo de um cavalo, e o tronco de uma árvore e suas folhagens davam forma corporal ao cavaleiro que ele acreditou, por muitas horas, ser o fantasma do peão morto ali.

O fazendeiro, então, ligou sua caminhonete e foi para a casa e, com certeza, teve muito que explicar para sua mulher.

Em sua próxima ida à cidade, conversando com o dono do armazém, ele riu muito ao contar sua história.

O dono do armazém, por sua vez, disse-me:

"— O fazendeiro ficou muito bravo quando eu falei que o peão que contou aquela história lá na adega riu muito, quando ele, o fazendeiro, foi-se embora. Aquela história do tiroteio perto das suas terras foi uma mentira só para deixá-lo impressionado e teve até o outro que confirmou a mentira só para pôr medo nele."

O dono do armazém termina a história dando uma estrondosa gargalhada.

Nesse relato, podemos ver o poder do pensamento como forma destrutiva e capaz de produzir o medo e acreditar em situações que não existem.

O que ouvimos de ruim, medonho ou supersticioso a mente usa para criar ideias, nas quais as situações se encaixam, justamente por termos medo de vivenciá-las.

Quando se acredita em algo, e dependendo da forma como se hospeda esse pensamento, ele será introduzido no seu subconsciente e se amplifica. Normalmente ele se associa a alguns acontecimentos de sua vida e na oportunidade certa, de forma sincrônica, surgem situações que confirmam as suas crenças, mesmo que seja de forma imaginária. Foi o que aconteceu com o fazendeiro. Ele acreditou em algo, pensou numa situação qualquer que pudesse passar medo ao encontrar os peões que morreram.

Assim como a mente é capaz de criar situações imaginárias, supersticiosas e até fantásticas, é também capaz de criar o medo, que paralisa e impede as pessoas de progredirem na vida. Elas têm medo de mudar de emprego, têm medo de experimentar caminhos mais criativos, mais alegres e prósperos para levarem as suas vidas em frente. Elas têm medo de elogiar, têm medo de criticar construtivamente e, principalmente, têm medo de dizer a verdade e de se posicionarem, ou seja, temem manifestar opiniões para não magoarem, não ferirem a própria imagem, não melindrarem o outro, não perderem amigos etc. Ainda digo que, com esse medo, a pessoa procrastina a manifestação de sentimentos, emoções e opiniões e, com isso, acaba se autodesrespeitando e se autoferindo, proporcionando a si tristes sentimentos que, com certeza, deixarão "cicatrizes emocionais".

O medo é uma fábrica de insucesso e de devastação produtiva. Ele impede a ação efetiva do ser, ou seja, não permite que a pessoa se manifeste em sua plenitude, não deixa que demonstre e tenha consciência de todas as suas potencialidades e possibilidades de crescimento. Com isso, impede que ela seja o que poderia vir a ser. Por essa razão, faz-se urgente o desligamento de forma completa desse estado mental ao qual a pessoa se submete, muitas vezes, por si mesma ou com ajuda dos outros.

Noutra vez, um executivo de hierarquia média, nível de gerência, de uma empresa multinacional, procurou-me para que eu o ajudasse com um problema que estava atravancando sua carreira, sua autoestima e seu progresso de uma forma geral. O problema consistia em não conseguir falar em público, apresentar resultados de sua equipe, propor reuniões de mudanças ou falar para as equipes de executivos de mesmo nível. Para ele, isso era terrível. Cada vez que era obrigado a fazê-lo, ficava sem dormir nas noites que antecediam ao evento. Apenas cochilava quando o sono era arrebatador e irresistível ao cansaço. Ficava muito irritado, com tudo e com todos. As conversas com os subordinados eram insuportáveis. Tudo mudava a sua volta. Nada era como antes, até que o dia chegava e acabava fazendo a tal e terrível apresentação. Daí em diante, sua vida voltava ao normal. Conseguia falar com as pessoas naturalmente, ordenava aos seus subordinados com cordialidade, respondia aos seus superiores com conhecimento de causa e de forma ponderada e racional.

Mas quando algum tipo de apresentação se fazia breve, momentos de tensão e de desarmonia apareciam em seguida.

Para ele, essa situação estava ficando muito pesada e insuportável. Pensava até em mudar de emprego para ver se conseguiria trabalhar em um local que não exigisse dele tal empenho.

Exaurido e sem motivação para ir em frente, ele procurou-me a fim de que eu pudesse ajudá-lo.

Durante nossas conversas, pude identificar fatos associados a sua vida na juventude, que o colocaram em situações embaraçosas, quando tinha de fazer apresentações e trabalhos na escola onde era zombado pelos colegas.

Ele associava, ou melhor, ligava as apresentações gerenciais aos momentos desagradáveis que passou em sua juventude. Com isso colocava-se em um estado de agonia e de angústia, deixando-se dominar por um sentimento de contrariedade que o conduzia a insatisfação e raiva. Por isso, as conversas com os subordinados eram insuportáveis e ele ficava irritado com tudo e com todos.

A raiva é o grau mais alto de indignação. Mesmo que ele nem se lembrasse das zombarias sofridas na infância e adolescência, o sentimento de raiva surgia em suas emoções por ser uma manifestação inconsciente. Ele nem sabia porque tinha insônia, irritação e toda aquela grande inquietação.

Pelo fato de não poder mais revidar as agressões do passado, criava uma agitação interna e isso causava um bloqueio mental que inibia o seu desenvolvimento pessoal, impedindo-o de exibir o seu potencial e fazendo-o sentir intenso desconforto diante das exposições em público.

Com o passar do tempo, foi possível identificar os bloqueios mentais e as crenças equivocadas que adquiriu, as quais, mais tarde, resultaram em limitações de suas ações e criações mentais, dificultando que atuasse de forma produtiva e próspera. Com o tempo, os bloqueios foram eliminados um a um. Por fim, o executivo passou a ser mais autoconfiante. Sua autoestima melhorou consideravelmente e ele conseguiu fazer suas apresentações sem traumas e sem tantas preocupações que lhe roubavam o sono e a tranquilidade.

Foi possível identificar os bloqueios mentais que apareciam por causa das agressões psicológicas que sofreu.

Muitos sofrem o *Bullying*, na infância ou adolescência, e permanecem calados, sofrendo por toda vida. A maioria fica "entrevada" mentalmente pelos danos que sofreu e de que não pôde se livrar. Com isso fica impedido, psicologicamente, de desenvolver-se plenamente.

A ideia deste livro é mostrar uma forma de libertação das amarras psicológicas às quais pode-se estar preso, a fim de que se possa descobrir o real potencial e valor que se tem.

Todos nós somos capazes de crescer e aprender a lidar com as dificuldades, quaisquer que sejam, desde que consigamos mantermo-nos conectados à Mente Superior, que emana vida e prosperidade em todos os sentidos. Acredite na elevação dos pensamentos como ferramenta de superação aos momentos difíceis.

Apesar de difícil, é importante aprender que são os momentos difíceis que nos fazem crescer de verdade e de forma plena. Uma vida mansa e sem desafios não coloca ninguém no topo do aperfeiçoamento humano e sim no estado vegetativo do comodismo e da mesmice, passando a acreditar que tudo tem de ficar como está e que nada na vida muda.

As maiores realizações e os grandes saltos para o crescimento estão diante dos momentos de dificuldade que se experimenta, quaisquer que sejam. Eles irão projetar sua vida para a frente e para cima. Acredite que esses momentos irão levá-lo a uma vida mais plena e saudável mentalmente.

Se não ficarmos atentos às armadilhas mentais existentes a nossa volta, podemos nos prejudicar profissional, material, emocional e mentalmente. De diversas maneiras, essas armadilhas estão a nossa volta, provocando e causando tentações. Nossas vulnerabilidades e fraquezas são o que nos fazem ceder a elas e cometermos enganos de difícil reparação. Essas armadilhas podem estar na televisão, na internet, nas músicas ou qualquer meio de divulgação, com imagens ou verbalizações, com propostas de comportamento que colocam a vida e a moral humana de forma banal e sem sentido. Como exemplo, colocam o ser humano como expositor de beleza extrema. Criam padrões de comportamento que são massivamente expostos como modelos a seguir. Proporcionam indignação, estimulam a fúria intensa etc.

Refletir antes de qualquer decisão é o melhor a se fazer. Não devemos tomar decisões precipitadas. Quando estiver em dúvida, peça à sua Mente Superior para indicar o melhor caminho. Cultive pensamentos harmoniosos e a certeza de que a resposta virá.

CAPÍTULO 13

O ser limitado pela herança cultural de pensamentos destruidores

Quando olhamos para os seres humanos, fisicamente, podemos classificá-los em duas categorias: homens e mulheres. Sem nos atermos à orientação sexual.

Depois disso, o próximo item que nos diferencia é a personalidade que, por sua vez, é caracterizada através de temperamento, inteligência, preferências, desejos, atitudes, entre outras coisas, que podem ser conscientes ou inconscientes. Pode-se dizer também que essa personalidade adaptou-se ao ambiente social em que se criou.

Concluímos que a natureza humana tem como diferença básica, assim que se nasce, a diferença sexual – homem ou mulher – e que as demais classificações, que possam diferenciar um e outro, vieram da sociedade, como forma de adaptação da existência do humano a sua condição de vida com outras pessoas.

Para entendermos melhor essa questão, vamos a um exemplo: o que diferencia um homem da cidade grande de um indígena? A resposta é simples: o que os torna diferentes são a cultura e a atividade de trabalho.

Tanto a cultura quanto a atividade de trabalho foram inventadas pelo humano, que é um resultado da convivência em sociedade.

Outro exemplo: financeiramente, o que diferencia um homem rico de um homem pobre? Resposta: É o dinheiro e a classe social a qual pertencem.

Outra pergunta muito boa é: por que na maioria dos países a saia é uma vestimenta só para mulheres? A resposta: a tradição e a sociedade.

249

O que você está pensando?

Esses e vários outros fatores foram criados pelo humano e pela sociedade. Eles acabaram diferenciando-nos uns dos outros. Apesar de, muitas vezes, convivermos tão próximos, essas diferenciações acabam por nos identificar e até provocam divisões sociais, religiosas, políticas etc.

Algumas pessoas desavisadas ou despreparadas para conviverem em sociedade entendem que essas diferenças sociais devam se estender a outras dimensões e separar o humano em outras categorias menores, além das duas que já foram mencionadas.

Para essas pessoas a diferenciação se torna uma discriminação. Quando isso acontece, os problemas da sociedade e das relações humanas crescem consideravelmente pelo movimento chamado de "escalada". O que quer dizer que quanto mais diferenças são notadas, mais diferenças serão criadas e assim por diante.

Alguns fazem questão de criar tradições e facções em cima das diferenças devido a sua natureza egoísta e vaidosa, com o intuito de passar adiante, em forma de tradição, deixando um legado para os seus descendentes. Não se importam se as tradições que estão sendo passadas refletem o interesse daqueles que a receberão.

Acreditaram que certas diferenças são tão acentuadas que se tornaram discriminatórias ou despertaram desavenças. São os casos de falta de conhecimento e de respeito entre os adeptos das religiões ou de diferentes pontos de vistas entre os partidos políticos, por exemplo.

Esse atraso no entendimento e aceitação da condição diferenciada do outro torna mais distante ainda o sonho de uma sociedade mais justa e saudável. Afasta o estado de modernidade social de que tantos necessitam para poder ter uma vida mais digna.

Não basta ter aparatos tecnológicos para afirmar que uma sociedade é moderna. Sociedade moderna também é respeitar as diferenças e conviver com elas de forma saudável, respeitando o ser humano, quem quer que seja.

A nossa sociedade ainda precisa embasar o seu funcionamento assentado em forma de Lei Civil, o relacionamento entre as pessoas, a fim de protegê-las dos menos sociáveis e garantindo o direito de igualdade, ou seja, para que um respeite o outro é necessário que exista uma lei para punir o desrespeitoso. Podemos dizer que o respeito só existe por conta do medo de ser punido.

A nossa sociedade está crescendo a cada dia. Mas o que ela mais precisa nesse momento é: evoluir.

Alguns aspectos e heranças da nossa sociedade emperram a sua evolução. São estigmas ou cicatrizes que trazemos através da História do nosso povo até hoje.

Por exemplo, na História do Brasil, mais especificamente na época da Colonização, uma grande quantidade de pessoas banidas de Portugal foi enviada para viver no Brasil, como uma forma de punição. Eram: ladrões, assassinos, prostitutas, hereges, feiticeiros, degenerados etc.

De certa forma, a sociedade atual descende dessas pessoas, mas não na sua totalidade. Outra parte da sociedade imigrante ajudou o movimento da colonização e se deu com pessoas vindas de vários países engajados no desafio de colonizar e contribuir com o país que estava se formando e não porque foram banidas por algum motivo.

Volta e meia, as pessoas se apegam ao fato de o Brasil, ou do povo brasileiro, ser como é por culpa de seus antepassados e suas faltas cometidas em sua terra natal.

Assumir isso é o mesmo que atribuir culpa a si pelo feito de outros.

O início da formação do país não pode ser mudado, mas a continuação e o final podem ser reescritos com dignidade, trabalho e esperança.

A sociedade atual é formada por outras pessoas, diferentes daquelas que o colonizaram. Isso não quer dizer que essas pessoas precisam dar continuidade à herança cultural e aos costumes que receberam, principalmente aqueles que levam à limitação, à desgraça, à degeneração do ser ou a diferença racial ao ponto de discriminação, o que é algo muito atrasado para os dias de hoje.

Um povo deve desenvolver sua cultura e viver nela, mas não seria saudável se esse discriminasse as pessoas por religião, etnia, nível social ou qualquer outra classificação.

A cultura ou os costumes de um povo são o produto de seus pensamentos e não um patrimônio que se passa adiante, como ocorre diante da morte: "alguém morre e deixa uma herança para os seus descendentes".

Os pensamentos se transformam em ação e descrevem a forma de um povo viver às voltas com os seus costumes.

Para se mudar os costumes e torná-los mais saudáveis e modernos é necessário primeiro mudar o pensamento desse povo, a fim de que ele veja, sob uma nova perspectiva de vida, esses costumes e de que forma eles contribuem para a formação das pessoas como um todo.

Tornar os costumes modernos não é simplesmente se desfazer de coisas antigas. Tornar um costume moderno é modificá-lo a ponto de fazer bem para todos e não discriminar alguém.

Faz parte da evolução humana modernizar e atualizar tudo ao seu redor, principalmente no que tange à forma como as pessoas se relacionam.

Modernizar a forma de viver, sua cultura e seus costumes, significa modernizar o seu pensamento. É o pensamento que conduz as ações humanas.

Acredito que a ideia de "modernidade" poderia ser mudada. Poderíamos dizer que ser moderno, hoje, é ser educado e polido nas ações, é se preocupar com as pessoas da sua família, demonstrar bons exemplos aos filhos, cuidar da saúde, exercitar-se, ler, estudar, desenvolver hábitos saudáveis, não discriminar as pessoas pelo que elas são, possuem ou não.

Erroneamente, na maioria das vezes associa-se o moderno à tecnologia.

A tecnologia é necessária, mas sem pessoas qualificadas para a utilizarem de forma adequada, moral e intelectualmente, de nada serve para o bem, para a elevação do ser.

As pessoas são as preocupações emergentes na atualidade. Portanto, ser moderno é preocupar-se com o bem-estar delas, é dar-lhe acesso aos cuidados médicos, odontológicos e psicológicos. Dar--lhe acesso às escolas e universidades, clarear-lhes os pensamentos críticos para construir um mundo melhor. Isso é ser moderno.

A herança cultural mal entendida cria impedimentos para o nosso crescimento e desenvolvimento como pessoas, principalmente quando essas heranças são de origem sociogênica, ou seja, de origem social.

Certa vez, presenciei um acontecimento que me fez entender isso.

Em uma reunião de amigos, um deles contou sobre as dificuldades que teve com os seus pais. Ele era descendente de imigrantes orientais e há poucos anos havia se casado com uma brasileira. Em conversa, esse amigo disse que demorou por volta de quatro anos para que a família dele aceitasse a sua união com uma pessoa de outra nacionalidade. Para resumir, os dois eram brasileiros, só que ele era descendente de imigrantes orientais. Aparentemente não há nada de errado nessa história. Só o que existe aí é o fator cultural de que os pais queriam que o filho se casasse com uma descendente de orientais. E isso representa um costume que possui um ato discriminatório silencioso que foi criado por pessoas e que agora faz parte de uma cultura.

Entende que a questão cultural é forte o suficiente para provocar sofrimento em uma ou em milhares de pessoas?

Quantas pessoas sofrem a discriminação por credo, etnia ou costumes associados a culturas antigas?

Como já foi dito, toda essa cultura que impõe princípios pautados na discriminação, qualquer que seja, foi criada pelo humano, para que ele pudesse se diferenciar e fazer dessa diferença um modo de vida, que nem sempre agrada a todos.

O indivíduo deve estar livre para fazer a sua escolha. Seguir ou não as raízes culturais na qual foi submetido. Impor tal situação é o mesmo que aprisionar sua consciência e livre-arbítrio.

O caso se agrava, quando se quer criar uma criança em uma cultura dentro da outra. Por exemplo, quando se quer criar uma criança em uma cultura brasileira, por ter nascido no Brasil, mas como a família é descendente de indianos, decide criar a criança também na cultura indiana, estando no Brasil.

Isso criará problemas futuros para essa criança. Poderá surgir uma grande confusão de identidade em sua mente, pois ela não se sentirá pertencente à cultura brasileira nem a indiana. Ela não saberá exatamente quem é. Além das dificuldades que enfrentará na "sociedade infantil brasileira" para ser aceita por um grupo correspondente a sua idade.

Não é uma regra, mas já soube de casos de pessoas que foram forçadas a viverem vida dupla de cultura e costumes e se sentiram muito infelizes e prejudicadas por isso. Elas se tornaram pessoas confusas com a sua identidade. Tiveram dificuldades com o idioma, principalmente na escrita e encontraram problemas na formação escolar. A cultura discriminatória ainda é mais grave e pode deixar sequelas na personalidade do indivíduo.

Em algumas famílias, no entanto, a miscigenação cultural, vivida sem preconceitos e sem imposições, formam descendentes sem problemas de identidade e com relacionamento social bem saudável.

Em casos em que a cultura perturba a formação da pessoa, seus pensamentos também serão atingidos.

Se o indivíduo não se adaptar à cultura recebida, poderá cultivar pensamentos de desarmonia, fracasso e desejo de fuga. Isso afetará sua autoestima e o levará a seguir por caminhos mais difíceis e cheios de frustrações. Acabará atraindo acontecimentos que irão ao encontro da sua realização pessoal, mas encontrará barreiras culturais que irão confundi-lo e frustrá-lo durante toda a sua vida.

As culturas e costumes que maltratam, que são imorais e que discriminam devem ser repensadas.

Cultura e o preferencialismo

Alguns países possuem uma cultura de preferencialismo com relação ao sexo dos filhos.

Em alguns países dão preferência ao sexo masculino, Isto é, o nascimento de meninos é muito mais esperado do que o das meninas.

As meninas possuem um grau de importância menor na escala social daquele país.

Em outros países, o menino acaba herdando a maioria dos bens dos pais, e as meninas ficam com uma menor parte da herança. Sendo que o justo seria a divisão igual para todos.

O preferencialismo promove pensamentos que irão tornar a vida das pessoas distorcidas dos seus reais valores. Essas pessoas darão um valor diferente a outras pessoas. Irão dar um significado diferente do que a vida destinou a elas.

Homens e mulheres possuem a mesma importância diante da vida, nenhum é mais valioso do que o outro, em momento algum.

Quando o preferencialismo ou prediletismo se instala na mente de uma pessoa, ela passa a filtrar as suas decisões com base nesse prediletismo, prejudicando a real interpretação de uma situação e decidindo de forma equivocada.

Os pensamentos atravessados pelo preferencialismo embarcam a mente em decisões erradas, atraindo situações, pessoas ou coisas que poderão levá-lo a caminhar por trilhas tortuosas e cheias de buracos ou enganos que tornam a vida amarga e, possivelmente, sem felicidade alguma.

Cultura e a modernidade

O amor, a valorização e o respeito pelas pessoas devem estar sempre à frente.

Exercer as potencialidades do ser humano para o mal, para o abuso, para a usurpação, para o poder desmedido, para o desajuste social ou para os vícios da mente e do corpo, para a promiscuidade, para a vulgaridade são totalmente estéreis. Sem futuro.

Ser moderno tecnologicamente não é o mesmo que ser moderno e digno socialmente.

Seria interessante que todos entendessem a importância de ser moderno socialmente.

Seja moderno! Seja uma pessoa digna. Primeiro, acredite em você. Tenha em mente que hoje é melhor do que já foi e amanhã será mais perfeito e evoluído. E assim por diante. Cultive pensamentos otimistas a respeito de si e dos outros. Acredite que tudo e todos podem melhorar e prosperar. Deseje o bem para que você seja o bem.

Seja moderno! Seja digno. Acredite que você pode ajudar as pessoas a se tornarem melhores do que já são. Comece esse processo dentro da sua casa. Apoie aquelas que estão sob o mesmo teto. Dê a elas atenção, carinho e ensine-as a serem gratas pelo que têm, a darem valor ao amor e ao companheirismo. Ensine-as sobre a importância da amizade, a fazer orações e a se ligarem à Mente Superior. Fale sobre os valores da vida e de viver.

Seja moderno!

Se você é um médico, enfermeiro, professor, lojista, engenheiro, balconista, advogado, diarista, psicólogo, porteiro, administrador de empresas, taxista, dentista, gari etc, acredite que a Mente Suprema o colocou nesta posição e faça o melhor que puder para atender com dignidade, carinho e amor aqueles que necessitarem dos seus préstimos. Vamos ser modernos e ter dignidade dando atenção às pessoas. Algo que está escasso e fora de moda hoje em dia.

Se você recebeu uma cultura de seus familiares ou de seus superiores, amigos ou colegas de trabalho, na qual aprendeu a se comportar de forma desleixada ou desrespeitosa com materiais, objetos ou pessoas e que não devesse se dedicar melhor ao que faz. Se você se sente cansado, insatisfeito, irritado, mude seu comportamento, reforme-se, trate bem os outros. Deixando alguém feliz você será feliz. Muitas vezes, é essa a razão da insatisfação, da irritação e de estar cansado do que se faz.

Seja moderno e transforme-se. Trabalhe com amor e com dedicação, pois dias melhores sempre virão, visto que sua mente subconsciente impregnada de bons pensamentos atrairá inúmeros acontecimentos e pessoas até você. Isso irá ajudá-lo a trilhar um caminho melhor, a obter satisfação na sua profissão e, consequentemente, usufruir uma vida mais tranquila e em paz para você e para os outros que o cercam.

Seja moderno! Seja correto! Seja honesto! Seja ético! Seja respeitoso com as pessoas! Seja aplicado e dedicado! Seja amoroso! Seja paciente! Seja digno!

Não espere que as coisas cheguem até você de forma gratuita. Lute por elas. Dessa forma, elas terão um valor maior para você e com isso poderá dizer a si mesmo: "Eu mereci! Eu sou capaz!" E terá orgulho disso. Sua autoestima irá melhorar por você ser um vencedor.

Se pedir a Deus para lhe dar as coisas, é bem possível que Ele irá primeiro proporcionar a oportunidade de testar a sua fé naquilo e depois irá ajudá-lo a fazer com que você consiga por si mesmo. Deus é justo. Ele não dá nada a ninguém. Ele proporcionará a oportunidade de se tornar um merecedor daquilo que quer, em vez de lhe dar gratuitamente o que deseja. Se você quer ser uma pessoa paciente, Deus lhe dará oportunidades de desenvolver a paciência através de certas situações que vivenciará. Se você quer ser uma pessoa inteligente, Deus irá proporcionar situações que irão treinar sua inteligência para deixá-la apurada e com raciocínio rápido e preciso.

Quando você for paciente e inteligente, terá a percepção de ter conquistado tudo isso. Só lhe restará agradecer a Deus por ter proporcionado as situações e vivências necessárias para conquistar esses atributos pessoais, de que agora é merecedor.

Faça por merecer. Exerça o seu poder pleno de ser humano. Use a sua inteligência para o correto e para o bem. Ajude o quanto puder nos projetos que dignificam a vida e o ser humano, mesmo sabendo que eles são mais difíceis e que poucos se dispõem a trabalhar neles. Mas tenha a certeza de que esses projetos irão trazer surpresas muito agradáveis para a sua vida, quando menos esperar.

Independente da herança cultural que recebeu, siga o seu caminho, sempre com dignidade e fazendo o bem. Molde-se à cultura de forma que ela lhe traga coisas boas, para que possa cultivar pensamentos bons e harmoniosos e que, com isso, toda a sua vida seja uma expressão do bem. Atraia o bem para você e para os seus.

O ser humano tem uma meta importante: crescer. Qualquer atalho pode fazê-lo estagnar na escala evolutiva.

A vontade, o desejo, o empenho são os combustíveis para o crescimento pessoal, moral, material.

Cresça você também.

Evolução é uma Lei Universal.

CAPÍTULO 14

Ter em mente, acreditar

É extremamente importante esclarecer os termos *"ter em mente"* e *"acreditar"*. Estes dois termos são diferentes em conceito e funcionalidade.

O poder do pensamento inicia-se quando a pessoa tem intenção em realizar algo. Pode visualizar ou não uma saída. Pode perceber ou não um caminho a seguir.

A partir do momento que se quer conseguir algo, precisa-se ter em mente o que se quer.

Esse aspecto precisa de esclarecimentos maiores a partir de agora.

Ter em mente significa pensar em algo. Visualizar na mente o objetivo que se quer atingir.

Ter em mente é imaginar-se conseguindo algo que queira, cena a cena, até conseguir ter a visão clara de que se está atingindo o pretendido.

Acreditar é diferente. É um processo que vem depois do "ter em mente". Explicando melhor, precisamos primeiro ter em mente o que desejamos conseguir de forma clara e objetiva. Em seguida, **acreditar** piamente no sucesso. É preciso sentir isso de tal forma como se já tivesse ocorrido, senão o processo de impregnação do subconsciente não ocorrerá.

Se você não se considera capaz de conseguir o que quer ou se não acredita em si, o processo todo dificilmente ocorrerá.

Ter em mente é imaginar objetivamente o que se quer obter. *Acreditar* é um estágio mais avançado. É sentir-se dono e participante do que quer que seja. Portanto, só *ter em mente*, imaginar o que se deseja não é o suficiente.

O *acreditar* precisa passar pela aprovação das barreiras da sua mente. Precisa passar pelos seus valores e princípios.

Para entender melhor, é necessário explicar o significado de "valores" e "princípios".

Os Valores estão associados ao caráter das pessoas. São as qualidades que têm força e que são valorizadas pela pessoa através de suas preferências, tendências e influências sociais, como: acreditar e respeitar a família, acreditar e respeitar a amizade, ser gentil, firme, estudioso, esforçado, leal, humano, ponderado etc.

Os Princípios são as causas primárias ou regras de boa conduta, nos quais uma pessoa governa a sua vida, como: justiça, honestidade, educação, moralmente correto etc.

Explicando melhor, se eu tenho como princípio ser moralmente correto, consequentemente tenho como valores o respeito à família, o respeito à amizade etc. Se eu tenho como princípio a educação, tenho como valores ser estudioso, apreciar o conhecimento etc. Se eu não tenho como princípio a honestidade, eu não tenho como valores a lealdade, o humanismo, a generosidade etc.

Os princípios aprendidos e recebidos como cultura, ou seja, os princípios culturais são a base dos valores cultivados por cada um.

Com base nos princípios e valores de cada um, o acreditar só será possível se esses princípios e valores não forem ofendidos, ou seja, o que se quer obter não deve proporcionar um desrespeito a si.

Os princípios e os valores funcionam como filtros nas tomadas de decisões. Se esses filtros forem fortes, eles funcionam como barreiras e o resto não acontece.

Por exemplo: se alguém tem como princípio a honestidade e seus valores são de lealdade, essa pessoa não obterá êxito ao mentalizar sucesso por consequência de um golpe desonesto para obter riqueza. Porque não vai conseguir acreditar nisso, mesmo que tente.

Outro exemplo: se alguém tem como princípio a autodesvalorização e como valor tenha a baixa autoestima e fica mentalizando sucesso e êxito pessoal sem antes mudar esse conceito, é pouco provável que consiga êxito em seu desejo, pois não acredita que vá conseguir sucesso ou que seja merecedor dele.

Por isso é necessário ter em mente o que se quer, acreditando, de verdade, que o que se quer é possível e justo de se conseguir, sem que seja contra aos seus princípios e valores.

Quando o desejo flui através desses dois filtros – princípios e valores – significa que o estado de consciência dessa pessoa está de acordo com o modo de vida dela. O que ela deseja não fere sua consciência em nenhum momento.

Caso o desejo de uma pessoa venha e ser bloqueado por um dos dois filtros, e mesmo assim a pessoa insistir nele, um mal-estar se instalará em sua consciência, incomodando-a.

Depois que o que se tem em mente passa pela aprovação dos seus valores e princípios de vida, esse pensamento ganha força para avançar, e se a pessoa se crê merecedora, passa a *ter em mente* o seu desejo, daí então vai para a próxima etapa, que é o *acreditar*, e isso é o que influencia seu inconsciente com muita propriedade e proporciona a realização de seus desejos.

Lembrando, mais uma vez, que *Ter em mente* é imaginar-se conseguindo algo que queira, cena a cena, passo a passo, até conseguir ter a visão clara de que se está atingindo o pretendido.

Se a pessoa tem em mente algo sadio e próspero a seu favor e quer consegui-lo, deve, portanto, crer naquilo que está em sua mente.

Quando se crê no que se quer, a pessoa coloca uma energia semelhante a do poder da fé nesse pensamento. Quando essa energia poderosa de crença se associa ao pensamento, esse se dirige para o subconsciente ganhando força para a sua realização.

Nesse momento, dependendo do grau de crença, esse pensamento irá receber uma energia de igual impulso no subconsciente, ou seja, quanto mais se acredita, mais chances existirão para a sua realização.

Para resumir: quanto maior o grau do desejo, mais rápido e eficiente será o grau de realização.

Claro que se alguns dos desejos estão associados ao tempo, a pessoa terá de esperar o período necessário para a realização natural.

Por exemplo: se um adolescente utilizar os seus poderes para ser um executivo de sucesso e ser reconhecido em vários países, isso pode demorar algum tempo. Esse rapaz precisará tornar-se mais adulto para poder assumir certas responsabilidades normais da vida, amadurecer ideias, aprendizado, pois ainda jovem precisará de tempo e experiências necessários para atingir o que deseja, de forma plena.

CAPÍTULO 15

O poder do pensamento e a ordem

Colocar ordem na vida é tudo que sua mente precisa para trabalhar de forma mais ágil e desimpedida. A ausência de confusão traz efetividade de atuação. Por sua vez, a clareza de pensamentos faz com que se tenha ideias limpas e objetivas do que se quer.

A mente perturbada, com pensamentos acelerados ou uma série de preocupações simultâneas que não demandam urgência em soluções, não é clara. Não sabe o que quer. Não sabe decidir. Não tem objetividade e proporciona inquietação.

Por que será que isso acontece? Por que essa confusão de pensamentos com conflito de interesses emocionais? Por que será que a pessoa faz isso com ela mesma?

A resposta é que, normalmente isso acontece porque a pessoa procrastinou. Deixou para depois. Não resolveu o problema assim que surgiu. Não teve posicionamento para dizer não etc. Então, sua mente luta para que todos esses conflitos recebam sua atenção principal. Ela quer ver tudo resolvido a fim de mantê-la desocupada e despreocupada para, então, ocupar-se com outras atividades.

Quando a mente está perturbada por sobrecarga, a organização do pensamento se faz urgente para não se ter a atenção comprometida e ver prejudicadas as principais coisas que se deve fazer.

A pessoa precisa, primeiro, estar ciente de que essa confusão está presente e que atrapalha seu desempenho na atuação pessoal e profissional.

Geralmente, a confusão de pensamentos tem associada a si uma carga emocional por conta dos seus valores e princípios decorrentes de sua história de vida, ou seja, cada pensamento possui uma carga emocional de acordo com os valores e princípios de cada um.

Se a pessoa tem um pensamento que é de preocupação, ele terá uma carga bem maior do que a de um pensamento que traga a lembrança de um passeio tranquilo.

Se outra pessoa tem vários pensamentos que a preocupam, a carga deles será, sem dúvida, bem maior do que o da outra que tem somente um pensamento de preocupação.

É lógico que cada caso é um caso. Por isso, tudo é relativo ao problema e aos valores e princípios de cada um.

Por exemplo: um indivíduo tem um pensamento de preocupação porque sua esposa está doente e internada em um hospital. Ele fica inquieto, triste e procura estar sempre ao seu lado. Isso ocorre por causa de seus valores e princípios.

Outro indivíduo na mesma situação, com a esposa com o mesmo problema, tem pensamento de preocupação porém é capaz de sair com os amigos para tomar um drinque e relaxar. Isso também ocorre por causa dos seus princípios e valores.

Não é o número de problemas que determina a carga de preocupação. Pode acontecer de uma pessoa ter vários pensamentos que a preocupam e por isso está com grande carga emocional. Outra, por sua vez, com um único pensamento preocupante, pode ter uma carga emocional muitíssimo maior, pois pode ser um pai que tem o filho sequestrado, por exemplo.

São os pensamentos e suas cargas emocionais que contribuem para a indecisão e a insegurança de alguém, seja na vida pessoal ou profissional.

Os pensamentos com carga emocional se apresentam em forma de cobrança, exigindo da mente uma mobilização para que seja encontrada uma solução.

A carga emocional de cada pensamento é determinada pelas dificuldades ou fraquezas de alguém em lidar com os assuntos a que esses pensamentos se referem. Por exemplo: se uma pessoa tem dificuldades em lidar com assuntos familiares, todos os pensamentos relacionados a esse assunto terão uma forte carga emocional para ela.

Normalmente, o critério que a pessoa utiliza para saber a qual pensamento deva dar atenção primeiro é o critério que determina o grau emocional mais perturbador que aquele pensamento tem para ela, ou seja, o pensamento mais inquietante, o que mais incomoda é o pensamento ao qual ela dará atenção primeiro ou é a situação que ela quer resolver primeiro.

Nas situações em que os pensamentos tumultuados e com forte carga emocional sobrecarregam a pessoa, o mais sensato e prudente a fazer é aquietar os pensamentos e acionar o lado racional para julgar qual a situação mais importante a ser resolvida. Isso ajudará a criar um equilíbrio entre o emocional e o racional, não deixando que um ou outro domine a mente com inquietação. O equilíbrio entre os dois é a chave para o sucesso pessoal.

O indivíduo imaturo, emocionalmente falando, tem o comportamento de fuga diante de situações preocupantes. Ele foge em vez de enfrentar. Fica alienado buscando distrações em vez de procurar soluções ou, simplesmente, não está presente ocupando-se com outra atividade, tentando dizer, para si mesmo, que aquela atividade é mais importante do que a situação preocupante.

A fuga é a negação ou adiamento de uma situação que, certamente, irá proporcionar desenvolvimento pessoal. Em muitas ocasiões na vida, a negação ou adiamento do enfrentamento para determinada situação provoca, através de forças inconscientes, uma nova situação, nem sempre idêntica, mas cheia de características ou propriedades que testam a capacidade de enfrentamento da pessoa, da mesma forma que a primeira vez se deu.

Se essa pessoa não enfrentar determinada situação que a elevará em grau de aperfeiçoamento, um acontecimento semelhante ocorrerá a fim de testá-la novamente para que enfrente seus medos e faça crescer a coragem e a determinação a que se propôs.

Todas as suas reações diárias, desde a mais simples à mais complexa, exigem uma resposta emocional que está disposta no indivíduo, mas que, muitas vezes, não está madura o suficiente para deixar os pensamentos claros ou estabelecer prioridades sobre eles.

Vou explicar melhor. Muitas pessoas respondem às tarefas diárias de forma que apresentam uma irritabilidade aguda, chegando ao descontrole e reagem de muitas formas, negando-se a concordar com outra pessoa, criticando, ressaltando o seu orgulho e vaidade, comportando-se soberbamente, agredindo as pessoas com palavras ou menosprezo indiscriminado.

Outras reagem com fúria ou amargura às situações difíceis, causando desespero e ressentimentos.

O lado emocional dessas pessoas ainda não está pleno no seu entendimento. Ela ainda não se conhece. Não conhece suas emoções e o grau de influência que essas emoções possuem em seus pensamentos para provocarem tamanha reação.

O primitivismo, no desenvolvimento emocional, desencadeia uma gama de reações de igual teor, ou seja, dispara uma série de reações igualmente primitivas e desajustadas no indivíduo que, normalmente, são de características agressivas, quer sejam em palavras ou em expressões físicas.

Esse desnorteamento ou confusão emocional leva, em forma de enxurrada, os pensamentos ponderados e mais racionais, deixando somente os pensamentos primitivos. O que, naturalmente, leva o indivíduo a decidir-se por um caminho equivocado por conta de suas emoções desenfreadas.

O que precisa ficar claro, aqui, é que muitas pessoas decidem fazer uma coisa por força das emoções que as envolvem e abandonam o racional completamente, deixando-se levar pelo emocional. Como diz o jargão: "colocando os pés pelas mãos", em algumas situações.

É bom lembrarmos que todas essas emoções e pensamentos serão dirigidos ao subconsciente. Dessa forma, estará impregnando seu subconsciente com pensamentos contraditórios à Lei do Progresso. Irá impregná-lo de raiva, desdém, ódio, amargura e muito mais. Todos esses pensamentos poderão ganhar força e prejudicá-lo ou perturbá-lo de alguma forma futuramente.

Cabe salientar aqui o motivo do insucesso de algumas pessoas quando tentam usar o poder do pensamento para obter algo que desejam.

Se o indivíduo mentaliza prosperidade e sucesso profissional, por exemplo, e é uma pessoa que cultiva raiva, dirige-se aos outros com desdém, desrespeito ou é uma pessoa amarga e pessimista, ele impregna o seu subconsciente com essas energias. Assim, ao mentalizar prosperidade, receberá em troca o insucesso e a amargura que vem cultivando há anos.

Como foi dito antes, todos os pensamentos dirigidos ao seu subconsciente passam primeiro por você. Eis a necessidade de termos o controle sobre os nossos pensamentos, palavras e ações. Não devemos deixar as ideias, as atitudes e as verbalizações "aparecerem por si mesmas". Nós devemos estar no controle do que queremos pensar, imaginar, dizer ou realizar.

Esse conceito é muito importante e seria bom não esquecê-lo ou descartá-lo.

Quando uma pessoa está com problemas, confusa e cheia de preocupações, se perguntássemos o que ela está pensando, provavelmente dirá que estava perdida em seus pensamentos ou dirá que estava pensando em muitas coisas ao mesmo tempo. Se perguntarmos como ela estava se sentindo, provavelmente dirá que experimentava uma amargura ou angústia proveniente da confusão. Isso se dá por conta dos pensamentos tumultuados que estavam perambulando em sua mente. O simples fato de pensarmos nos problemas não garante a sua solução. O fato é simples: a pessoa não está pensando em resolvê-lo, mas está concentrada no problema, repassando-o mentalmente como quem repete um filme mental. Isso é pior do que só ter o problema. Ficar somente pensando nele não o resolve. O que irá ajudá-lo, nesse momento, não é ficar focado no problema, mas pensar em soluções e abrir-se mentalmente para que elas surjam.

Quanto mais se pensa só no problema, mais incerteza, confusão e angústia se apresentam como resultados.

O que ocorre, nesse caso, é que quando a pessoa está envolvida em certa dificuldade, esta a consome de tal maneira que ela permanece inerte, estática, como se estivesse sendo hipnotizada pelo problema. Quanto mais se foca nele, maior ele se torna. Além disso, o excesso de atenção a uma dificuldade o consome exaustivamente e não deixa o indivíduo enxergar saídas.

Nesse momento, a pessoa deve dar-se conta de que não adianta encarar o problema só como problema. É necessário agir para resolvê-lo. Deve então iniciar o processo de procura pela solução, apenas aceitando que o problema existe e está ali, à espera de uma solução.

Quando a pessoa só enxerga o problema, ocorre uma invigilância dos pensamentos, permitindo que esses lhe tragam mal-estar e angústia. Dessa forma, ela se vê incapaz de solucioná-lo definitivamente.

Entende agora por que é importante que você domine seus pensamentos e que não permita que qualquer ideia navegue por sua mente "por conta própria"?

É sempre importante e prudente se perguntar: o que é que estou pensando e por quê? Qual é a utilidade desse pensamento? Aonde ele vai me levar?

Façamos uma comparação para ilustrar uma situação a fim de que isso fique claro.

Imagine que você está na sala de estar de sua casa, por exemplo. Ali, naquele cômodo, fica a porta principal. De repente, você vê uma pessoa estranha, que não foi convidada, entrando por essa porta. Esse indivíduo desconhecido começa a andar livremente pela sala e passa a dar espiadinhas em outros cômodos, cujas portas estão abertas. Você não sabe quem é, de onde ele veio, o que quer nem qual a necessidade de estar ali. Sem dúvida alguma, você não vai gostar de ver essa cena. Se assim é, qual seria sua reação? Provavelmente, seria a de impedir o sujeito de caminhar livremente, por isso vai detê-lo, interrogá-lo e, se ele não for útil, não vai deixá-lo ficar ali. É muito provável que faça muitas perguntas e vai desejar saber por que ele entrou sem ser convidado. Algumas pessoas chegam a dizer que, se isso ocorresse, pegariam a vassoura e correriam atrás do estranho de forma assustada ou atirariam objetos nele. De qualquer maneira, e, de um modo geral, a maioria iria expulsar o tal indivíduo estranho e desnecessário de sua casa, não é mesmo?

Por que então não fazer o mesmo com os pensamentos que entram em sua mente sem serem convidados? Por que você não os expulsa? Por que os deixa entrar livremente? Por que deixou a porta aberta?

Você estava invigilante, é por isso!

Só porque a mente é sua e os pensamentos são livres, deve deixá-los aparecerem por si mesmos?

Não!

Devemos ficar mais atentos, mais alertas, pois isso é sério. É grave. E é o que fazemos com muita facilidade. Deixamos pensamentos intrusos vaguearem livremente por nossa mente, sem saber o que eles vão fazer ali. Eles podem provocar um enorme estrago. Acredite.

Lembre-se da frase bíblica "Orai e Vigiai". Quanto à oração, já foi dito sobre a importância desse assunto. Agora se trata de falar sobre vigiar os seus pensamentos. Assunto igualmente importante, pois é necessário dispor desse recurso para evitar as visitas indesejadas de pensamentos intrusos em sua mente.

Permitir que sua mente fique poluída com pensamentos imorais, através de piadas, narrações infames ou ainda com pensamentos que têm a intenção de denegrir a imagem de outra pessoa, por exemplo, é permitir que sua "casa mental" seja mal frequentada.

Estará tornando sua mente uma oficina de más ideias, fábrica de pensamentos danosos a sua saúde emocional, psicológica e, posteriormente, física. Estará com isso, prejudicando a sua psicosfera com um baixo nível vibracional e, dessa forma, prejudicando sua mente, tornando-a frágil e vulnerável a novas invasões de outros pensamentos danosos.

Voltando à ilustração da casa invadida por um estranho, se você permitir a entrada de qualquer pessoa, logo esse novo frequentador de sua casa vai mexer em tudo como todo intruso ou invasor faz, não é mesmo? Logo, esse frequentador irá tornar sua casa a propriedade dele e fará dela o que quiser. Vai mexer em suas coisas, quebrar outras ou ainda mudá-las de lugar ao seu bel prazer. Entende que isso será um caos?

Mais tarde, esse frequentador pode-se tornar um morador. Irá trazer outros convidados de um mesmo nível ou ainda pior.

Pelo fato de não querer que isso aconteça na casa onde mora, você toma determinadas medidas como: tranca a porta, fecha janelas, faz muros de proteção etc.

Pelo fato de não querer que algo assim aconteça em nível de pensamento, você deve também proteger a sua casa mental.

Se você permitir que em sua casa mental entre qualquer tipo de pensamento e ideia, ela vai se transformar em um caos completo e se tornará um lugar mental indesejável de se frequentar, inclusive por você mesmo.

Isso acontece com frequência.

Existem pessoas, por exemplo, que não suportam viver ou estar com os próprios pensamentos e nem sabem disso. Por isso, elas necessitam, com excessiva frequência, de distração como: não param de mexer na internet, não param de mandar torpedos ou mensagens pelo celular, ouvir músicas em volume muito alto. Existem as que fazem muitas compras, desejam passear muito etc. Cada qual ao seu jeito procura uma espécie de fuga para não se ligar aos próprios pensamentos. A vontade é de abandonar a própria casa mental, mas isso não se pode fazer.

Isso nos leva a entender que escolher o que se faz, o que se pensa, o que se diz e o que se ouve, faz parte da organização dos nossos pensamentos.

Os pensamentos e ideias que invadem a casa mental não se resumem somente a trazer sensações de medos, angústias, tristezas, preocupações severas e fobias, eles também podem ser perigosos. Algo que ainda pode acontecer, por conta de pensamentos invasivos, é que impregnado por ideias inconvenientes, que vagam aleatoriamente na mente do indivíduo, ele vai procurar por sexo, álcool, drogas, vida promíscua e tudo mais que, certamente, vai inferiorizá-lo diante de si e da sociedade.

A inferiorização ocorre por conta da desvalorização pessoal que os pensamentos degradantes provocam e intoxicam o indivíduo.

O problema é que quanto mais se demora em fazer uma desintoxicação, mais prejudiciais são os efeitos.

Fazer escolhas mentais é possível e essas se iniciam com nossos pensamentos e nossas práticas.

Por outro lado, não é possível arrancar uma ideia ou um pensamento preocupante ou problemático de algo que está acontecendo ou do que se fez. Não é possível também arrancar um arrependimento, por exemplo, de nossa mente, mas é possível trabalhar, psicologicamente, qualquer um desses fatos para que nos sirva de fortalecimento perante a vida e em novas situações. Fortalecidos, é possível fazer melhores escolhas e colocar em ordem a casa mental.

Essa é a razão e a necessidade de se conhecer muito bem e aprender a escolher, tomar decisões e estar no controle de sua vida.

Isso é chamado de vigiar-se.

Algumas situações problemáticas na vida geram pensamentos que proporcionam sentimentos de impotência, angústia e ansiedade. Isso faz com que a pessoa passe a se sentir mal de uma forma geral. Esses sentimentos acabam se associando aos pensamentos que teve naquela fase difícil. Com o tempo, os pensamentos mudam e vão embora porque o problema foi resolvido, dando a impressão de que tudo acabou. Na verdade, a situação difícil, o problema, acabou, mas os sentimentos que experimentou, nos instantes de extrema tensão, permanecem no inconsciente, de modo que a pessoa pode nem se lembrar mais do que sentiu ou experimentou, mas esses sentimentos ruins ficam "guardados".

No desenrolar da vida dessa pessoa, qualquer situação, lugar, conversa ou palavras, música ou ruído que lembrem, mesmo que de leve, as situações traumatizantes vividas nos momentos difíceis, trarão à tona toda uma gama de sentimentos que estão associados às lembranças do passado.

Nesse estágio, a pessoa fica com os sentimentos ruins e já não sabe mais por que está assim. Então, o sofrimento que sente tem uma causa inconsciente, pois os pensamentos deram lugar a traumas ou transtornos de humor, de maior ou menor grau, que estão instalados em seu subconsciente. Em casos graves são os chamados Transtornos Pós-Traumáticos. Por isso, é muito comum alguns dizerem que se sentem mal, mas não sabem por que. Têm uma sensação estranha ou ficam angustiados e não sabem por que.

Para ilustrar melhor, vamos ao seguinte exemplo: o de uma pessoa que dizia ter medo de chuva. Piorava quando escutava trovões. Isso lhe causava medo, pânico e confusão mental.

O que você está pensando?

Em dado momento de sua vida adulta, seus problemas e dificuldades aumentavam de tamanho e intensidade. Daí, então, seu medo de chuva aumentava significativamente. À medida que solucionava seus problemas, seu medo diminuía e até desaparecia.

Procurando em seu passado alguma relação com o medo apresentado, ela recordou que, quando muito pequena, apanhou por ter feito algo errado e dormiu sem jantar. Aquele foi um dia muito chuvoso e, de madrugada, ouviu trovões.

Mesmo sendo criança ela sabia que o que fez estava errado e sofreu angustiada, apreensiva e teve alto nível de ansiedade até que alguém descobrisse o que fez. Isso lhe proporcionou extrema dor e sofrimento emocional. Ao apanhar, experimentou a dor física. Tudo isso associado à chuva e trovões.

Quando adulta, às apreensões surgidas por situações que tinha para resolver, geravam sentimentos de medo e ansiedade. Essa pessoa nem se lembrava mais do ocorrido quando criança, porém associou chuva e trovões a sentimentos que variavam de medo até o pânico.

A melhor maneira é ficar consciente de que uma situação sempre é diferente da outra. O enfrentamento do medo, por exemplo, é a melhor forma de entender que o que aconteceu, aconteceu. Passou. Acabou. Mas isso é muito difícil de fazer sozinho.

Profissionais com graduação na área da saúde mental estão hábeis para lidar com isso. Falar sobre o que causou o trauma, quantas vezes forem necessárias até que se gaste toda energia tensa represada. É um começo, pois isso é demais importante. Depois entender que os sentimentos angustiosos, temerosos ou de ansiedade podem ser trabalhados diante de novas situações semelhantes, desde que se organizem os pensamentos.

Por isso é necessário colocar em ordem os pensamentos, pois um pensamento equivocado pode disparar outros pensamentos ou sentimentos desarmoniosos e ainda causar desordem mental, criando confusão e desajustamento social na convivência com outras pessoas.

Não se pode ficar preso naquilo que, um dia, proporcionou sentimento ruim.

A psicoterapia auxilia na libertação desses sentimentos. Ajuda a se conhecer e se reconhecer, descobrir a força interior que se tem. Ajuda a estimular pensamentos, hábitos e atitudes saudáveis, provocando sentimentos mais elevados e felizes.

Por várias razões é importante nos assenhorarmos de nossa consciência para não permitirmos que pensamentos inapropriados invadam, despropositadamente, nossa mente e nos encham de sentimentos angustiantes e duvidosos.

Existem pequenos pensamentos ou pensamentos insignificantes?

Nós até podemos acreditar que, às vezes, se um pensamento pequenininho entrar em nossa mente, não irá fazer mal algum, devido ao seu tamanho. Não é mesmo?

Isso é um grande engano.

Imagine o seguinte: experimente deixar um camundongo entrar na sua casa.

Ele é pequeno, muito pequeno, não é mesmo? Chega a parecer inofensivo de tão pequeno que é. Depois de alguns dias, você verá o tamanho do estrago que ele foi capaz de fazer, mesmo com aquele tamanho. E depois vem o pior: justamente descobrir os estragos que ele fez e onde fez. Será que irá encontrar, de imediato, todos os estragos que esse camundongo fez na sua casa? Talvez demore anos até descobrir todos os buracos que ele cavou e todas as roupas que roeu ou as doenças que espalhou.

Essa é uma boa comparação. Entende a gravidade de um pensamento pequeno e invasor? Percebe o que ele pode fazer em sua mente?

Veja a importância de entender por que os pensamentos devem ser vigiados de forma atenta e disciplinada.

Se sua mente começar a flutuar em pensamentos ou divagar por caminhos escuros, fique alerta. Observe o que está ocorrendo, analisando o porquê e para que eles servem, além de para onde eles podem levá-lo. É nesse instante que você deve agir e trazer o seu pensamento de volta ao controle. Faça isso suavemente e, ao mesmo tempo, de forma firme, dominando os que estão na sua mente.

Se o pensamento que estava divagando na sua mente não trouxer nada de útil para si, então, domine-o, tire-o da sua mente e pense em outra coisa que queira ou que lhe traga vigor e saúde mental de forma positiva.

Troque esses pensamentos por outros, como:

- minha mente superior sabe o que preciso. Tenho paz e consciência tranquila. Ela me guia pelo caminho da prosperidade e do sucesso pessoal e profissional. Sou realizado.

- estou no controle dos meus pensamentos. Eles são harmoniosos e me trazem paz e prosperidade a cada instante. Sou feliz.

- sinto e multiplico a paz em minha vida. Acredito que a cada dia sou melhor, em todos os aspectos, que no dia anterior. A cada dia que passa me torno mais produtivo, satisfeito e com pensamentos de prosperidade e gratidão. Sou alegre.

Essas frases serão úteis para que possa utilizar-se delas para mudar de pensamento. Além disso, ajudará a mudar a polaridade quando esses o estiverem incomodando.

Porém, quando os pensamentos que estão divagando na sua mente são do tipo: "visite o médico regularmente"; "pratique exercícios físicos com mais frequência" ou "deixe seu guarda-roupa arrumado". Não se preocupe, pois esses pensamentos são saudáveis. Não há nada de errado com eles. A menos que eles sejam insistentes e repetitivos a ponto de perturbá-lo. Se isso estiver acontecendo, procure ajuda de um psicólogo.

A disciplina nos pensamentos

Geralmente, se seus pensamentos estão em ordem, a sua vida e as suas coisas também estarão.

Se o seu guarda-roupa está uma bagunça, se sua garagem ou sua casa está em desordem, é porque a sua mente está igual. Assim como é dentro é fora.

A desordem mental gera desordem física. E a desordem física gera desordem mental. As duas coisas se afetam mutuamente.

A disciplina é algo muito valioso em nossa vida. Quando algumas pessoas ouvem que precisam ser mais disciplinadas, ficam irritadas e não gostam da ideia.

Sem disciplina, não se consegue nada nessa vida.

John C. Maxwell em seu livro *Competências pessoais* diz:

"Disciplina é fazer o que você de fato não quer fazer para que possa fazer o que realmente deseja".

A disciplina é irmã da dedicação e prima do sucesso.

Se você deseja sucesso, tem de passar pela disciplina e pela dedicação. Não existe atalho para o caminho do sucesso.

Se você quer vencer no que faz, primeiro você precisa conhecer a si mesmo. Conhecer os seus pensamentos. Determinar-se e alimentar-se de ideias mais saudáveis e prósperas.

Depois, você precisa trazer a organização para a sua vida de uma forma geral e se tornar disciplinado no que faz, a fim de que tudo conspire para o seu bem-estar geral.

A disciplina é uma arte.

Quando as pessoas assistem aos jogos olímpicos, paraolímpicos, campeonatos de futebol, basquete, voleibol, tênis, arco e flecha ou qualquer outra competição esportiva, elas pensam quase sempre que gostariam de estar lá também, competindo e participando daquela festa e recebendo medalhas e os louros da vitória.

Esses tipos de competições são muito emocionantes de se ver. São tão envolventes que, às vezes, nos pegamos tensos, sentados no sofá como se estivéssemos lá. Imaginamos como deve ser gratificante ouvir o hino de seu país, ver a bandeira sendo erguida para que todos saibam quem é e de onde veio aquele atleta que conquistou aquela vitória com raça e determinação.

É, sem dúvida, um momento jubiloso!

Quando se recebe os louros da vitória e se é carregado em triunfo, sem dúvida nenhuma, é um momento que todos gostariam de experimentar.

Mas, tem algo que não foi dito nessa história.

Vamos falar dos momentos que antecedem o triunfo.

A maioria das pessoas, geralmente, não se lembra dos anos de dedicação que são necessários para formar um atleta olímpico. Poucos de nós sabemos disso.

Quantos anos são necessários para formar fisicamente um atleta, disciplina-lo e condiciona-lo a aguentar dores extremas em horas infinitas de dedicação aos treinos. Sem falar da ausência de convívio com os seus, dos sacrifícios pessoais, falta de lazer, entre outras coisas muito importantes.

O famoso atleta olímpico da natação, o brasileiro César Augusto Cielo Filho, nascido em 10 de janeiro de 1987, começou a se dedicar à natação aos oito anos de idade. Em 2008, nos Jogos Olímpicos de Pequim, foi merecedor da medalha de ouro nos 50 metros livres, conquistando também a medalha de bronze nos 100 metros livres. Nas competições do Mundial de Natação em Roma, em 2009, foi recordista mundial das provas de 50 e 100 metros livres.

César Cielo foi merecedor de medalhas de ouro e recordista olímpico. Isso é o que todos, ou a maioria de nós, queremos. Subir ao pódio, receber a coroa de louros, receber a medalha e ouvir o seu nome sendo proclamado ao representar o seu país é motivo de muito orgulho.

Sem sombra de dúvida, esse atleta privou-se de muito lazer. Forçou-se a treinos cansativos. Ficou longe de casa, da família, dos amigos. Morou fora do país e, certamente, privou-se de muitas coisas para conseguir tais vitórias.

Então, restam as seguintes perguntas:

Abriríamos mão do lazer para seguirmos uma carreira no atletismo?

Aguentaríamos os treinos forçados sem reclamar, sem brigar com o treinador, com dedicação, sem desanimar e desistir?

Moraríamos em outro país para treinar, ficando longe da família e dos amigos?

Conseguiríamos nos empenhar no trabalho sério e disciplinado que o esporte exige?

A atleta que também nos chama a atenção é Maria Emma Ulga Lenk Zigler, nascida em 15 de janeiro de 1915 e falecida em 16 de abril em 2007. Ela foi a primeira nadadora brasileira recordista mundial. Talentosa, começou desde cedo. Aos 10 anos de idade, aprendeu a nadar no Rio Tietê, em São Paulo, devido a ausência de piscinas naquela época. Nadou até os 92 anos de idade, vindo a falecer por parada cardiorrespiratória após um treino de natação no Clube de Regatas Flamengo.

Disciplina é a palavra certa para qualificar esses nomeados atletas.

Hoje, algumas pessoas não dão atenção a essa qualidade tão especial que a disciplina proporciona na vida.

Muitos confundem a disciplina com rotina. São coisas diferentes. A disciplina impõe um propósito, uma meta e um método. Enquanto que a rotina é a simples repetição de uma atividade, muitas vezes, sem recompensa e sem um ideal maior.

A disciplina impõe ritmo e método ao que se faz. Vejamos, por exemplo, um mecânico de automóveis disciplinado. Ele estabelece procedimentos de cordialidade para abordar seus clientes. Cria fichas e anota as queixas do cliente a respeito dos defeitos que o seu automóvel apresenta. Depois disso, analisa o caso, aponta as possíveis causas e o tempo estimado para a realização dos consertos. Em seguida, pede aprovação do cliente para realizar o trabalho e precifica com base em uma tabela de preços criada por ele mesmo. Uma vez aprovados os consertos pelo cliente, o mecânico disciplinado parte para a ação e verifica se suas suspeitas são fundadas e as conserta. Caso tenha se enganado quanto ao diagnóstico, anota o que errou para aprender com os seus erros e avisa o cliente sobre alteração do orçamento. Depois de efetuar os consertos, testa o automóvel para verificar a qualidade do serviço. Limpa e guarda as suas ferramentas. Faz manutenção nos seus equipamentos. Avisa o cliente que o automóvel está pronto e faz a entrega oferecendo garantia de seu serviço.

Enquanto isso, do outro lado da cidade, temos o mecânico indisciplinado. Quando recebe o cliente, não atende aos bons costumes de uma recepção adequada. Conversa estando embaixo de um automóvel que está consertando sem sequer olhar para o cliente. Fala palavras indecorosas enquanto reclama que a ferramenta que está utilizando não é adequada ao que está fazendo, porque não encontrou a ferramenta certa. Sai debaixo do automóvel para procurar outra ferramenta e estende a mão cheia de graxa para cumprimentar o futuro cliente ao perguntar tudo de novo o que o cliente já havia dito. Não anota nada. Pretende guardar tudo de memória e diz para o cliente que não sabe o que é que está acontecendo com seu automóvel, mas diz que vai dar uma olhada. O cliente pergunta quanto tempo levará para ficar pronto e o mecânico indisciplinado responde que vai desmontar dois carros que chegaram antes e não sabe dizer se será hoje ou amanhã. O cliente pergunta quanto irá custar o conserto e o mecânico diz que, assim que descobrir qual é o defeito, irá ligar para dizer o preço. Esse mecânico indisciplinado trabalha em vários automóveis ao mesmo tempo, desmonta várias partes de todos eles, perde as peças ou acaba misturando tudo na oficina. As suas ferramentas não estão limpas nem com as devidas manutenções. A oficina inteira é uma bagunça. As ferramentas sempre estão fora do lugar e, muitas vezes, acaba esquecendo-as no interior dos automóveis, podendo até ser culpado por algum acidente caso essa ferramenta seja deixada dentro do motor do veículo pronta para provocar algum acidente e colocar a vida de pessoas em risco.

O trabalho de um mecânico de automóvel não é um trabalho qualquer. Requer muito conhecimento e cuidados, pois vidas estão em jogo e dependem dos seus serviços. Quando são prestados com cuidados e disciplinadamente, garantem um trabalho organizado, dessa forma permite que a mente esteja alinhada às tarefas a que se comprometeu: prestar serviços. Esse é o grande propósito.

O ambiente de trabalho diz muito a nosso respeito, assim como nossa casa. Independente de nossa atividade, a organização traz sensações agradáveis e praticidade. A disciplina evita o estresse e, consequentemente, o profissional vai experimentar mais harmonia e tranquilidade em suas atividades e pensamentos. Logo, isso irá trazer melhor desempenho, eficiência e profissionalismo, o que resultará em lucros e benefícios.

Quando você melhora, o mundo fica melhor

Se a maioria das pessoas é indisciplinada consigo mesma e para com tudo o que faz, há quem se pergunte se deveria fazer o mesmo, tendo em vista que é o comportamento da maioria.

Não é assim que deve ser. O que para uma pessoa parece razoável, para outra pode ser péssimo.

É preciso deixar claro que, quando você melhora em alguns aspectos, o mundo fica melhor. Não podemos mudar os outros. Isso compete a eles. O que podemos fazer é mostrar que, através de nosso exemplo, comportamento, conduta e melhorando em alguns aspectos tudo fica mais fácil, claro e objetivo.

Todos podemos aumentar o grau de qualidade em tudo o que fazemos, transformando aquilo que já é bom em algo ainda melhor. Isso se refletirá em tudo na vida, desde o lado pessoal até o profissional.

O movimento de mudança positiva é contagiante. Para aquelas pessoas que sabem aproveitar. Ele passa a influenciar de forma produtiva, podendo se tornar uma corrente de magnetismo que envolve a todos, multiplicando-se.

Dessa forma, quando uma pessoa está melhor, com a vida mais organizada, estará mais consciente do que precisa fazer para si e para os outros.

Muitas pessoas querem mudar o mundo, mas não arrumam a própria cama ou sequer limpam o próprio quarto em que dormem. Elas deixam isso a cargo de outros, pois não são capazes de cuidar do seu próprio ambiente.

Muitos querem melhorar o mundo mudando o jeito de ser dos outros. Alguns o tornaram pior tentando melhorá-lo através da força bruta, associada à discriminação étnica, religiosa e preconceitos de toda espécie, em menor ou maior grau.

O mundo começa a mudar para melhor quando você se melhora.

Nós temos uma enorme responsabilidade na melhora do mundo. Principalmente quando percebemos que depende de nós nos mudarmos em primeiro lugar, tornando-nos melhores para conosco e para com os outros que nos cercam. Isso, com certeza, aumenta a nossa responsabilidade e nos faz ver tudo sob uma nova perspectiva.

Os pensamentos que atormentam o amor próprio destroem a pessoa aos poucos, tornando-a indiferente e insensível no tratamento a si mesma. A partir daí, ela oferece o mesmo àqueles que a rodeiam. O indivíduo sem amor próprio não se importa consigo mesmo, muito menos com os outros, e estará longe de se importar com o seu país ou com o planeta.

Então, quando não somos organizados com os nossos afazeres, estamos atrasando o nosso progresso e daqueles que nos cercam.

É importante entender que existe uma responsabilidade compartilhada em tudo que se faz. Se cada pessoa deixar de fazer a sua parte sobrará para alguém. Se ninguém fizer sua parte, todos poderão ter uma vida cheia de problemas por período indeterminado.

Quando cuidamos de nós mesmos de forma justa e disciplinada, estaremos cuidando dos outros também, pois estamos evitando que eles carreguem o peso das nossas omissões.

É muito importante que a pessoa tenha a conscientização da sua responsabilidade em melhorar os próprios pensamentos por meio da disciplina e vigilância ao seu conteúdo, pois é nos pensamentos que tudo começa. Isso irá melhorar a capacidade de escolher apropriadamente o que pensar. Através do julgamento, decidindo o que é saudável mentalmente ou não, melhorará muito as suas atitudes e, consequentemente, suas ações.

Fazendo isso, será possível sentir um clima de bem-estar que, aos poucos, irá abranger todos os campos de atividades que a cercam como, por exemplo, a relação dela com a própria vida, bem como o entendimento da sua condição social e dos recursos de que dispõe para sobreviver e prosperar. Melhorará também a maneira como ela enxerga as oportunidades que, às vezes, parecem poucas, mas que irão levá-la por caminhos mais prósperos e seguros a fim de que tenha uma vida plena e digna de sucesso.

Essa conscientização ajudará também em sua relação com as pessoas que lhe são próximas, como pais, filhos, cônjuge, amigos e com aqueles com quem compartilha o mesmo ambiente. A disciplina de si mesmo permite que a pessoa veja a vida das suas relações de forma diferenciada. Faz com que perceba que aqueles que a cercam são importantes e necessários em sua vida e para a sua evolução.

Hoje, os jovens estão muito sujeitos a se deixarem influenciar pelas más companhias, drogas, álcool e comportamento sexual promíscuo. Sendo assim, aqueles que não tiveram uma boa orientação a respeito de todos esses assuntos acabarão se deixando conduzir a eles, pondo em risco a própria vida.

A falta de disciplina, no pensamento, leva as pessoas ao ato impulsivo, desmedido e inconsequente.

A indisciplina transforma as pessoas em farrapos humanos, dependentes de tudo e de todos. A indisciplina torna a pessoa menor nas suas capacidades latentes, não deixando que perceba a vida como ela é. A pessoa indisciplinada vê a vida de uma forma distorcida. Essa forma de viver é uma prisão sem portas, não se consegue sair dela senão através da disciplina dos pensamentos e das ações.

Quando uma pessoa descobre que praticar a disciplina em sua vida lhe permite ter um número maior de realizações do que já vinha tendo, ela acaba percebendo que tem um poder nas mãos, o de controlar tudo o que faz.

A disciplina permite que a pessoa aja com foco direcionado para os seus objetivos. Dessa forma, ela desperta para o poder que tem nas mãos, ou melhor, nos pensamentos. Com os pensamentos sob controle, a vida é mais saudável.

Lembro-me de ter conhecido um senhor de naturalidade alemã. Ele já tinha os seus oitenta e cinco anos. Era lúcido e esbelto. Possuía a silhueta ereta de uma pessoa saudável. O médico de rotina, um cardiologista, era visitado uma vez por ano e nunca encontrava qualquer novidade em sua ótima saúde. O outro médico que visitava com mais frequência era o oftalmologista. Esse senhor não cometia abusos, embora fizesse de tudo. Quando tive oportunidade, perguntei como fazia para manter-se em forma. Ele respondeu que fazia caminhadas regularmente e que comia de tudo, inclusive batata frita. Quando confessou isso, soltou uma gargalhada e depois completou dizendo que comia de tudo, mas tinha um segredo para estar sempre saudável. O segredo não era *o quê* e sim *o quanto* colocava no prato. Quando disse que comia batata frita, ele mencionou que comia uma ou duas, não mais. Acrescentou que quando fazia isso, dizia a si mesmo, em pensamento: *"Esta batata que vou comer tem o gosto das demais. Isto já me basta"*. Dessa forma, ele controlava o que comia e não cometia excessos de nenhuma natureza.

Assim esse senhor foi criando um hábito de controlar o que comia e depois controlou as demais atividades a ponto de se tornar uma pessoa produtiva em toda a sua vida. Apesar dos seus oitenta e cinco anos, ainda trabalhava ativamente no ramo de engenharia naval.

Para muitas pessoas, a disciplina parece uma prisão de segurança máxima na qual estará confinada a uma vida de privação e de sofrimento. Grave engano.

A disciplina é liberdade. A disciplina conscientizada, equilibrada e tranquila coloca a sua vida em suas mãos. Permite que viva de forma plena e inteligente a ponto de proporcionar a si mesmo uma vida cheia de realizações e sucesso, independente das suas condições financeiras.

Quando é disciplinado, você assume o poder e tem o controle das coisas e não as coisas têm o controle sobre você.

A disciplina do pensamento e a vida financeira

Os desafios que a vida financeira nos proporciona são muitos. Vejamos uma situação bem típica de endividamento do cartão de crédito.

Na maioria dos casos, esse tipo de endividamento está associado à compra impulsiva ou compulsiva das pessoas.

O fato de não ter o dinheiro vivo nas mãos faz com que não se consiga sentir que está gastando no momento em que está comprando. Esse comprador sente como se estivesse ganhando em vez de comprando. Ele experimenta a sensação ilusória de presentear-se como se não tivesse qualquer gasto. Fica feliz e satisfeito. Muitas vezes, até orgulhoso pela aquisição sem que, no primeiro momento, dê-se conta do que terá de pagar. Depois, essa sensação de felicidade se vai com a chegada da fatura e aparece, então, a preocupação, a angústia, a impotência e a tristeza. A pessoa fica estarrecida e arrependida do ato impensado, impulsivo.

Muitos fazem do cartão de crédito a extensão dos seus salários e não os veem como mais uma dívida a ser paga.

Os pensamentos a respeito do cartão de crédito estão confusos na mente das pessoas. Não entendem que o cartão de crédito tem um poder de endividamento muito rápido e volumoso e que precisa de cuidados na sua utilização. O mesmo se dá com o cheque especial e pré-datado.

A falta de disciplina em utilizar esses recursos pode trazer problemas com a justiça e de ordem pessoal, principalmente nas relações conjugais, tornando-se uma montanha de transtornos e de desentendimentos. Além disso, pode existir o abalo emocional em que o indivíduo começa a pôr em dúvida os seus valores pessoais, acreditando-se incapaz de cuidar da saúde financeira, entre outras coisas. Isso pode ocasionar uma baixa autoestima, desvalorização pessoal e até encaminhá-lo para um estado depressivo. Outros padrões de comportamento podem surgir como: agressividade, apatia, desatenção etc.

Manter o pensamento firme e disciplinado nas finanças pessoais e empresariais é, de fato, um comportamento que deve estar ativo e vigilante sempre.

A disciplina em anotar os gastos e manter-se com pensamentos firmes da boa utilização do dinheiro é um hábito que precisa ser cultivado.

Existem várias maneiras de controlar as finanças, que podem ser obtidas com os consultores especializados em finanças pessoais.

O objetivo, aqui, não é ensiná-lo a poupar ou a fazer aplicações financeiras rentáveis, e sim o controle dos pensamentos que invadem a mente no momento de trabalhar com o dinheiro.

O primeiro passo ao lidar com o dinheiro é examinar a quantidade que tem disponível todo mês para os gastos.

Não é correto pensar que a abundância de dinheiro trará felicidade e facilidades. Essa ideia é equivocada. Existem pessoas que têm muito dinheiro e apresentam um comportamento que pode ser traduzido como uma infelicidade na vida. É bem difícil manter um alto nível, um alto padrão de vida. Além disso, algumas pessoas necessitam ganhar mais dinheiro para comprarem tudo o que podem a fim de alcançarem a felicidade e, lamentavelmente, depois, descobrirem que isso não adianta nada.

Felicidade é um estado de consciência que vem de dentro para fora e se manifesta na maneira de se comportar, de encarar a vida, de viver. O dinheiro compra circunstâncias parecidas com a felicidade, pode-se até dizer que o dinheiro proporciona momentos alegres. Esses vêm de fora para dentro, mas nem sempre são duradouros.

Enquanto que a felicidade proporciona paz de espírito, as circunstâncias conseguidas através do dinheiro podem trazer somente alegria passageira, que dura tanto quanto a novidade de um presente na noite de Natal.

Ser feliz nada tem a ver com o dinheiro quando se tem os pensamentos em ordem e se sabe exatamente o que fazer com eles. Somos felizes quando temos propósitos, ocupações saudáveis, proporcionamos bem-estar aos outros e a nós mesmos, realizamos sonhos, não nos magoamos nem nos ofendemos com o que fazem contra nós, entendendo a pequenez do ofensor.

Quando se tem dinheiro, a felicidade está na correta utilização desse bem e na maneira como o conquistou. Os valores conquistados com empenho pessoal sempre rendem mais, pois é mais valoroso e aquele que o conquistou percebe que deve fazer bom uso dele.

Lembre-se sempre de que o que você possui você atraiu para si. Inclusive sua vida financeira.

Mude seu pensamento agora e mude a sua vida financeira.

É importante começar a pensar no dinheiro como um recurso. A quantidade de dinheiro não está associada a castigo ou bênção. Esse modo de pensar foi pregado por algumas religiões com a finalidade de dizer que o homem rico era bem quisto por Deus e por isso ele foi abençoado e o pobre era ignorado pelo Criador e por isso não merecia as Suas bênçãos. Por conta desse tipo de crença, muitos se conformaram e se resignaram com as condições financeiras difíceis e nunca procuraram uma maneira de superar-se na vida.

Infelizmente, algumas pessoas ainda pensam dessa maneira. Se observarmos alguns homens famosos da história, veremos que a maioria esmagadora era pobre ou de poucos recursos. Jesus não tinha nada, não é mesmo? Nada, financeiramente falando.

A intenção aqui não é dizer que o correto é viver com dificuldade e sim ressaltar que a condição financeira elevada também não traz tudo o que se quer, como a felicidade verdadeira, a paz interior, o equilíbrio mental etc.

Podemos observar queixas de ambas a partes. Aqueles que não são abastados, financeiramente, afirmam que não têm amigos privilegiados nem quem os convidem para sair. Os que têm condições financeiras elevadas queixam-se por acreditarem que as pessoas que se aproximam deles e se tornam suas amigas é pelo fato de terem muito dinheiro. Eles não se sentem amados de verdade, ficam desconfiados todo o tempo com quem se aproxima.

Aquele que tem muito dinheiro e reclama que as pessoas só se aproximam dele por conta disso queixa-se de algo que, na verdade, atraiu para si. Foi ele mesmo que provocou essa situação através dos seus pensamentos. O mesmo se dá com as pessoas que têm pouco dinheiro e reclamam que as outras se afastam delas por conta disso.

A relação das pessoas com o dinheiro é muito complexa. A única e a mais legítima maneira de conseguir dinheiro é através do merecimento.

O dinheiro não cai do céu, como muitos gostariam.

Quando as pessoas não entendem a relação de dinheiro e merecimento, ficam confusas e chegam a ter pensamentos equivocados e até perturbados.

O dinheiro não é o propósito de nossas vidas. Ele, simplesmente, proporciona o meio de se viver. Os sentimentos de felicidade e de dever cumprido, ah! esses sim são os propósitos da nossa vida.

O que você está pensando?

O que é ser feliz? Ser feliz é conquistar um estado de equilíbrio psíquico onde o sentimento de satisfação e plenitude vigoram. O estado de felicidade mais elevado é chamado de alegria intensa ou júbilo. Ele traz bem-estar emocional, paz interior. Sentir-se feliz é atrair para si um mundo de situações, principalmente psicológicas, emocionais, que o colocarão nessa posição. O dinheiro é consequência dos seus pensamentos.

São os pensamentos de prosperidade e de alegria, emitidos por nós, que acompanham a realização do nosso trabalho. São eles que vão trazer prosperidade e satisfação financeira. E não o contrário, quando se diz a si mesmo que vai ter pensamentos de prosperidade e de felicidade só no dia em que tiver dinheiro.

Quando pensamos assim, invertemos a polaridade e geramos novas realizações em nossas vidas através do pensamento. O pensamento age antes e as consequências vêm depois. Não o contrário.

Você é quem deve dominar o dinheiro. Não o contrário.

Os pensamentos que invadem as pessoas em momentos de crise financeira são tenebrosos e chegam a colocá-las em desespero. A partir daí, elas podem desenvolver um comportamento arredio e agressivo para com todos. Os seus dias são sempre nublados e os seus pensamentos são confusos, acelerados, estressados, podendo, até, ir para o campo do arrependimento, profunda insatisfação pessoal ou inveja daquele que é organizado financeiramente.

O ponto principal na relação com o dinheiro é ter consciência de que ele é o fruto do seu trabalho. Ele traduz o que você faz. Se você quer ter mais dinheiro, comece a mudar o que pensa, para depois mudar o que faz para, então, passar a ter uma nova recompensa ou merecimento financeiro.

Como pretende ter mais recursos financeiros sem querer se melhorar? Isso é muito difícil.

Aqueles que têm em mente a pobreza, mesmo ganhando muito dinheiro na loteria, voltarão à condição de pobreza mais cedo ou mais tarde. Podemos constatar muitas histórias que terminaram assim. Muitas pessoas que ganharam na loteria estão pobres novamente.

A condição mental para lidar com o dinheiro é fundamental.

Pessoas que ficam dizendo para si mesmas, todos os dias *"não tenho dinheiro para comprar um carro"*, *"como vou comprar uma casa se estou sempre na dureza?"*, *"estou sempre quebrado de grana, como vou me casar?"*, *"preciso comprar umas roupas novas, mas nunca tenho dinheiro!"* não vão ter prosperidade mesmo. Além disso, essas frases estão sendo enviadas ao seu subconsciente e poderão se tornar realidade.

Se você buscar, na sua memória, lembrará que um dia, talvez, já tenha feito uma dessas afirmações ou outra do mesmo gênero.

Comece a mudar sua atitude com relação ao dinheiro e as frases que aplica no dia a dia.

Em momentos de crise financeira ou em momentos que você ouve no rádio ou vê nos telejornais, anúncios de crises financeiras, isso o abala? Cuidado, pense muito antes de se deixar sensibilizar pela notícia. Pense que isso não o afetará e que a sua prosperidade irá continuar, apesar disso.

Em momentos assim, muitas pessoas começam a pensar na recessão, nas dificuldades que se seguirão e nos problemas que irão enfrentar. Na verdade, estão atraindo essas coisas para si. O tempo lhes dirá que estavam certas, pois tudo aquilo que pensou aconteceu. Provavelmente, elas não se lembram e nem sabem que atraíram para suas vidas todos aqueles momentos difíceis através do medo e por acreditar na recessão.

As crises financeiras existem e são reais. Porém, muitas pessoas e empresas sabem superá-las sem se deixarem afetar. Até tiram proveito delas por enxergarem o bem nos supostos males da vida, por pensarem positivamente e acreditarem em seus potenciais. Eis aí a importância de saber o que se pensa.

É bem possível que essas empresas tinham, na direção, pessoas que possuíam o pensamento positivo a respeito do que iria acontecer. Apesar da situação difícil, esses diretores sabiam que não durariam para sempre e fizeram dela uma oportunidade para darem asas à criatividade e inovarem na maneira de agir e de trabalhar.

O pensamento firme e positivo a respeito dessas situações pode ter feito com que elas sobrevivessem a tudo isso e ainda tirassem proveito.

É importante lembrar que o dinheiro não compra a boa vontade e que isso depende de você.

Aquele que não tem boa vontade em tornar seus pensamentos positivos e dotados de esperança, dificilmente o subconsciente irá trabalhar a seu favor, pois ele não acredita no que diz a si ou não acredita na esperança de dias melhores.

O dinheiro é motor do progresso no mundo, porém após a morte de nada lhe servirá. Então, é em vida que deve dar sentido a ele, de forma a utilizá-lo com sabedoria, equilíbrio, utilidade e de modo saudável. Ele é um recurso a seu serviço. Não é você quem está a serviço dele.

Devemos utilizar o dinheiro para gerar progresso em nossas vidas, aplicá-lo nas coisas certas, em educação, saúde e bem-estar nosso e de nossa família. Dessa forma, diremos ao dinheiro quem está no comando. Ele está a serviço da nossa vontade para utilizá-lo de forma útil e próspera. Não deixemos que o dinheiro comande nossos corações. Nosso coração é quem deve comandar o dinheiro.

Pelo fato do dinheiro gerar progresso, ele deve estar a favor da vida. Caso contrário, haverá uma aura de insatisfação.

Quando a pessoa fica tecendo reclamações a respeito da vida financeira, é exatamente o que reclama que terá como moeda de troco.

É importante um relacionamento equilibrado e saudável quando o assunto é dinheiro. Por isso, planejar-se, equilibrar os pensamentos, ter controle e disciplina com o que ganha e com o que gasta é fundamental, sem se deixar levar pelos pensamentos acelerados e compulsivos que induzem a atitudes precipitadas que serão motivo de arrependimento no futuro.

O pensamento correto a respeito do dinheiro é muito importante, o seu uso é muito poderoso e leva ao progresso.

A disciplina do pensamento e a disposição

O pensamento é algo muito poderoso e capaz de realizar muitas coisas. Se ele for claro e desimpedido de considerações equivocadas e levar em consideração as perspectivas realistas, pode, muitas vezes, mudar o rumo da vida de uma pessoa.

Muitas situações parecem boas ou normais quando a pessoa não tem uma opinião a respeito do assunto. Seus pensamentos e ideias podem levá-la a aceitar aquilo como normal para sua vida e atrair situações, pois seu subconsciente não distingue o certo do errado. Ele apenas aceita e promove.

Um exemplo disso é quando assistimos a filmes, novelas ou jornais e nos propomos a aceitar o que foi exposto sem uma opinião.

Outro dia, eu e minha filha estávamos em um consultório à espera de atendimento e, na televisão, passava um filme de ação e aventura.

Os personagens principais viviam fugindo das ações policiais com seus carros velozes e turbinados, com motores potentes e envenenados. Eles corriam por ruas populares fugindo da perseguição da polícia. Para isso, batiam em outros carros que não tinham nada a ver com a corrida. Subiam em calçadas, derrubavam lixeiras, poluíam sonoramente por onde passavam, colocavam a vida de pessoas comuns em risco etc. Depois da fuga, reuniam-se em confraternização. Embora as cenas não fossem explícitas, entendia-se que faziam uso de drogas e bebidas, junto com prostitutas, e ouviam música de baixo nível, linguajar chulo. Apesar de estar em inglês, nós podíamos entender.

Além disso, nessa reunião, combinavam novos encontros para a prática de rachas ou corridas de rua para, novamente, não só provocarem a desordem pública, mas também a vida de várias pessoas em risco. Em nenhum momento do filme mostravam o resultado das pessoas machucadas e lesadas com toda a desordem que os corredores de carro promoviam por onde passavam. A vida humana era banalizada. Não tinha valor algum. Ficava por conta de nossa imaginação pensar que, nesses carros envolvidos nos acidentes, tinham a bordo um bebê, uma mulher grávida, um idoso doente ou um pai ou mãe de família.

Em dado momento minha filha se pronunciou: "Nossa! As pessoas que tiveram seus carros envolvidos no acidente ficaram com grande prejuízo. Os que se machucaram ou morreram não foi mostrado. Aqueles que estavam na rua se assustaram e correram risco de serem atropelados, ficou por isso mesmo. Todos esses são vítimas e os personagens corredores são os vilões." Olhando para mim, ela perguntou: "Você percebe que nós, que estamos assistindo ao filme, estamos torcendo para os vilões, que são os bandidos?"

Nessa época minha filha tinha vinte anos e alertou-me para uma coisa que eu já sabia, mas não havia percebido naquele filme.

E é a pura verdade.

Às vezes somos colocados diante de situações e não temos opinião formada sobre o assunto. Aceitamos aquilo como normal para nossas vidas, esquecendo, como já foi dito, que o nosso subconsciente não sabe decidir o certo do errado.

No caso desse filme, não ter opinião sobre as corridas de rua que provocam prejuízos àqueles que sofrem as consequências delas pode ser aceitar a atração de sofrimentos similares para as nossas vidas. Assim como as cenas de drogas, bebidas e prostituição. Não ter opinião a respeito desses assuntos pode, de alguma forma, ligar-nos a isso como vítimas ou como atuantes. É o subconsciente que pode proporcionar a atração de tudo.

Certa vez, uma oradora estava falando sobre os pais que lhe perguntaram como educar o filho de doze anos: "tirando das vistas dele tudo que era ruim ou deixando que o menino conhecesse a vida como ela é?"

Não é escondendo o filho do mundo e da vida como ela é que se vai criar alguém com bom caráter, mas mostrando o mundo e a vida como é e, acima de tudo, tendo e fazendo-o ter opinião a respeito do que viu, ouviu e sentiu. É também ensinar ao pequeno que existe um caminho correto e digno a ser seguido para não se ferir com os próprios atos, palavras e pensamentos. A religião, nesse caso, pode ajudar muito. E, com certeza, o exemplo dos pais é a melhor lição.

Somente através de pensamentos saudáveis, a pessoa tem capacidade de distinguir o que é bom do que é ruim.

Existe também o caso de uma ideia ou opinião equivocada dar uma conotação ruim a algo que, na verdade, é bom. Como por exemplo: fazer um curso, estudar, praticar esporte, visita de rotina ao médico, aprender tocar um instrumento musical.

Certa vez conheci um senhor, já aposentado, que me procurou queixando-se de depressão. Após a sugestão de cuidar de si, a começar pela procura de um médico para exames de rotina para pôr um fim aos seus medos com relação ao problema de saúde e também para que praticasse esportes, ele reclamou muito. Não queria praticar esportes nem ir ao médico. Para esse senhor, isso era um grande incômodo. Algo chato e até repulsivo. Percebi que ele estava se deixando levar pelo comodismo, coisa que não gostamos de admitir ter. Mesmo assim, aceitou o desafio. Foi ao médico e admitiu se sentir bem melhor, psicologicamente falando, ao saber que sua saúde era adequada e só deveria manter uma alimentação saudável. Como já havia sugerido, o médico também indicou-lhe atividades físicas de acordo com a sua idade. Lá foi, então, esse senhor para a academia e caminhada ao ar livre. Não demorou e fez amizades. Conheceu pessoas interessantes que lhe indicaram práticas interessantes e lugares saudáveis. Seu leque de amizades e programas se abriu. Sua vida passou a ter sentido. Ele se sentiu motivado e o estado depressivo desapareceu. Nesse caso, o que parecia ruim foi a melhor coisa que lhe aconteceu.

Para uma mente despreparada o que parece ruim, na verdade, é algo bom, que fará a pessoa crescer, tornando-a mais produtiva e próspera.

A forma como se manipula os pensamentos torna possível inverter uma situação a seu favor, melhorando a forma como se vê a vida, tornando-a mais feliz e saudável.

Quando alguém se queixa de Depressão ou Ansiedade, por exemplo, costumo ver esse estado servindo de ferramenta para o crescimento e desenvolvimento dessa pessoa, se ela souber aproveitar dele positivamente. Aquele que leva uma vida acomodada e sem propósito não tem ânsia de evolução. Não se sente mal com o que ocorre a sua volta. Não tem transtornos emocionais. Não reage e não toma atitude para mudar. Permanece assim pelo resto da vida. Não cresce. Não evolui e não... "nada". Já aquele que se deprime ou fica ansioso é o ser que necessita de movimento em sua vida. É aquele que quer crescer, evoluir, mudar, renovar. As condições pequenas e medíocres não servem para ele. Por essa razão, deve procurar auxílio a fim de descobrir o melhor caminho, o melhor para a sua vida, para o seu crescimento e evolução. Dessa forma, é possível não se curar, mas superar o estado emocional que o abalou, descobrindo-se como criatura melhor, mais dinâmica e capaz. Somente assim não voltará a sofrer, pois aquele que só curou a depressão ou a ansiedade corre o risco de sofrer novamente com esse transtorno. Mas, aquele que superou, que se entendeu, que não vive mais conflitos, que se conhece e se adapta ao mundo sem se melindrar, descobre a sua maturidade, capacidade e, sem dúvida, não enfrentará, de forma alguma, esses transtornos.

Se você mostrar um copo com água até a metade e perguntar a alguém pessimista o que ele vê, esse dirá que vê a metade do copo vazia. E quando perguntar a um otimista o que ele vê, ele dirá que vê a metade do copo cheia. O copo é o mesmo, mas a forma de pensamento com que o vemos irá mudar a situação através da nossa percepção. É interessante notar como isso muda as nossas conclusões, consequentemente nossos pensamentos e nossa forma de ver a vida.

Assim são muitas coisas em nosso cotidiano.

Lembro-me de um caso em que conversava com um aluno do quinto ano do curso de Medicina que estava estagiando em hospital público.

Primeiro ele comentou sobre uma festa temática a que iria ao final de semana. Disse que iria dançar a noite inteira e que a banda que iria tocar era muito boa, não tinha quem ficasse parado enquanto a música rolasse. Visivelmente ele estava muito animado. Falou do clima que era empolgante e que as pessoas eram brincalhonas, faziam da festa um lugar muito eletrizante num clima de amizade e respeito. Comentou que gostaria que a festa fosse realizada todas as semanas, devido à alegria contagiante que proporcionava.

Logo em seguida, ele contou sobre o seu estágio como interno no hospital e passou a reclamar das exigências dos médicos e dos residentes que o faziam de escravo e que o ocupavam, o tempo inteiro, com os afazeres de que eram de competência deles e não dele como aluno estagiário. Depois de ouvi-lo, eu perguntei o que ele estava perdendo quando atendia aos pacientes que lhes eram designados. Esse aluno de Medicina me respondeu que aqueles não eram os seus pacientes e que estava fazendo o trabalho dos outros residentes e médicos. No mesmo instante, voltei a fazer a mesma pergunta. Novamente ele disse que estava perdendo tempo e que não fazia sentido. Pela terceira vez, fiz a mesma pergunta. O aluno deu um sorriso, ficou meio sem jeito e respondeu: "Na verdade não estou perdendo nada. Estou aprendendo e tendo um contato mais direto com os pacientes, aproveito para conhecê-los, ouvir suas queixas e agregar muito conhecimento aos meus estudos. De verdade, acho que quero ficar sem fazer nada como os outros, mas isso não serve para mim, pois as horas não passam, e quando fico sem fazer nada não aprendo, não 'vivo Medicina' que é algo que eu sempre quis".

Conversamos e ele não tinha ideia do quanto estava ganhando com aquele "trabalho escravo" que, à primeira vista, era ruim mas, na verdade, o enchia de experiências ao trabalhar na vez dos residentes ou médicos. Dessa forma, já era possível sentir-se como um deles, pois era justamente o que almejava para o seu futuro.

Com os seus pensamentos apontados para o lado negativo da situação, o aluno de Medicina não percebeu que estava diante de uma oportunidade muito rica em experiências e que estava aprendendo muito. Ele simplesmente fechou-se em seu negativismo e parou ali. Esse aluno tinha uma facilidade em acionar energia para os assuntos negativos e tinha uma enorme dificuldade para fazer o mesmo com os pensamentos positivos.

Temos de tomar cuidado para não invertermos os valores a respeito desses assuntos, pois é possível estar feliz e ter um espírito de alegria em tudo que se faz e não só nos momentos de diversão e descontração.

É possível estar comprometido e feliz ao fazer algo sério, sem que esteja sisudo e irritado enquanto faz.

Nesse caso, o aluno associava os estudos e o trabalho de estagiário como interno a uma energia desanimadora. Essa associação foi o que aprendeu em toda a sua vida. Os que o rodeavam sempre disseram que o trabalho é algo difícil e desprazeroso. E o mesmo conceito ele aplicou aos estudos.

Outro exemplo é que todos dizem que estudar Matemática é algo maçante e desanimador. Esse comentário ganhou tanta força que muitas pessoas passaram a acreditar nisso de uma forma que aprender e ensinar Matemática tornou-se deverasmente difícil, devido ao bloqueio mental que as pessoas criaram em torno disso. É tão sério, que se pode verificar que estão presentes em três ou quatro gerações na atualidade, ou melhor, em uma família vemos avós, pais e filhos ressaltando que Matemática é difícil. De tanto afirmarem isso se tornou realidade e o pior é que contaminou gerações e, se nada for feito, continuará contaminando as gerações futuras.

Através da crença e do pensamento, uma mentira, de tanto ser dita, pode se tornar uma verdade.

O mesmo se dá com o trabalho e com os estudos. Há décadas, as pessoas falam do trabalho como algo penoso e alvo de sofrimento. Será mesmo? Será que não tem nada no trabalho que nos traga oportunidades de crescimento, desenvolvimento, aprendizagem e prazer? Será que não basta saber que o trabalho nos dá meio para sobrevivermos? Saber disso, pelo menos, já não é o suficiente para vermos algo positivo nele e acionarmos os pensamentos positivos a respeito dele enquanto o desempenhamos?

O que será que as pessoas desempregadas diriam sobre o trabalho? Será que diriam o mesmo que as pessoas que estão empregadas dizem? Será que compartilham do significado do trabalho da mesma forma?

Existe nessa situação uma inversão de valores: quando as pessoas se encontram desocupadas, ficam ansiosas para se ocuparem, enquanto as que estão empregadas reclamam dos seus afazeres. Dá para entender?

Explicando isso: ilustraremos com o exemplo de uma pessoa que está infeliz no seu trabalho. Muitas vezes, está na profissão errada. Não conseguiu realizar os seus sonhos e nunca procurou saber qual é a sua competência essencial e qual é a sua vocação essencial. Daí, aceitou fazer qualquer coisa por dinheiro. Entende que ele colocou o dinheiro à frente dos seus pensamentos, desejos e aspirações?

Muitas vezes as pessoas procuram ocupações que proporcionam muitos ganhos financeiros, mas se esquecem de que terão que fazer isso pelo resto de suas vidas. E se porventura não gostarem do que estão realizando, em breve irão desanimar.

Outras pessoas evitam fazer aquilo que gostam pelo fato de terem presenciado críticas ou o fracasso alheio na mesma atividade. Isso as inibiu de uma forma que decidiram abandonar a possibilidade de fazê-lo também.

Às vezes as experiências de outras pessoas, em determinadas situações, não se aplicam às suas expectativas. Isso ocorre quando você olha para alguém que faz alguma coisa que você gostaria de fazer e não dá certo porque o profissional que o faz não gosta do que realiza.

Por exemplo, uma pessoa acha que seria incrível ser odontologista. Ela sonha com isso, mas conhece de perto um profissional nessa área que é relaxado, não cuida de si nem do consultório odontológico, não respeita seus clientes quando não cumpre horário nem os trata com a cortesia e a gentileza que merecem. Vive irritado, mal humorado, falando de suas dificuldades, dívidas e problemas.

A primeira coisa a saber é que todo trabalho tem seus desafios e todos os desafios têm soluções. Não existe trabalhador que não enfrente desafios. Só quem não os enfrenta são os que não trabalham.

Então, aquele que observa esse odontologista teve como referência uma pessoa que não gosta do que faz e que por isso é tão deselegante e antiprofissional nessa área. Esse profissional não pode ser usado como referência.

Lembro-me de ter lido sobre um garoto de aproximadamente dez anos que teve a ideia genial de confeccionar bonequinhos para serem encaixados nos lápis que ele usava na escola. Ele adorava fazer os bonequinhos, até que, um dia, os colegas começaram a pedir para que fizesse uns e outros bonequinhos de diferentes tipos e modelos e começaram a pagá-lo pelo serviço. Dessa forma, esse garoto teve que dividir o seu tempo de lazer com a confecção dos bonequinhos. Não demorou e isso se tornou algo lucrativo até demais. Tanto foi o sucesso desse menino que, em pouco tempo, tornou-se um empresário fazendo bonequinhos para lápis. Depois de alguns anos, abriu franquias do seu negócio e hoje é muito bem-sucedido.

Ele fez o que gostava e de forma despretensiosa e assim suas atividades prazerosas trouxeram a lucratividade.

Muitos pregam que é necessário grandes cursos universitários e renomadas universidades para se formar um grande e bem-sucedido profissional. Isso é um engano. Profissionais com cursos superiores podem sim garantir a rentabilidade financeira, mas podem também esconder a infelicidade pessoal por fazer algo apenas por dinheiro.

Podemos notar médicos e advogados, engenheiros e arquitetos fazendo o trabalho de forma péssima e a sociedade recebendo as consequências de suas escolhas equivocadas.

Isso ocorre porque alguém disse a ele, ou ele mesmo percebeu, que a profissão mais promissora financeiramente era a que justamente ele não se adaptava, não tinha gosto por ela e não tinha os talentos naturais para exercê-la. As consequências são óbvias. Essas pessoas irão trabalhar por dinheiro e não porque possuem talentos para aquilo.

Inúmeras pessoas já morreram por erros médicos, incontáveis construções já desabaram matando muitos, devido aos cálculos equivocados de engenheiros e arquitetos incompetentes.

Muitas vezes, as pessoas não acreditam no seu talento, desprezam-no porque, um dia, viram alguém fazendo aquilo que gostariam de fazer, mas perceberam que era algo que não era rentável o suficiente quando era realizado pelo outro.

Muitas pessoas procuram a sua profissão, não baseada nos seus talentos, mas no seu orgulho, arrogância, egoísmo e vaidade. Ou ainda procuram profissões que atendam às expectativas dos pais, familiares e amigos.

Se essas pessoas tivessem conhecimento de si mesmas, se conhecessem os seus talentos e seguissem o seu coração na escolha profissional, teriam uma maior chance de serem felizes pelo resto de suas vidas, escolhendo uma atividade profissional na qual se sentissem realizadas.

Lembro-me de um caso em que conheci um senhor que era um funcionário público e que reclamava muito da sua atividade. Quando perguntei a ele o que realmente gostaria de fazer, ele disse que gostaria de trabalhar como eletricista, pois era sua paixão. Mas, na época de escolher sua atividade profissional, contou que o pai falou para que não escolhesse isso, pois conhecia vários eletricistas que estavam se dando mal na vida. Seu pai também era funcionário público e acreditava que era a melhor profissão do mundo por conta da estabilidade etc. Atendeu às expectativas do pai e não seguiu o que o seu coração pedia, por isso reclama da profissão que escolheu até hoje.

Esse senhor, hoje, conhece alguns eletricistas que estão com tanto trabalho que não dão conta dos pedidos. Ele reconhece que quando se faz o que se gosta, os seus pensamentos vão atraindo oportunidades de emprego, porque o pensamento está naquilo em que está o seu coração. Então se ele quer fazer o trabalho como eletricista, o seu pensamento está voltado ao trabalho e com isso as oportunidades vão sendo atraídas.

Aquelas pessoas que não gostam do que fazem profissionalmente não sentem atração para trabalhar, porque os seus corações não estão ali e, consequentemente, seus pensamentos também não. Dessa forma, terão muita dificuldade para atraírem trabalho para si, muita dificuldade com a realização de suas tarefas, além de grande insatisfação pessoal que, certamente, vai repercutir em outros âmbitos de sua vida. Ela poderá se tornar uma pessoa amarga, irritada e com sérios problemas emocionais.

Ter em mente que ser determinado e disciplinado naquilo que se quer traz realização pessoal, alegria e paz.

A disposição para uma tarefa depende, muitas vezes, de como olhamos para ela. Isso nos pede harmonia de pensamentos nos objetivos que desejamos.

Por essa razão é importante saber o que é que estou pensando.

O poder do pensamento diante da frustração

É importante ressaltar que nem sempre o crescimento na profissão é determinante de felicidade.

Quando se avança na linha profissional que se escolheu, pretende-se, a princípio, desenvolver-se nela até tornar-se um profissional de sucesso sendo requisitado pelas empresas e, um dia, ser disputado no mercado de trabalho, certo?

Quem disse que tem de ser assim?

Você pode pensar: "oras, é assim".

Tudo bem.

É assim, mas tem de ser assim? É algo muito determinante e duro com aqueles que nunca chegarão a sê-lo, você não acha?

E se um deles for você? E se você não conseguir seguir essa regra que foi imposta pela sociedade? Irá banir-se, mudar de cidade ou de estado?

Mude seu pensamento. Não tem de ser assim. Acontece que pode ser assim. Isso é uma decisão sua.

Se não conseguir é porque o seu subconsciente o evitou que fosse e se você não se tornou o que desejava é porque a sua mente infinita o protege de algo que não possa vivenciar no momento.

Se alguém não consegue o sucesso é porque, muito provavelmente, a ganância ou o orgulho poderiam prejudicá-lo no futuro. Portanto, a Mente Maior evitou que enfrentasse desafios desastrosos ou fosse lançado em algo que não suportaria e cairia em erro ou se prejudicaria em algum sentido.

Lembro-me de um caso que pude acompanhar de perto.

Havia um rapaz que era soldado da aeronáutica. Ele tinha um sonho: ser piloto de avião. Dizia o quanto estava estudando para prestar o concurso da Academia da Força Aérea Brasileira. Planejou todo o seu estudo, criando uma tabela para o seu progresso e delimitando o que deveria estudar dia a dia. Era impressionante ver os detalhes do seu planejamento.

Ele estudou muito aquele ano. De uma coisa me lembro bem: ele tinha dificuldade com a Língua Portuguesa. Não conseguia assimilar algumas regras gramaticais e se confundia muito com isso. Com as demais áreas do conhecimento se dava muito bem. A Matemática, que tantos temiam, para ele era um passeio no parque. Aprendia e praticava com muita facilidade todo o resto, menos a Língua Portuguesa.

Prestou concurso várias vezes e não conseguiu passar devido a sua dificuldade em Língua Portuguesa. Isso o deixou frustrado e decidiu partir para outra área. Como tinha facilidade em Física e Matemática, decidiu graduar-se em Engenharia Aeronáutica. Foi muito bem no concurso e hoje é doutor nessa área, trabalhando com o que mais gosta: aviões, é claro. Está muito feliz com o que escolheu. Em conversa com essa pessoa, após alguns anos, ele me disse que era apaixonado pelo que fazia e foi muito bom não ter conseguido ser piloto, como antes desejou. Confessou que, das vezes em que foi reprovado para ser piloto, ficou extremamente frustrado, mas hoje era imensamente grato a Deus por isso ter ocorrido com ele.

Esse caso mostra claramente que a dificuldade desse rapaz não era a Língua Portuguesa, era o fato de se inscrever para ser piloto da Força Aérea, algo que a Mente Maior identificou como sendo uma dificuldade adaptativa e que a carreira de piloto não seria da forma como imaginava. Ele tinha condições ótimas de seguir a carreira, só que a Mente Superior o deixou fora desse mundo e o colocou em outro paralelo.

Muitas vezes, utilizamos o poder do pensamento para conseguir algum feito, mas as coisas não saem como esperamos. Isso pode ocorrer em duas situações:

O que desejamos não acontece pelo fato da proteção que a mente inconsciente nos proporciona. Ela sabe qual é o caminho da nossa felicidade para que possamos ser úteis de forma integral naquilo que é melhor.

Quando estamos elaborando as frases de efeito que irão mobilizar os recursos do subconsciente, algumas vezes, algo muito sutil nos diz que, de fato, não é aquilo que queremos, pois os nossos sentimentos, que são percebidos no momento em que fazemos as mentalizações, não são verdadeiros e até podemos sentir isso se nos concentrarmos. Daí podemos ter a certeza de que o que estamos tentando conseguir não é o melhor para nós. Seria como se soubéssemos que, lá no fundo, aquilo que desejamos não nos fará bem.

Todas as vezes que elaborar uma frase de efeito para mentalizar, lembre-se de fazê-la de forma que contenha palavras que indicam benefícios, ou seja, que venham a fazer bem a você.

Dessa forma, a mentalização irá funcionar protegendo-o e atraindo aquilo que de fato fará bem a você, evitando que cometa enganos e que acabe prejudicando a si mesmo.

Lembre-se de que as coisas acontecem através dos nossos desejos e dos nossos pensamentos, assim podemos atrair o que é bom e o que é ruim. Podemos atrair tudo, porém nem tudo que o queremos nos convém.

Muitos utilizam o poder do pensamento para atrair dinheiro, grandes somas e viver no luxo. Porém, isso, às vezes, não convém e tem, como resultado, consequências indesejáveis com as quais o indivíduo terá de arcar.

Todos querem dinheiro e fama, mas nem todos estão aptos a lidarem com esse mundo cheio de riquezas e popularidade.

Quando você atrai para si algo que não pertence à sua natureza real, isso pode torná-lo escravo dessa escolha.

Por que isso acontece?

Isso acontece porque você está procurando ser aquilo que não é. Está querendo ser aquilo que admira, mas que, de fato, não possui os atributos necessários para sê-lo.

Um bom exemplo é quando um menino vê a imagem de um jogador de futebol famoso. Essa criança ou adolescente admira imensamente os feitos desse atleta. Fica hipnotizado pelos gols que ele faz, pelos eventos de que participa e, principalmente, fica fascinado pelo dinheiro que tem. Esse jovem admirador deseja a fama, a fortuna e uma vida igual a do jogador, tanto que procura se parecer fisicamente com o atleta usando as mesmas roupas, corte de cabelo e acessórios. No entanto, aquele mundo é, só e unicamente, daquele jogador de futebol. Nem mesmo outro jogador tem uma vida profissional ou particular igual a desse atleta, que tem uma vida única.

O jovem admirador quando quer ser igual, quando quer se parecer com o jogador vive no mundo irreal. Ele adota uma imagem que não é a sua real imagem.

Daí vem a expressão: "espelhar-se nos outros".

Não é errado fazer uso de vestimenta ou corte de cabelo semelhante a de seu ídolo, desde que se tenha consciência de se tratar de uma homenagem. No entanto, é importante ter em mente que você não é ele a fim de não cometer alguns equívocos.

Por vezes, querer excessivamente se parecer ou ainda iludir-se em ser o outro pode ser uma atitude imatura, tal qual a criança que se veste e fantasia, mentalmente, ser um super-herói.

É necessário tomar muito cuidado com isso. Nem sempre pode ser adequado, oportuno ou correto copiarmos e desejarmos estar no lugar do outro, psicologicamente falando.

Primeiro, porque podemos acabar frustrados ou feridos por não conseguirmos ter os mesmos talentos.

Segundo, porque podemos perder tempo em imitarmos aquilo que não somos, não descobrimos o que nós somos.

A imagem real é o que você vê e sente quando fala de si mesmo para os outros e para si. Bem poucas pessoas fazem isso. Muitos, para fugirem da realidade, vivem uma imagem irreal.

Quando você fala de si, reclama e lamenta as faltas de oportunidades ou se reconhece diante das suas realizações?

Se você fala mal de si é porque ainda não percebeu a sua imagem real. Não está sintonizado consigo mesmo. Isso prova o tão pouco que se conhece, apesar de achar que se conhece. Isso ocorre porque quer ser outra pessoa e não você mesmo. Não está identificado com a sua imagem real e não quer aceitar o que de fato é. Não quer ver as coisas que conseguiu. Quer pensar que ainda irá conseguir outros feitos, assim como aqueles a quem admira. Quer ser como eles e não quer ser ele mesmo.

Leonardo Boff, escritor brasileiro, em seu livro *A águia e a galinha*, conta-nos a história de uma águia que havia caído do ninho e foi resgatada por um homem. Posteriormente, foi colocada em um galinheiro para viver como galinha. Ali ficou até crescer, vivendo como galinha. Em seu âmago ela sabia que era algo mais, pois percebia-se diferente. Um dia ouviu o chamado de outra águia e acordou para a sua realidade, para sua natureza instintiva. Acordou para sua imagem real. Alçou voo e tornou-se a águia que sempre foi. Viver no meio das galinhas não destruiu a sua imagem real, não deteriorou a força interior que sempre teve. Aquele período no galinheiro foi necessário para sua sobrevivência, crescimento e para adquirir forças, mas não a inibiu de alçar voos de longas distâncias quando se reconheceu como águia.

Desse conto podemos tirar uma grande lição: a de não culparmos nossos pais ou nossa família por aquilo que não conseguimos nos tornar. Quando temos talento, potencial, capacidade e nos conhecemos, no momento certo, despertamos e nos tornarmos "águias".

Se você está tentando ser uma galinha, mas, na verdade, é uma águia, precisa ficar atento para o chamado que despertará sua verdadeira imagem. Dessa maneira, conseguirá viver, de fato, de forma integral e feliz dentro dos propósitos mais íntimos do seu ser.

O seu grande propósito na vida é viver a imagem real de você mesmo.

Enquanto viver a vida dos outros, querendo ser como os outros, querendo estar no lugar dos outros, tendo posse dos pertences dos outros, estará vivendo como galinha mesmo sendo águia.

A grande busca, que deve empreender o seu ser, é a descoberta de quem você é e não de quem quer imitar.

Eles são eles e você é você. Entenda isso e muitas coisas irão clarear na sua vida. Deixe de querer ser quem não é.

O primeiro passo para descobrir-se de verdade é aceitar quem você é. Se é bom, se é mal, se é estudioso ou preguiçoso, se é esforçado ou desinteressado, se é aplicado ou displicente, não importa.

Primeiro aceite quem você é, para então compreender o que se tornou e, por fim, descobrir o que pode ser. A fim de ter uma vida melhor, mais plena e feliz.

Se você aceitar quem é, irá entender quem se tornou, pois tudo foi atraído por você, mas este "você" de quem estou falando não é aquele que você imita, mas aquele que é de fato.

A ilusão de querer viver ou representar outro personagem que não você mesmo leva à distorção da imagem real. Por mais que se queira ser alguém diferente de quem você é, os pensamentos acompanham a sua individualidade, o seu ser, não podendo nunca ser igual ao que o outro é.

É a nossa imagem real que germina e transparece os nossos pensamentos mais verdadeiros, atraindo para nós o que nos fará bem. Muitas vezes, as pessoas insistem em não dar atenção ao que lhe fará bem e procuram o que, justamente, nada tem a ver com a sua imagem real. Forçam a aproximação de pessoas e de situações que podem desviá-las de seu propósito maior na vida que está ligado à sua imagem real.

Dessa forma, desviam-se da rota principal e ficam à deriva, devido aos seus pensamentos ilusórios e flutuantes. Ficam reféns dos desejos sem propósitos e imersos em uma vida cheia de futilidades.

Encarar-se pode não ser algo fácil. Muitas vezes, é até doloroso para alguns. Algumas sessões de psicoterapia podem ajudar nesse sentido. Isso o tornará mais apto a explorar o seu potencial, se souber quem é de verdade.

E quando se descobrir perceberá qual era a direção que estava adotando e os possíveis caminhos pelos quais iria levá-lo.

Aceitando-se, poderá corrigir a rota equivocada dos seus desejos, podendo redirecioná-los para novos caminhos, mais prósperos e cheios de vida. Basta querer e aceitar-se como é.

Muitas vezes, aceitar-se como é implica perceber o mundo a sua volta e entender a maneira como você interage com esse mundo. Já tive a oportunidade de verificar o quanto algumas pessoas se desviam do seu comportamento original e fantasiam numa vida virtual, atuando de forma a não serem quem são na realidade. Elas se mantém firmes, por muito tempo, nessa posição equivocada, querendo que o mundo as aceite e se frustrando quando isso não ocorre.

Não vamos conseguir ser melhores do que somos se vivermos de ilusão.

A melhor maneira de não se frustrar é conhecer-se. Conhecer os seus limites e os seus potenciais.

CAPÍTULO 16

O poder do pensamento somado a drogas e álcool

A ciência exata prioriza o materialismo e dá atenção ao que pode ser medido e testado com precisão, principalmente aos fenômenos que podem ser repetidos quando colocados nas mesmas condições de pressão e temperatura.

Porém, quando o assunto é o ser humano, que garantias a ciência tem para afirmar, com cem por cento de certeza, que o que ocorre com ele, em questões emocionais, é explicável com base em algum experimento previamente criado? Ou ainda, será possível medir a resistência humana em uma situação de dificuldade?

É óbvio que não. Isso se dá por conta da complexidade humana ao lidar com algum evento em sua vida, que pode ser influenciada pela personalidade, resistência psicológica, disposição momentânea, capacidade cognitiva de entender a situação, prontidão, disponibilidade, desejos, pretensões etc.

Dessa forma, levando em consideração este pensamento, é possível perceber que ciências específicas, naturais ao ser humano, devem estudar e tratar das pessoas, e que não se pode generalizar quando o ser humano é objeto de estudo. Com isso, pretende-se dizer que a Psicologia, Filosofia, Antropologia, Sociologia etc., devem cuidar dos assuntos naturais aos seres humanos. Estes, por sua vez, não podem ser objeto de estudos específicos da Engenharia, Física, Química, Estatística etc., exclusivamente, sem se levar em consideração os pontos de vista das ciências naturais.

As pessoas são únicas, assim como suas experiências e capacidades. Além disso, cada qual possui características particulares

O que você está pensando?

para diversas realizações, por isso generalizar o comportamento humano, tomando por base um cálculo matemático e estatístico, sem levar em consideração os aspectos subjetivos relativos às ciências naturais aos seres humanos, coloca-o numa posição materialista e fria, muita propensa a enganos.

A falta de valorização do ser humano, por algumas ciências, culminaram na simplificação da vida, transformando-a em números quantificáveis através de estatísticas e probabilidades, desprezando o fato de que a vida exige qualidade para ser vivida. Por isso, classificam as pessoas em quadrantes, não oferecendo a importância devida quanto aos valores do ser humano e da sua essência.

As ciências, principalmente as exatas, não consideram o ser pela sua disposição do *vir a ser*, do *tornar-se*. Elas não enxergam as possibilidades, pois estão presas às probabilidades do presente.

O ser humano é muito mais do que probabilidades. Ele é capaz de atingir possibilidades, e essas possibilidades, surpreendentemente, estão no seu âmago, no seu ser interior, mais puro, e são capazes de superar quaisquer probabilidades matemáticas já calculadas a seu respeito.

Se fosse possível calcular as probabilidades de sucesso da missão de Jesus, Buda, Gandhi, Madre Teresa de Calcutá e muitos outros ícones da nossa história, quais seriam as suas chances?

O que utilizariam como medida?

O empenho? A boa vontade? A perseverança?

E como medir isso?

Talvez as chances de sucesso calculadas fossem bem menores do que de fato ocorreram. E isso se dá porque as ciências exatas como a Matemática, Física, Química Estatística etc. não levam em consideração a vontade, a determinação e a capacidade de superação que existe no humano para poderem calcular o seu real potencial em todos os aspectos da vida.

Lembro-me certa vez de ouvir um comentário de um técnico de futebol, Paulo Autuori de Mello, que quando entrevistado por vários repórteres disse mais ou menos assim: "prefiro, mil vezes, ter em campo um jogador motivado do que um jogador tecnicamente superior, pois a resistência mental e o equilíbrio emocional são fundamentais para manter o jogador no seu melhor estado em campo".

Com isso vemos o quanto é importante perceber e valorizar as individualidades humanas e o potencial que isso pode gerar. Enquanto que muitas ciências e até mesmo a sociedade banaliza e ignora a individualidade quando dita os modismos.

Dessa forma, a sociedade se separa em facções modistas. Cada facção se isola em seus costumes, religiões e gostos, dando menor importância aos que dela não compartilham.

O fato de colocar os seres humanos dentro de "caixas sociais" gera, imediatamente, desigualdade dentro dos iguais.

Essas facções, caixas ou rótulos sociais, desenvolvem condutas necessárias ao desenvolvimento de práticas que colocam o humano numa condição de se obrigar a ser igual ao outro. Comportamentos fora dos padrões do grupo são censurados.

Essa prática se estende a quase tudo na nossa sociedade.

As ciências que deveriam cuidar do humano estão sob forte influência da parametrização das ciências exatas. Não se pode cuidar do ser humano em "baciadas".

Não é prudente colocar quinhentas pessoas com sintomas depressivos em uma sala e pronunciar-lhes palavras de ânimo e de incentivo e garantir que elas serão curadas. Cada pessoa precisará ser ouvida e a cada uma será dado o cuidado necessário, individualmente.

O mundo vive uma industrialização do ser humano e se esqueceu que ele foi feito de forma artesanal, com todas as particularidades ajustadas à sua realidade interior e exterior e que juntas clamam pelo seu desenvolvimento integral.

A sociedade, com suas armadilhas, deforma o comportamento das pessoas, forçando-as a se ajustarem e sobreviverem num mundo altamente competitivo, discriminatório e, muitas vezes, violento, levando a pessoa ao extremo da sua capacidade de tolerância e de ajustamento.

Hoje, vive-se num mundo em que:

- As pessoas confundem o humor com deboche e escárnio;
- A tristeza deve ser hospitalizada e medicada, a fim de ser escondida;
- A obediência aos pais deve ser ignorada e desafiada;
- A submissão é generalizada e utilizada para mascarar a ordem e a organização;
- A prudência tem a sua morte declarada;
- A personalidade se resume em forte ou fraca;
- O desempenho é muito mais importante do que a qualidade;
- A sensualidade está acima do amor verdadeiro e do amor próprio;
- O interesse em dinheiro e em bens materiais está acima da amizade;
- A honestidade é tão rara que virou artigo de colecionador e digna de notícia;
e ainda:
- **O álcool e as drogas se tornaram combustíveis à felicidade**.

A transformação rápida e desajustada da sociedade, aliada aos modismos grupais e perda das referências saudáveis, faz adoecer a multidão que participa de todos esses movimentos.

Surgem, então, as diferenças e com elas a discriminação e a rejeição, deixando para trás um exército de pessoas ignoradas e abandonadas pela sociedade dividida.

Quando isso acontece, quadros de desajustamentos surgem e, com isso, pessoas adoecem emocionalmente.

Os doentes emocionais desenvolvem psicopatologias das mais variadas: síndrome do pânico, depressão, ansiedade e desajustamento comportamental de toda ordem, atraindo para si muita tristeza, angústia e confusão mental.

A busca por solução nem sempre é fácil e rápida.

Então, a pessoa procura entender, esquecer ou se revoltar com a situação que está vivendo.

Dependendo do nível de entendimento da vida que essa pessoa tenha, irá reagir de uma forma ou de outra.

Se ela procurar entender a sua condição de sofrimento, deverá procurar ajuda especializada para auxiliá-la, como um psicólogo ou psiquiatra, mas se ela resolver esquecer o que vive ou resolve revoltar-se contra a vida e contra tudo, ela desencadeia uma reação de pensamentos autodestrutivos e danosos para o seu bem-estar.

Quando a pessoa resolve esquecer ou revoltar-se, parte então para a forma mais degradante, que é o entorpecimento dos sentidos, para justamente não perceber seus sofrimentos e suas dificuldades.

Muitas vezes, a pessoa apresenta uma confusão de ideias e opiniões e não encontra saída nem ajuda.

O meio mais comum e mais antigo de entorpecimento dos sentidos é a bebida alcoólica, que teve sua origem no berço da civilização humana e sofreu muitas modificações até os dias atuais.

Um pouco de história

A História nos relata fatos muito curiosos a respeito da bebida alcoólica, que surgiu nos primórdios da humanidade atravessando séculos, milênios, até chegar aos dias de hoje.

> *O alcoolismo, pelas complicações sobrevindas no plano somático e na esfera psíquica da pessoa e pela profunda repercussão no meio social, figura hoje como um dos mais graves problemas de saúde pública no Brasil. Em nações mais desenvolvidas do mundo ocidental, chega a ocupar o terceiro lugar entre os problemas sanitários mais importantes desses países.*
>
> *A difundida farmacodependência envolve profundamente muitas outras pessoas não alcoólatras comprometidas com a produção, industrialização, transporte, distribuição e comercialização dessas substâncias, que ocasionam graves prejuízos ao indivíduo, ao lar, ao ambiente de trabalho e à sociedade.*
>
> *Trata-se de problema extremamente complexo que, a cada dia, agrava-se mais. Provavelmente, o Pithecantropus Erectus, ou seu ancestral, o Antropoide, já se familiarizara com o sabor*

das bebidas alcoólicas, ingerindo os sucos de frutas maduras, caídas das árvores, fermentados por exposição a fermentos aerotransportados e ao calor solar. O Absinto, por exemplo, foi de uso ocasional pelo Homus Erectus há aproximadamente 250.000 anos; a existência possível de um consumo alimentar ritual nos períodos paleolíticos tardios (30.000 a.C.) e, com certeza, o consumo a partir do período neolítico (8.000 a 10.000 a.C.) [...] o hábito de beber se teria originado não uma única vez, mas várias vezes na História, em diferentes regiões geográficas que chegaram a alcançar maior desenvolvimento agrícola. Os antigos egípcios não demonstravam sentimentos adversos ao abuso do álcool; ao contrário, mostravam simpatia pelo tóxico como fonte de prazer.

Com o hábito difundindo-se cada vez mais, com o passar do tempo, o desagrado começou a se manifestar em amplas camadas da população.

No início, tratava-se de uma atitude discreta, cuja motivação maior era de natureza moral, que foi transformando-se vagarosamente em uma hostilidade aos consumidores. Os gregos consumiam o hidromel, um fermentado proveniente do mel.

Na mitologia grega, um dos filhos de Zeus chamava-se Dionísio, que também era conhecido por Baco, e das festas em sua homenagem, como cerimônias públicas ou rituais campestres de fecundidade, com coros, danças e paradas nasceram a poesia, a comédia e a tragédia grega. O consumo exagerado era condenado. Alcebíades, general e político ateniense, disse que nunca alguém viu Sócrates embriagado. Platão, cinco séculos antes de Cristo, desaconselhava a ingestão do vinho pelos menores de 18 anos, mas admitia seu uso pelos adultos e o consumo exagerado pelos velhos. A despeito do conselho de Platão, médicos experimentados que escreveram os tratados hipocráticos[8], entre o VI e II século a.C., não assinalaram as consequências mais severas da intoxicação crônica das pessoas pelo álcool. A falta de referências

---

8 - Hipócrates, também conhecido como pai da Medicina, nasceu na Ilha Grega de Dodecaneso, em 460 a.C., foi contemporâneo de Platão e Sócrates. Estabeleceu os quatro princípios fundamentais à prática da Medicina na época.

explícitas aos distúrbios viscerais orgânicos nesses tratados pode ser atribuída à duração média de vida do ser humano naquela época, cerca de 40 anos. A cirrose do fígado, as lesões pancreáticas e os cânceres relacionados à ingestão de álcool, geralmente se exteriorizam após decênios de intoxicação crônica, sendo raro ocorrerem em grupos etários mais jovens. Quanto às perturbações psíquicas, esses médicos também não estabeleceram uma relação com os excessos alcoólicos, se bem que Hipócrates já falasse em loucuras alcoólicas.

A Itália conheceu a videira antes dos gregos. Durante vários séculos, o vinho foi uma mercadoria preciosa para eles que, aparentemente, não conheciam, até então, outra bebida fermentada. Até o Século II a.C. Geralmente os romanos bebiam água e os camponeses o suco de uva. O vinho, muito raro, era proibido para as mulheres. Cerca de 200 anos a.C., o aumento do consumo do vinho pela população e a transformação das bacanais em grandes festas populares fizeram com que os impostos sobre as bebidas aumentassem. À medida que Roma se alcoolizava cada vez mais, celebrizando-se pelos grandes festins populares regados a vinho, as bacanais, surgem às críticas aos excessos alcoólicos, responsabilizando o álcool pelas mais diversas consequências até o exagero. Alguns historiadores chegaram a apontar o álcool como um dos responsáveis pela decadência do Império Romano. [...] quanto à expansão da bebida é dada quase que ao mesmo tempo do Cristianismo. Salvien, padre de Marselha, estigmatizava os cristãos que bebiam, comparando-os aos incrédulos. Convém assinalar que os padres bebiam tanto quanto os leigos. O historiador Gregório de Tours registra, no século VI, que o vinho substituía a cerveja como bebida nas tavernas de Paris e salienta as embriaguezes repetidas dos integrantes do clero, inclusive de cinco bispos, bebedores inveterados, chegando até a descrever casos de delírio alcoólico. Entre os séculos VI e IX, vários concílios manifestaram-se contra o abuso do vinho, pois tanto para os clérigos como para os leigos, a bebida provocava doenças perigosas, comprometendo a inteligência e predispondo a prática de maus atos.

! ? ? O que você está pensando?

Em plena Idade Média, século XI, um químico árabe, Albucasis, descobre a técnica de destilação, empregando um instrumento bastante simples: o alambique, e obtém bebidas de teor alcoólico bem mais elevado, contribuindo para agravar profundamente as consequências do uso e abuso dos etílicos.

A rápida divulgação dessa técnica, relativamente simples, permitiu que toda a Europa, sobretudo o Norte, pudesse dispor de destilados com mais graduação alcoólica e a preços mais atraentes, independentemente das condições ecológicas. A Inglaterra, no século XVIII, experimentou as consequências de grande aumento do nível de alcoolização da população [...] os setores mais responsáveis da sociedade, ao se darem conta da extensão e gravidade dos efeitos do fenômeno, fixaram normas restritivas à venda de bebidas alcoólicas. A Suécia, no século XIX, passou pela mesma experiência, com uma população de três milhões de pessoas, consumiram-se 100 milhões de litros de álcool (destilados) em 1830. A alcoolização em outras partes do mundo também sofreu múltiplas influências de ordem cultural, religiosa, ecológica, tecnológica, social e econômica.

Os índios da América Central e da América do Sul já conheciam bebidas alcoólicas, quando aqui chegaram os primeiros espanhóis e portugueses, obtidas da fermentação de diversos sucos de frutas ou de raízes como a mandioca.

No Brasil, os índios já faziam o cauim, bebida à base de mandioca cozida ou de sucos de frutos, como o caju e o milho, mastigados e depois misturados e postos a ferver em vasilhame especial de cerâmica que, posteriormente, enterravam no chão por alguns dias. Com os engenhos, os plantios de cana-de-açúcar surgem, posteriormente, a cachaça que, com o passar do tempo, mudou os hábitos dos colonizadores, passando a consumi-la, em vez dos vinhos vindos da Europa.

Nos Estados Unidos, os radicais no combate ao álcool, conseguiram a aprovação da Lei Volstead (Lei Seca), em 1919, combatendo a intemperança e voltando-se para a abstinência total. Mas após a queda da bolsa em 1929, Franklin Roosevelt, em

1933, pediu ao congresso que abolisse a Lei Volstead e legalizasse a venda de bebidas com o pretexto de aumentar os empregos. E foi atendido[9].

Comprovadamente, a história mostra que a bebida alcoólica não possui utilidade prática na sociedade ou que salve vidas. Ao contrário, pode levar ao conflito, sofrimento e confusão. Destrói relacionamentos e, muitas vezes, põe a perder uma vida inteira através do comportamento deselegante que estimula ou pelas doenças que provoca em algumas pessoas.

Todos sabem que é uma droga lícita aos maiores de dezoito anos, o que não quer dizer que não faz mal algum ou deva ser incentivada.

Na Antiguidade, e hoje em algumas culturas, a bebida e outras drogas são utilizadas em rituais religiosos para estimular a alteração dos estados de consciência para se comunicarem com os deuses ou como ritos de passagem.

No passado, a ausência de conhecimento e a pouca evolução da ciência não permitiam a associação da bebida alcoólica com o desequilíbrio emocional físico, psicológico e ao comprometimento agravado da saúde em alguns casos. Hoje, comprovadamente, a ciência nos assegura essa associação e sabemos que, apesar dos anos terem se passado, a bebida alcoólica não perdeu esse poder de alterar o estado de consciência e da percepção.

Ela se encontra disfarçada socialmente como algo comum e aceito.

Está presente nos casamentos, festas de aniversário, encontros com os amigos e outros eventos. A bebida tornou-se recreativa. Não possui outra função.

As propagandas e os costumes sociais contribuem ao estímulo da ingestão do álcool abertamente.

Algo estimulado socialmente, com o disfarce de divertir-se, pode se transformar em um vício que, quando não satisfeito em

---
9 - Fortes & Cardo, 1991.

ocasiões sociais, abriga os seus dependentes nos lares de forma velada, muitas vezes sem o conhecimento da família e dos amigos.

Muitas pessoas que fazem ingestão de álcool e uso de drogas afirmam que sabem fazer uso delas sem se viciarem e acreditam muito nisso.

O que essas pessoas não sabem é que existe um fator muito importante, e que precisa ser conhecido mais do que tudo, que é o fator chamado "tolerância".

A tolerância é um fenômeno que ocorre em quem faz uso de álcool ou drogas. A pessoa cria uma tolerância à substância, ou seja, durante todo o tempo que usou bebidas alcoólicas ou drogas, o seu corpo se acostumou e, para ter as mesmas sensações de antes, o consumo precisa ser maior a cada vez, a fim de que sinta o mesmo efeito de quando começou. A tolerância ocorre pelo fato de existir uma resistência química por parte do organismo e, com isso, doses maiores se fazem necessárias para que sinta efeito.

Outro fator também importante, já mencionado, é que as drogas e o álcool alteram os estados da consciência e da percepção. Com isso, a capacidade de julgamento da pessoa fica rebaixada. Dessa forma, qualquer tentativa de controle pode ser difícil. Com o passar do tempo, a pessoa se deixa levar cada vez mais pelo vício por, justamente, não ter a noção clara do que está fazendo a si mesma.

O pensamento, o aspecto principal deste livro, remete-nos a mencionar que o dependente tem, em seu pensamento, uma frenética preocupação com a abstinência, que é justamente o momento em que ele fica sem a sensação das drogas ou do álcool. Esse momento, para ele, é um transtorno e uma preocupação torturante, pois, normalmente, não quer mais ficar sem os seus efeitos.

Quando a "tolerância" acontece, o dependente dá início a pensamentos frenéticos de busca por mais drogas ou álcool. Isso vira uma bola de neve.

Geralmente é muito difícil o consumidor de bebidas alcoólicas ou de drogas assumir que tem um problema. Assumir que é doente e que precisa de ajuda. Normalmente, ele não admite essa condição, essa possibilidade. Em seu pensamento, começa a disparar o desejo de encontrar algo mais forte para se entorpecer, pois sob o efeito de drogas ou de álcool alivia o sentimento de culpa e o conflito íntimo, a fim de não assumir sua doença. Também deseja encontrar ou saber de pessoas que, como ele, entorpece-se, talvez, para justificar suas práticas.

Dessa forma, tanto o que já é dependente como o usuário iniciante, começam a atrair situações, pessoas e coisas para si, de forma a atender às suas necessidades. E, a bem da verdade, nunca se sabe o que eles irão atrair.

A história das pessoas que se tornam dependentes, normalmente, não têm um final feliz. É muito importante destacar que, para aqueles que querem de verdade, tem solução.

A contracultura e a liberdade

A contracultura criou um marco na história da humanidade. Movimentou os anos 60 de forma a deixar marcas significativas no Ocidente até hoje.

Esse movimento teve como marco principal o surgimento dos *hippies*, que proclamaram uma abertura nos moldes de vida tradicional e conservadora. Eles queriam se libertar das amarras sociais a fim de viverem uma liberdade individual e poderem manifestar-se de forma diferenciada, quer seja na literatura, na música ou no modo de vida.

Esse movimento ocorreu, a princípio, para encaixar os considerados "diferentes" dentro dos padrões dos considerados "normais". O ajustamento e a dilatação desses padrões alteraram, consideravelmente, os moldes da época de forma que as pessoas discriminadas pudessem se encaixar neles.

Com a abertura ou "relaxamento" desses padrões sociais, a população foi invadida por uma Normose[10] coletiva, perdendo a pró-

---

10 - Normose é um termo que explica como certas atitudes que, através de práticas doentias ou insalubres, tornaram-se usuais, do ponto de vista generalizado da sociedade, devido ao grau de incidência em que elas ocorrem. São aceitas e praticadas de forma silenciada, apesar de fazerem mal.

O que você está pensando?

pria subjetividade e, consequentemente, a perda de si mesmo, pois o materialismo e o consumismo, que eram um dos alvos principais da contracultura, fortaleceram-se mais ainda de lá para cá.

Durante esse movimento, por conta do "relaxamento" das normas sociais, ocorreram consequências gravíssimas, pois a contracultura visava ao relaxamento dos padrões sociais radicais e conservadores, mas a liberdade, sem responsabilidade gerou comportamentos extremamente desajustados, ou seja, os *hippies* tinham um objetivo que era quebrar as regras da sociedade conservadora existente na época. Eles reivindicavam uma liberdade em todos os sentidos. Para exigir tal liberdade, os *hippies* mudaram radicalmente o comportamento a fim de provocarem um choque nos conservadores. Então, usavam roupas, cabelos, linguagem, práticas sociais extremamente diferentes. Para chocarem ainda mais, falavam sobre o amor livre e para representarem o amor livre buscavam a liberdade sexual e, junto com as práticas promíscuas, faziam uso de drogas e álcool. Pregavam paz e amor, mas...

Na liberação do comportamento, a atitude das pessoas também mudou. Elas deixaram de se respeitar. Abusaram do sexo, das drogas e do álcool, criando uma Normose social com relação a tudo isso. Esse movimento de contracultura foi de grande desarmonia, e a prova disso é que ele não sobreviveu. Porém, consequências sérias e graves resultaram dele.

Quando a pessoa quer chocar o mundo exterior acaba por chocar o mundo interior: a sua mente. Elas esquecem que, inconscientemente, têm princípios morais mais fortes e mais equilibrados do que os seus desejos e vontades. São esses princípios que as deixam em conflitos íntimos com suas práticas de liberdade que podem levá-las a sofrimentos emocionais.

A contracultura pregou liberdade extrema, insinuando que não havia nada de errado em abusar da bebida alcoólica, fazer uso de entorpecente, relacionar-se sexualmente com promiscuidade. Mas essas práticas não são de "paz e amor" na vida real, no mundo real.

O uso do álcool traz consequências sérias e graves. O uso de drogas, sejam quais forem, trazem consequências sérias e graves.

O abuso, ou a promiscuidade sexual, traz consequências sérias e graves. E, sem exceção, essas consequências prejudicam a saúde física ou mental ou espiritual.

A contracultura, ou seja, o movimento dos *hippies*, "instalou", na mente das pessoas que culturalmente é normal ver alguém embriagado, que isso é viver em paz. Mas não é.

Esse mesmo movimento pregou, culturalmente, que é normal ver alguém sob o efeito de entorpecentes, que isso é viver em paz. Mas não é.

Os *hippies* ensinaram que o sexo promíscuo era uma forma de amor livre. Mas não é.

Tudo tem consequências.

Viver junto com alguém alcoolizado é uma das coisas mais difíceis. O próprio alcoólatra se envergonha do que faz e de quem é, e no fundo quer mudar sua condição.

Ver alguém sob o efeito das drogas é muito triste, não somente pelas reações emocionais e psíquicas apresentadas, mas também por tudo que ele faz para adquirir o entorpecente.

Observar alguém cuja vida sexual é promíscua é igualmente lamentável, pois sua falta de amor próprio e seus sentimentos de culpa e arrependimento a colocam cada vez mais numa situação decadente. Os laços danosos a que se vê presa são de difíceis solturas. A armadilha da sexualidade livre é tão sutil que os que estão sendo sugados por ela não a percebem. Com o passar do tempo e com as confusões e enrascadas nas quais se meteu, serão tão difíceis de sair que, por fraqueza e despreparo, se entregam definitivamente a elas. Lamentável condição essa. Raros são os casos daqueles que se libertam, tendo em vista o crescimento alucinante de portadores de AIDS.

A geração dos *hippies* passou como normais tais práticas. Foi, principalmente, de lá para cá que o número de viciados em álcool e drogas cresceu e a promiscuidade sexual se expandiu.

Nossa geração está passando adiante os valores que vive hoje para a geração futura, com um agravante: a falta de atenção naquilo que está passando, ou seja, a falta de princípios e valores morais, pois, se assim for, a vida humana passará a ser muito mais desvalorizada, muito mais banalizada.

Não é isso o que queremos para nós nem para os nossos filhos.

Ver pessoas altamente alcoolizadas, não deveria ser normal porque não é saudável. Ver pessoas usando drogas abertamente nas ruas, não deveria ser normal porque não é saudável. Vender abertamente drogas nas ruas, praias, sanitários de *shopping centers*, escolas e universidades, não deveria ser normal porque nada disso é saudável.

Assim como a vida sexual promíscua. Essa também traz consequências e resultados que podem ser físicos, por conta das incontáveis doenças sexualmente transmissíveis e algumas incuráveis ou por resultados psicológicos de desajustamento geral, complicados de serem tratados. A promiscuidade não deveria ser normal, porque não é saudável.

Essas práticas trazem consequências e resultados prejudiciais a todos, inclusive para os que não possuem.

A proibição de certas práticas, como foi a proibição de bebidas alcoólicas, a famosa Lei Seca, nos Estados Unidos, não é correto fazer. Isso não funciona.

É necessária a conscientização, a educação, a volta de princípios e valores para que o ser humano entenda as razões e os motivos de se querer bem, de se amar de verdade. Aquele que se ama é capaz de amar verdadeiramente e não vulgarmente como os *hippies* anunciavam.

As práticas promíscuas do sexo vulgarizado, por exemplo, está infiltrada, e bem mascarada, maquiada de "amor" nos filmes, novelas e seriados, nas propagandas insinuadas. Até mesmo nas "novelas para adolescentes e pré-adolescentes" fica subentendida a ideia de trocas frequentes de parceiros. Aliás, quando se falava a respeito da AIDS, há alguns anos, orientava-se para evitar a troca frequente de parceiros, hoje já não se fala mais nisso. A televisão, principalmente, descobriu um "grande filão" com cenas de sexo, intrigas envolvendo sexo e tudo o mais que se refira a sexo e troca de parceiros.

As pessoas que assistem, ouvem, veem propagandas, conversas e opiniões alheias e não têm uma opinião formada a respeito da promiscuidade sexual e se "deixam levar" podem ser conduzidas por manipulação, por caminhos difíceis.

Uma ideia muito simples ou que possa parecer normal, sobre a promiscuidade sexual, pode ganhar forma e essa forma se transformar em realidade, trazendo arrependimentos, conflitos íntimos e sofrimento.

Aquele que se diz feliz vivendo de forma promíscua assim o é porque não conhece a verdadeira felicidade ou ainda não teve seus sentimentos mais íntimos, os seus princípios manifestos. Não acordou para a realidade.

Além dos fatores emocionais e psicológicos, existem as consequências físicas. Hoje em dia é exibida a troca de parceiros, mas não se fala das possíveis doenças sexualmente transmissíveis que sempre há possibilidade de se adquirir. Cientificamente, não existe cem por cento de segurança nos métodos de proteção para as relações sexuais.

Algumas pessoas, inclusive meios de comunicação, banalizaram as doenças sexualmente transmissíveis como se a AIDS e a Hepatite C tivessem cura. Eles as desprezam através da promiscuidade.

Embora hoje se tenha os retrovirais para os que contraíram o HIV, sejamos realistas, isso ainda não é a cura.

Embora existam os cuidados intensivos e o dificultoso transplante de fígado e as medicações para o resto da vida para quem tem Hepatite C, isso ainda não é a cura.

Então, fora os problemas e as imensas dificuldades físicas, existe a grande problemática psicológica.

A ideia aqui é mostrar o quanto nós precisamos ficar atentos a tudo.

Nossos pensamentos é o que nos faz aceitar certas circunstâncias, atrair situações para a nossa vida, principalmente quando não temos uma opinião formada sobre um assunto que não conhecemos total e profundamente.

O que você está pensando?

Ele é a porta para tudo o que deixamos entrar em nossas vidas.

Quando o assunto é álcool, drogas e sexo promíscuo é necessário muito esclarecimento.

Como já foi dito, as proibições de nada servem. É necessária a conscientização, a educação, e isso precisa ter início em casa.

Os pais devem ser os primeiros a adquirirem conhecimento e postura a respeito do assunto.

Certa vez presenciei uma situação bastante interessante. Estava em um almoço de confraternização de uma empresa com os executivos presentes. Conversa vai, conversa vem... E um dos executivos, com voz trôpega, olhos vidrados e com o copo de uísque na mão, comentou, para quem quisesse ouvir, que ele tinha muito orgulho de seus filhos que não bebiam e não usavam drogas.

Olhando para aquele homem, qualquer um poderia observar o exemplo infeliz que ele estava sendo.

Se os filhos não bebiam e não faziam uso de drogas é porque eram criaturas de boa índole, mas o exemplo paterno poderia vir a ser péssimo. Na primeira dificuldade enfrentada, aqueles filhos, muito provavelmente, poderiam seguir o exemplo do pai, pois foi isso o que aprenderam.

Tem um ditado popular que diz; "faça o que eu mando, mas não faça o que eu faço". Nesse ditado, existe algo de muito improdutivo. Quem o criou queria justificar algo injustificável. Ele, provavelmente, desconhece que as imagens captadas pela mente, produzem o chamado efeito espelho, isto é, as pessoas repetem as ações simplesmente por verem alguém fazer.

Isso é muito comum em crianças que, de tanto verem os pais fazendo alguma coisa, gravam a imagem em seu inconsciente. A grande tendência é de que reproduzam futuramente o que viram. Então, se viram o pai, a mãe ou qualquer outra pessoa fazendo uso de bebidas, cigarros, pronunciando xingamentos, gestos obscenos, uso de roupas com insinuações eróticas ou frases prontas, se se acostumaram a assistir ou viram a reprodução de filmes, programas televisivos com cenas adultas ou de promiscuidade, com certeza, irão imitar.

Por se mostrarem na frente dos filhos fazendo uso de bebidas alcoólicas, cigarros ou de drogas, disponibilizando insinuações de prática sexual inadequada à idade e ao entendimento, esses pais já deram o exemplo. Não importando o que irão dizer a respeito disso tudo para os seus filhos ao longo da vida. O fato já ficou gravado na mente da criança. Quando essa criança chegar à vida adulta irá se lembrar, de forma inconsciente, do exemplo e, muito provavelmente, poderá promover algumas dessas práticas em sua vida.

Desde os primórdios da Psicologia, já é sabido que a mente é capaz de captar e registrar fatos que se arquivam no inconsciente. O filósofo alemão, Gottfried Leibniz (séc. XVIII), foi um dos primeiros a estudar a formação de ideias fora do alcance consciente. Isso significa que a mente é capaz de registrar detalhes de uma cena ou de um acontecimento sem que seja percebido conscientemente pela pessoa que, provavelmente, não sabe tudo o que registrou. Tudo o que vê, ouve, sente, durante a vida inteira, estará guardado em arquivos mentais inconscientes.

Segundo Gottfried, em seus estudos, através das lembranças, algumas pessoas eram capazes de identificar objetos de uma cena. No momento em que elas aconteceram, esses objetos não haviam sido percebidos de forma consciente, mas o foram de forma inconsciente.

Assim, o fato de negar acesso de bebida alcoólica aos filhos não é garantia suficiente de afastá-los da bebida, por exemplo, se os pais ou responsáveis o fizerem de forma exclusivamente verbal. Se aparecerem para os filhos portando, nas mãos, copo ou taça de uma bebida qualquer, ficará registrado no inconsciente deles e, quando menos se espera, essas imagens serão resgatadas e se tornarão conscientes para eles. Daí surgirá a intencionalidade e o livre-arbítrio de fazer uso ou não, diante de determinadas situações e motivos.

Não é difícil ouvir por aí alguns pais dizerem que só bebiam na frente das crianças quando elas eram pequeninas, ainda bebês, e que por não saberem do que se tratava, não as prejudicaria em nada quando crescessem. Mas, esses pais ignoram o fato de que a mente inconsciente já está formada no indivíduo desde a concepção e que essa já é capaz de fazer a captação de imagens, sons, toques, sensações e tudo mais. Mesmo que a pessoa esteja na condição de bebê, o seu inconsciente irá captar tudo.

O fato de o pai ou a mãe beber na frente do filho, mesmo que ele ainda não entenda o que acontece, irá marcá-lo pelo resto da vida. Isso estará registrado no seu inconsciente de forma permanente.

Mesmo que na fase adulta esse filho nunca venha a beber, certamente a bebida alcoólica lhe deixou uma marca incrivelmente negativa. Se ele não bebe, é porque teve raiva da bebida, pois cresceu vendo-a roubar o carinho, a atenção, a presença do pai, por exemplo, que não lhe acompanhou nos estudos, no lazer, não teve paciência e o deixou envergonhado com os colegas. Essa marca irá interferir em sua relação com o pai e com outras pessoas. Nunca se sabe qual o tamanho do estrago psicológico causado.

Ainda no exemplo da bebida alcoólica, se o filho tomar o mesmo caminho, é provável que ele passe a beber mais que o pai.

Não podemos esquecer que, normalmente, os filhos espelham os pais e se os pais não querem que os seus filhos bebam ou fiquem viciados em qualquer droga, não adianta somente dizer a eles que essas coisas fazem mal, sendo os pais usuários delas e mostrando aos filhos que é dependente. Eles aprenderão e farão a própria oportunidade caso decidirem.

O mais importante a ressaltar é o fato de a humanidade estar infestada de pensamentos que estão afetando as pessoas, de forma coletiva, com práticas sem princípios e sem valores morais através do pensamento e, consequentemente, atraindo situações e pessoas para isso, aumentando, de forma epidêmica, o uso de substâncias psicoativas e inebriantes ou práticas promíscuas.

O alcoolismo causa irritação, depressão, comportamentos violentos e, às vezes, pode causar delírios[11] e alucinações[12]. E quando a

---

11 - Delírio – é uma perturbação mental, a qual a pessoa pode delirar em torno de temas como: ciúme, achar que está sendo seguida ou ter delírios de grandeza. Pode ocorrer em casos de síndrome de abstinência alcoólica. Os delírios estão relacionados ao pensamento.

12 - Alucinação – é a sensação de ver ou sentir objeto ou pessoa inexistente, sem o auxílio do órgão sensorial correspondente. As alucinações estão relacionadas às sensações de visão, audição, tato, paladar e olfato.

pessoa faz uso intenso e contínuo do álcool, pode entrar em estados adaptativos e produzir tolerância a ponto de exigir doses maiores e mais intensas, provocando estados exagerados do vício, proporcionando anulação da vida do indivíduo, no intento de manter o vício. O mesmo se dá com as drogas.

Depois das doenças cardíacas e do câncer, segue o álcool como um dos maiores problemas causadores de doenças nos Estados Unidos, sendo a cerveja e o vinho os maiores causadores de incidentes amnésticos[13] e de acidentes de automóvel causados por eles. Ao contrário do padrão de drogas ilícitas, quanto mais alto o nível educacional, mais provável é o uso de álcool. Cerca de 70% daqueles com diplomas universitários bebem álcool, em comparação a apenas 40% das pessoas com formação abaixo do ensino médio. Os pesquisadores identificaram diversos fatores relacionados à infância de pessoas com transtornos relacionados ao álcool e em crianças que têm risco elevado de desenvolver condição desse tipo porque um dos seus pais ou ambos são afetados. Alguns ambientes sociais levam ao consumo excessivo de álcool. Dormitórios universitários e bases militares são exemplos comuns. Nesses cenários, o consumo frequente e excessivo costuma ser completamente normal e socialmente esperado[14].

Como resultado das atividades moleculares, o álcool funciona como depressivo, assim como os barbitúricos e benzodiazepínicos, com os quais têm tolerância e dependência cruzada. Em nível de 0,05% de álcool no sangue, o raciocínio, o julgamento e a censura são afrouxados e, às vezes, perturbados[15].

Dessa forma, através da história do álcool na sociedade, pode-se ver o estrago e as perturbações de ordem mental e física que as pessoas sofrem. Não somente os usuários são afetados, mas também a família.

Pode-se ver também que em muitos lugares e ocasiões, devido aos costumes e a cultura local, a bebida faz parte da forma como as

---

13 - Amnéstico – que ocasiona perda de memória.
14 - Sadock & Sadock, 2007.
15 - Idem.

pessoas se divertem, servindo de acessório ao processo de integração social e estimulante ou, ainda, relaxante social para poder interagir com os outros de uma forma que possa ser aceito. Pode ser difícil de acreditar, mas tem muitas pessoas que bebem socialmente para causarem uma boa impressão e para não chocarem aqueles que lhes oferecem bebida alcoólica ao dizerem: "obrigado, eu não bebo".

A bebida, quando afeta as funções mentais, seja por meio das substâncias químicas que possui ou pelo modo como a pessoa se sente psicologicamente ao fazer uso dela, deixa o indivíduo confuso no processo de formação dos pensamentos, e essa é a parte principal do nosso assunto.

Alguns historiadores levantaram a hipótese de que a queda do Império Romano se deu, em parte, por motivo associado ao uso excessivo do álcool. Pode-se perceber aí que não foi só o estado de confusão mental que incitou a queda do Império, mas também a questão mental subjetiva, ou seja, os acionamentos inconscientes, em forma de pensamento, que as pessoas faziam em estado de embriaguez.

O sujeito, sob o efeito de bebida alcoólica, passa a ter pensamentos e desejos de ordem anormal em comparação com o seu estado de sobriedade. Por conta disso, começa a apresentar delírios de que algo está acontecendo ao seu redor e de que ele precisa fazer alguma coisa. Acha que as pessoas não gostam dele, olha em volta e se vê sozinho e pensa que os outros o estão ignorando. Alguns fazem palhaçadas para animarem as pessoas que o rodeiam, a fim de, simplesmente, chamarem a atenção para si e afastarem a solidão que experimentam ao estarem sós com seus pensamentos. Outros acreditam que o casamento vai mal e iniciam um processo de "busca da felicidade" por um parceiro ou parceira que lhes seja ideal. Existem os que passam a pensar sobre os seus empregos, que já não aguentam mais o que fazem e que os seus chefes não os respeitam como gostariam e que nunca o irão promover porque não reconhecem o que fazem em benefício da empresa. Quando a família está reunida, acham-se de menor importância, menosprezados e menos acolhidos. Ainda na família, alguns em estado alcoolizado exibem suas conquistas e mostram poderio financeiro para humilharem os outros que não conseguiram tanto.

Quando a pessoa começa a ter ideias oriundas de pensamentos, sugeridos ou não, que a inclina para o álcool, drogas ou sexo promíscuo é porque está frágil ou insegura consigo mesma. É como se ela precisasse que todos a coloquem em evidência a fim de que se sinta amada.

Com tais práticas, assume uma postura derrotista que pode levar consigo para o resto da vida, caso não mude de pensamento e comportamento. Pensa em inveja, em submissão, impotência diante dos demais, embora não admita. Sente-se mal e inicia um processo de atitude agressiva, distanciando-se dos que podem ajudá-la. Deseja e sonha com riqueza e em alcançar o materialismo para ter prestígio, mas dentro desse caminho que escolheu, para alcançar tais objetivos, é pouquíssimo provável que conquiste algo em sua vida. Quando vê seus sonhos indo por terra, socorre-se, cada vez mais, na prática que iniciou, seja álcool, drogas ou sexo promíscuo. Uma vez que todas estão ligadas entre si, automaticamente, as outras serão atraídas, ou seja, se o indivíduo se acostumou ao álcool e faz uso da bebida por causa de suas frustrações, se diante de novas decepções o álcool não for mais suficiente, por conta da falta de amor próprio, da baixa autoestima, ele pode aderir à prática de sexo promíscuo ou de drogas, pois para ele tanto faz.

Temos o problema do pensamento diante das práticas já citadas. É nesse estado que a pessoa libera terreno fértil para eles, pois a mente inconsciente não entende e nem é de sua natureza interpretar se os pensamentos que a pessoa está tendo, estão ou não sendo influenciados por suas práticas. O que a mente inconsciente faz é atender aos pensamentos feitos pela pessoa, independentemente se ela está sóbria ou embriagada, sob o efeito de droga ou não, sob o efeito da angústia ou do arrependimento pela promiscuidade sexual.

Os pensamentos durante o estado alterado são, na sua maioria, de natureza desequilibrada, comprometendo o comportamento social que fica contaminado para agir de forma inadequada e, muitas vezes, de forma agressiva. Dependendo do grau de embriaguez, por exemplo, pode sofrer alterações no juízo. Normalmente é tomado por pensamentos e sentimentos de irritabilidade, depressão, euforia, podendo chegar ao extremo de cometer crimes e contravenções penais.

Os pensamentos liberados pelo consciente alterado ganham força em terreno fértil na mente inconsciente iniciando sua realização. Devido ao afrouxamento da consciência no campo das inibições e do bom senso de conduta, a pessoa passa a não controlar mais os seus pensamentos de forma plena.

Quando a consciência está sóbria e a pessoa é dona de seus pensamentos, logo perceberá que certos pensamentos não são saudáveis para sua vida mental e física, então, evita-os a fim de preservar-se dos males provenientes. Mas, quando alterada, libera os pensamentos que estão reprimidos no inconsciente, deixando-os livres para se manifestarem e eles ganham terreno para realização porque as defesas da consciência estão afrouxadas pelo seu estado alterado.

Para entender isso, basta termos contato com pessoas embriagadas, por exemplo, para percebermos que o que está calado em seu coração, no momento do efeito do álcool, sai da boca de forma impulsiva.

Quando a pessoa está sóbria, o bom senso e a prudência o inibem por conta de uma proteção do superego[16].

O superego impõe-se na negociação entre o inconsciente e o consciente, estabelecendo parâmetros sociais aprendidos para liberar os desejos do inconsciente que queiram manifestar-se através do consciente. O superego faz o julgamento do bom senso, liberando ou não a manifestação inconsciente. Para aqueles que estão sob o efeito do álcool, por exemplo, ocorre um afrouxamento do superego, fazendo com que algumas manifestações inconscientes saiam e venham para a consciência, a fim de manifestarem-se em forma de palavras ou ações. O afrouxamento é proporcional ao grau da embriaguez da pessoa. Quanto mais embriagada estiver, maior é a liberação dos desejos ocultos no inconsciente.

---

16 - Faz parte do aparelho psíquico, ditado por Freud, como sendo o julgador de nossas ações, o qual impõe uma barreira como consequência do aprendizado na convivência social ao longo da vida. Ele nos orienta de acordo com o que aprendemos e como devemos nos portar em cada situação.

Em alguns casos, algumas pessoas, depois que ficam sóbrias, dão continuidade aos pensamentos que tiveram quando estavam embriagadas, ou seja, elas continuam cultivando e acreditando nos pensamentos produzidos na embriaguez.

Mesmo estando sóbria, a pessoa que tem influência da bebida em sua vida pode considerar que o pensamento que alimentou enquanto embriagada ainda faz sentido em estado de sobriedade. Dessa forma, o pensamento perdura na sobriedade atraindo situações, pessoas e coisas. O mesmo se dá quando o assunto é drogas e práticas promíscuas.

Assim como quando se está assistindo a um filme, a mente não consegue, às vezes e para algumas pessoas, diferenciar se aquilo que vê é verdade ou ficção. É possível constatar esse fato quando se vê pessoas que choram em filmes de alta comoção e se envolvem nas tramas, tomando partido do "mocinho" ou do "bandido" a ponto de apoiarem os seus feitos como se fossem um acontecimento real na vida. O mesmo se dá no momento da embriaguez. A mente inconsciente não difere se o que se está pensando é ou não correto, faz ou não sentido para a pessoa, é ou não real. A pessoa simplesmente acredita que tudo aquilo está acontecendo e que precisa tomar atitudes para resolver a situação.

O que precisa ficar claro é o fato de que precisamos estar muito atentos e termos consciência de que o nosso inconsciente não julga os pedidos que lhe chegam. À medida que eles vão chegando, a mente inconsciente se movimenta a consegui-los para a pessoa que os solicitou, pois configura desejo e intenção de conseguir o que se está pensando. Se a pessoa que estiver pensando estiver drogada, embebedada, ou perturbada mentalmente, o desejo irá prosseguir o seu intento até que se consolide. Obviamente, irá depender da autenticidade do desejo e da sua persistência.

Essa é a razão da importância de saber *o que você está pensando*.

O pensamento do dependente de drogas e álcool

A falta de ajustamento é, sem dúvida, uma das principais causas relacionadas aos casos de envolvimento de pessoas com o álcool e com as drogas ilícitas. O fato de a pessoa não se entender, não se conhecer e, muitas vezes, querer ser outra pessoa é um dos fatores primordiais a serem levados em consideração. Outro tipo de desajustamento é originário das relações que tem com o mundo, a começar pela família, depois escola, trabalho e relações amorosas.

A falta de entendimento de si mesmo, de suas capacidades e limitações, expõe o sujeito a um desajustamento pessoal e social de forma a perturbar suas relações, minando suas bases principais, como a autoestima e o amor próprio. A falta de consideração por si mesmo leva a outros desvios de pensamento e de conduta.

A falta de entendimento sobre si mesmo, sobre qual é sua missão ou papel que exerce ou que deveria exercer neste mundo, torna-o inseguro. Sente-se perdido diante de tantos caminhos que pode seguir. Dúvidas surgem em cima de outras dúvidas. Diante da incerteza e da falta de conhecimento sobre si, faz escolhas que podem levá-lo ao desencontro pessoal.

Se assim for, instala-se o sentimento de frustração que também ajuda a deteriorar a imagem pessoal que tem a seu respeito. Chegando a duvidar de si mesmo e das suas possibilidades de fazer alguma diferença neste mundo. Vive cercado de modismos e sente-se asfixiado por ele, pois não consegue acompanhá-lo.

O modismo não está limitado às vestimentas feitas por estilistas famosos. O modismo dita não só o que a maioria irá vestir, mas também atitudes, pensamentos e comportamentos, em âmbito pessoal e social. As modas sociais são as que mais causam problemas.

A moda do uso de psicotrópicos, da bebedeira, do fumo, das más companhias, da música deselegante cheia de impropérios e sexualidade explícita, da promiscuidade sexual. A moda do penteado, da tatuagem, do corpo perfeito, do palavreado chulo e ininteligível. A moda das descrenças em filosofias que enobrecem o espírito, de maltratar os pais, os filhos e os amigos de escola, universidade etc...

As pessoas vivem num mundo em que fazer as coisas certas virou alvo de críticas, dignas de vaia e de olhar desconfiado por alguns.

Os valores e princípios que foram passados pelos mais velhos viraram conversa de museu e perderam o sentido de existir.

Os bons costumes se tornaram costumes atrasados que não ganham mais espaço de prática na atual sociedade, com algumas exceções.

Os jovens são muito imaturos, talvez porque muitos deles foram criados por pais igualmente imaturos que não sabiam muito bem o que estavam fazendo. Muito do que foi aconselhado a esses jovens não foi ouvido por eles como sendo algo de profunda sabedoria, por isso o desprezaram. Quando chegar a hora, o futuro lhes dirá o quanto perderam em não perceber que aquilo era útil e que um dia foi desprezado.

As crises existenciais são grandes contribuidoras ao acesso às drogas e ao álcool.

Numa crise existencial, que ocorrem em certas fases da vida, a pessoa passa por turbulências de adaptação que a perturbam de muitas formas. Podem, inclusive, deixar a pessoa disposta a se amar menos, a não se valorizar e se dispor a qualquer coisa, como o álcool, as drogas, sensualidade exagerada e práticas sexuais promíscuas. Pode também colocar a sua vida em risco ou, ainda, o seu bem-estar porque ela não se importa com as consequências.

E por que ela não se importa com as consequências?

A resposta é: porque ela não se ama! Porque em seus pensamentos acha que a vida não tem valor ou que nada de bom vai acontecer com ela. Esquece-se de que tudo o que se faz tem consequências.

No jovem, principalmente, essas crises existenciais são agravadas pelos hormônios, que deixam seus sentimentos à flor da pele. Então, eles acabam dando muita importância e destaque às criticas familiares que recebem, por exemplo. Depois de receberem as críticas, revoltam-se contra tudo e contra todos, achando que ninguém os ama, que ninguém os entende ou que ninguém os quer bem, a não ser o seu "grupo".

Em cada caso e para cada pessoa, os problemas soam de um jeito. O que para um é um problema corriqueiro, do seu dia a dia, para outro parece um problema de vida ou morte. É algo impossível de solucionar e o torna desesperado. Nesses casos, em que as pessoas levam as coisas muito a sério e que tudo para elas são problemas insolúveis, sentem-se muito pressionadas por eles a ponto de não aguentarem mais. Com isso, sentem-se tentadas a dividir a tensão através do uso das drogas e do álcool.

Todos os fatores, citados até aqui, referentes ás dificuldades das pessoas em compreenderem e aceitarem a si mesmas, bem como a sua convivência em família, sociedade e seus relacionamentos amorosos, todos eles são potenciais disparadores de desajustamento pessoal.

Dependendo do grau de evolução da pessoa, esses desajustamentos podem elevar-se a proporções insuportáveis e, consequentemente, ao desespero.

Nesse caminho sem saída, a droga e o álcool estarão lá para acolher pessoas nessas condições, a fim de poder tirar-lhes da realidade e submetê-las ao mundo da ilusão, no qual não existem desafios nem problemas. Embriagadas ou em êxtase químico, ficam suspensas de toda a tensão que os problemas lhe causam. Só não foi dito a elas que esse estado de suspensão só é mais um problema que ela está atraindo para si. Pois a superação ao estado de dependência é um caminho longo, que exige esforço e determinação de quem quer sair dele.

O dependente, no mundo de seus pensamentos, planeja, inconscientemente, alcançar uma droga mais poderosa e que satisfaça o seus desejos. Quando a pessoa começa a pensar em conseguir drogas mais poderosas, ela introjeta em seu subconsciente esse desejo e o subconsciente aciona mecanismos correspondentes que irão atraí-la àqueles que possuem a droga de que precisa e, dessa forma, começa uma brusca mudança em seus pensamentos que, freneticamente, procuram até acharem o que precisam.

No caso de entorpecentes, o fato de seu pensamento atrair pessoas (traficantes), coisas (a droga) ou situações (encontrando aqueles que usam drogas), significa que está direcionado para atender um desejo, mesmo que lhe faça mal. É o livre-arbítrio. Apesar de que a mente inconsciente sempre avisa dos abusos que está cometendo. Os avisos vêm através de uma sensação de mal-estar, arrependimento ou tristeza pelo que se fez. É o contrário de felicidade. O mesmo ocorre no caso de bebida alcoólica.

Quanto mais dependente a pessoa fica, mais os seus pensamentos ficam com a atenção presa ao assunto das "drogas" ou da "bebida alcoólica", e quanto mais se pensa nisso, mais é atraída.

O surgimento da tolerância corporal ajuda a piorar ainda mais as coisas. Nesse sentido, a pessoa cria uma dependência física ainda maior, aumentando também a dependência psicológica, por conta dos pensamentos frenéticos e incessantes. Tudo piora.

Os pensamentos que, antes da dependência, encontravam outros pontos de atração como trabalho, escola, universidade, aprendizado, amizade ou religiosidade hoje estão exclusivamente atentos ao desejo do uso de drogas ou álcool.

À medida que a dependência aumenta, o "espaço mental" dos pensamentos vai se concentrando em achar e consumir cada vez mais drogas ou álcool. Dessa forma, não sobra mais "espaço mental" para as preocupações cotidianas de uma vida normal. A droga e o álcool, além de consumirem a vida corporal de uma pessoa, consomem também a vida psicológica.

Normalmente, não é tão fácil uma pessoa entender seu papel na sociedade, na família e nos demais lugares que frequenta. Entender como deve agir e participar de modo ativo e produtivo, onde quer que esteja. Mesmo assim, e, apesar das dificuldades de relacionamento, é comum ela saber como se comportar, socialmente falando, e, dessa forma, garantir sua aplicação e aproveitamento no meio em que vive, respeitando o espaço dos outros. Mas, quando alguém é dependente de álcool ou drogas, isso não funciona assim. Cientificamente, é comprovado que a pessoa afetada por qualquer efeito químico fica prejudicada na questão do entendimento, cada uma de uma forma, ou seja, com grau diferenciado de prejuízo, e não é possível se saber o tamanho desse prejuízo. Seu cérebro fica prejudicado, seu entendimento também e, quanto mais fizer uso de drogas, mais estará alterado.

O que você está pensando?

O dependente tem seu pensamento atraído para aquilo que consome e, quanto mais dependente for, maior será a parte do tempo que seus pensamentos estarão focados no desejo pelo que usa. Dessa forma, ele concentra o seu potencial em satisfazer o seu prazer na drogadição, desperdiçando grande parte da energia do pensamento. Esse estado torna-se tão frenético que seus pensamentos não cessarão enquanto não cessar o vício e reabilitar seus pensamentos.

É comum ouvirmos diversas opiniões sobre drogas e álcool. Sempre aparecem aqueles que defendem o uso desses entorpecentes, afirmando que não viciam. A verdade é que nunca se sabe quando e quem vai se viciar. Ninguém está no controle do vício. Ninguém pode afirmar que não vai ficar dependente. Mas, com toda certeza, elas alteram o organismo, a mente, os pensamentos.

A Medicina já comprovou em diversas experiências e já fez menção em várias publicações sobre os efeitos das drogas e do álcool no cérebro e como prejudicam as funções cerebrais. Dentre essas funções prejudicadas, está a capacidade de raciocínio e da clareza dos pensamentos, a memória, a aprendizagem, a percepção, a capacidade de concentração e oscilação do humor. A profundidade dos danos psicológicos são impressionantes, além dos malefícios causados àqueles que rodeiam os usuários.

Falando sobre o fato de não saber quem vai ser dependente... Lembro-me do caso de um homem que, devido ao histórico familiar com antecedentes cardiopatas, frequentemente ia ao médico cardiologista a fim de realizar exames de rotina. Sua ideia era cuidar bem de sua saúde. Viver uma vida plena, saudável e feliz. Ele já havia constituído família. Tinha mulher, dois filhos e uma boa profissão. Estabilizado no emprego de uma considerável empresa multinacional, ocupava um cargo executivo. Em uma de suas consultas ao médico, diante da normalidade dos exames laboratoriais apresentados, o cardiologista sugeriu que tomasse uma taça de vinho seco à noite, antes do jantar, pois tal bebida possuía propriedades benéficas à circulação e combateria os radicais livres. O médico não comentou que os mesmos efeitos do vinho podem ser encontrados em outros tipos de alimentos não alcoólicos e sem efeitos de possível dependência. O homem, que bebia somente em raras ocasiões, seguiu o conselho do cardiologista e passou a ingerir, diariamente, uma taça de vinho seco antes do jantar. A esposa não apreciou muito o novo hábito, mas... se foi o médico quem indicou, não iria contestar.

Com o tempo, a quantidade de vinho consumido passou a aumentar.

A esposa, que relutou no começo, acostumou-se ao paladar da bebida indicada pelo médico, como algo que faria bem à saúde. Mesmo assim, começou a ficar saturada por ter o marido com hálito horrível de álcool todas as noites ao dormir.

Para o homem, logo vieram os indícios de mudanças de hábitos, humor e de pensamentos. Não tinha mais tempo para ficar com a esposa em casa. Não encontrava tempo para ficar com os filhos nem paciência com os meninos, que estavam em idade que necessitavam muito da atenção paterna. Não cuidava da casa e começou a ter pensamentos de que sua vida precisava de uma mudança.

No serviço, seu comportamento mudou. Passou a ser autoritário. Achava que só ele tinha razão. Queria mandar e ser obedecido. Oferecia opiniões inadequadas aos seus chefes, entre outras coisas. Foi demitido e arrumou outro emprego.

O vinho não era mais suficiente. Começou a ingerir outros tipos de bebidas. Depois de dois anos daquela consulta, estava bebendo vinho, cerveja, vodka, uísque, pinga, conhaque etc.

Já não tinha a agilidade mental de antes. Não possuía o bom ânimo e não enfrentava os problemas corriqueiros como antes. Só reclamava que a vida estava uma droga e que não parava em emprego algum. Passou a reclamar da esposa e dos filhos que lhe davam despesa e trabalho. Não queria estudar nem se aperfeiçoar na profissão, pois não acreditava que isso iria ajudar em alguma coisa. Começou a beber no horário de trabalho e a partir daí só piorou.

Para quem só bebia raramente, em dois anos esse homem se afundou e levou consigo, nesse sofrimento, a esposa e os filhos, que o acompanharam em toda essa trajetória lamentável. E tudo começou com a orientação, equivocada, de um médico. Sua ideia de cuidar bem de sua saúde, viver uma vida plena, saudável e feliz foi jogada fora. Nem as consultas de rotina, que fazia questão, com o médico cardiologista, realizou mais.

Quando assumiu sua condição de dependente, quase não lhe restou nada na vida. Por sorte, sua mulher ficaria ao seu lado, desde que se propusesse a recuperação. Nem sempre isso costuma acontecer.

Precisou de muito tempo, tratamento com médico psiquiatra e psicólogo para restabelecer sua vida em todos os sentidos. Restaram sequelas, é claro.

Contando superficialmente, não é possível relatar a dor daquele momento em que ele maltratou um ente querido. Dor para ele e para o ser amado. Não dá para relatar os momentos de vexames, de arrogância, imprudência, descaso. Restaram muitas marcas. Tudo isso gerou arrependimento profundo e muito a reconstruir, principalmente em relação à família.

Com relação às drogas, é a mesma coisa.

Não é correto dizer que um cigarro de maconha não vicia ou que o uso de qualquer droga não vicia. Nunca se sabe.

Algo que parece inocente pode se tornar um transtorno na vida de alguém.

O pensamento centrado no que é bom e correto é a melhor ferramenta de crescimento pessoal. A bebida e a droga atingem diretamente essa capacidade. Com o pensamento afetado, todo o resto da nossa existência estará comprometido.

CAPÍTULO 17

Pensamentos e melindres

Melindres são classificações sentimentais que estão associadas às pessoas quanto à sensibilidade emocional que possuem, somada à falta de autoconhecimento, maturidade emocional e autoconfiança para entenderem situações que envolvam opiniões e sentimentos adversos.

É comum ouvirmos dizer que tal sujeito está ou é melindroso e que as outras pessoas devem tomar cuidado ao falar com ele, por causa de sua sensibilidade, Se alguém falar com ele de modo desajeitado, ele pode ficar amuado ou ofendido, magoado.

Por exemplo: se um chefe procura por um subordinado e lhe dá uma ordem expressa, pois precisam cumprir metas e exigências necessárias para o bom andamento da empresa, caso o chefe não use de modos delicados e o subordinado for uma pessoa melindrosa, esse subordinado ficará magoado, melindrado, pensando que o chefe poderia usar de modos mais gentis, falar de forma mais macia. Melindrado, esse subordinado pode chegar ao ponto de reclamar do chefe para outro colega de serviço, acusar o chefe de ser desajeitado com as palavras, de ser rude etc.

Quando uma pessoa muda o seu modo de ver as coisas, tudo muda a sua volta.

Se o subordinado entender que seu chefe também tem um chefe, mesmo que esses sejam os clientes e que se ele não cumprir as metas ou as exigências que o mercado exige, por exemplo, todos correm o risco de se ver desempregados, é possível que veja a situação sob outra ótica e não se melindre.

335

? ? ? O que você está pensando?

Muitas pessoas desconhecem as obrigações que giram em torno de um posto de chefia. O fato de alguém estar no comando de uma equipe ou empresa implica tomar decisões práticas, ter atitudes de liderança e de cobrança das tarefas, as quais, muitas vezes, exige energia e rapidez e nem sempre o cuidado com as palavras ou a maciez na entonação da voz é possível em quem está no comando. Dessa forma, para alguns, soa como uma indelicadeza ou agressividade quando, na verdade, é pura obrigação.

Quando entendemos uma situação, mudamos nossa forma de pensar e evitamos os melindres, que sempre são uma forma de sofrimento.

Não é difícil de ser ver por aí as pessoas confundindo as coisas a respeito da chefia e subordinação nas empresas. Elas fazem uma salada de tudo isso e acabam se ferindo emocionalmente. Talvez se entendessem a posição da chefia, na organização, não sofreriam tanto e teriam evitado muitos melindres.

No cotidiano, muitos se deixam afetar por comentários ou críticas de forma pessoal. Consideram que tudo o que acontece é para atingi-los diretamente.

Pessoas com alta sensibilidade vivem exigindo daqueles que a cercam muita atenção. Quando alguém as trata de forma que parece diferenciada, acreditam que foi um ataque direto às suas emoções, uma provocação, quando, na verdade, a forma de tratamento dispensada estava cheia de preocupação por parte do outro.

O melindre faz com que sua vítima se sinta rejeitada, maltratada, desprezada e com falta de acolhimento.

A hipersensibilidade provoca mal-estar, pois quando a pessoa se sente atingida emocionalmente e esse sentimento lhe recai como rejeição, imediatamente ela se considerara, consciente ou inconscientemente, uma sobra da humanidade.

Por causa disso, algumas podem se isolar; outras ficam sempre na defensiva, agridem, choram; outras, ainda, podem fumar, beber ou fazer uso de drogas, procurando nas químicas algo para "afogar" o sentimento de rejeição que acreditam sofrer.

A mágoa e a raiva são os principais sentimentos que uma pessoa, com melindres, armazena em si. Tanto a mágoa quanto a raiva nutrem pensamentos insalubres na mente de quem os tem.

A pessoa começa a planejar suas reações aos sentimentos que experimenta e dispara um plano de ataque ou de defesa para enfrentar esses sentimentos que a atordoam. O perigo está na amplitude desses pensamentos, que podem, muitas vezes, se estender pelo resto da vida. Claro que irá depender do grau de ofensa, mas, para o melindrado, pouca ofensa real é muita ofensa neurótica. Em sua mente, existe uma tendência a não se frustrar, pois pode ter experimentado uma infância e uma juventude sem privações das necessidades ou pode ter vivido tais etapas da vida com grandes privações e quer ser reconhecida, respeitada e não agredida de qualquer forma.

Muitos teóricos da Psicologia afirmam a importância da frustração para crescimento humano, pois, na vida, nem sempre é possível se ter tudo no tempo que se deseja. A vida oferece o que é necessário ao crescimento pessoal e as frustrações só existem quando não se entende por que os seus desejos não são atendidos. Ser bem tratado, elogiado, benquisto é o desejo principal daqueles que se melindram. Quando isso não acontece, eles se frustram.

Quando a pessoa se torna tolerante e compreende a frustração, aprende uma lição importante na vida: em muitas situações as coisas não sairão como ela deseja, e mesmo não tendo coisas que considera necessárias não se importará.

A falta de orientação na infância pode ocasionar um vício na criança de que pode ter tudo o que quiser a qualquer hora que desejar. Às vezes os pais fazem o impossível para dar ao filho uma condição que não condiz com o patamar social que desfrutam, mas dão ao filho uma condição superior e o viciam nessa condição, e se um dia o que ele pedir aos pais estiver fora do alcance deles, pode despertar uma ira, um sentimento de infelicidade e rancor que pode ocasionar um desentendimento entre ele e seus pais, podendo levar à revolta e rebeldia. É o caso de crianças gritarem em mercados ou lojas exigindo algo, desejando forçar os pais a lhes darem o que querem.

Quando se está dispondo aos filhos os recursos infinitos de todas as suas necessidades, está também implantando o vício de se dar bem sempre e de que o egoísmo vale a pena. Dessa forma, a pessoa disciplina o seu comportamento para desempenhar em situações do nível ao qual foi criada e, quando ocorrer de ser contrariada, irá perder as suas referências pessoais e não encontrará saída para sua frustração. Essa pessoa pode sentir que tudo e todos estão contra ela. Sua frustração pode se tornar algo gigantesco e acreditará que nunca conseguirá conquistar o que lhe foi negado. É nesse momento que os pequenos problemas se tornam grandes, por conta dos melindres, que é proveniente da falta de maturidade diante das frustrações.

Quando a família superprotege a criança de todas as experiências por acreditar que algumas delas seriam ruins, a família frustra um aprendizado muito importante, que é o de a criança poder descobrir que a vida nem sempre se desenrolará como ela espera.

Se a criança foi superprotegida, quando adulta, diante de algo inesperado e problemático em sua vida, provavelmente procurará socorro junto à mãe ou ao pai para pedir ajuda ou transferir o seu problema para que eles resolvam, pois não terá maturidade suficiente para enfrentar a situação. Não é difícil de ver pessoas desse tipo. Isso acontece muito com filhos casados e que não conseguem resolver os próprios problemas do cotidiano e recorrem aos pais, em circunstâncias, para que esses os ajudem.

Todo melindre é decorrente de frustração.

Quanto ao melindre, uma situação interessante, na vida diária é a de se frustrar com o posicionamento de algum familiar e se ofender com isso. Vamos dar um exemplo: uma irmã, que aqui vamos chamar de Laura, ama imensamente sua irmã caçula, Joana, e quer sempre ajudá-la e agradar-lhe em tudo. Para isso, Laura arruma as coisas da irmã, limpa seu quarto, organiza suas roupas e acreditar que esteja agradando sempre. Mas, em determinada ocasião, Joana, que está nervosa ou preocupada com assuntos de seu serviço e estudo, reclama para Laura que não encontrou com facilidade seus livros que foram guardados em local errado. Laura não entende que Joana está estressada e preocupada com outras coisas e acha que a irmã deveria falar diferente com ela, menos ríspida.

Laura fica triste, melindra-se, pois tudo o que sempre fez foi para ajudar a irmã, que nunca lhe agradeceu, que não reconheceu seu trabalho e sua dedicação. Em outra ocasião, Joana diz para a irmã que não precisa arrumar seus sapatos, por exemplo, e Laura insiste em organizar a sapateira. Joana se irrita, reclama ou briga. Não quer mais que a outra continue fazendo o que faz. Laura fica triste e deprimida, pensando que a irmã não entende e não reconhece sua dedicação. Não a valoriza como pessoa.

O que Laura precisa entender é que Joana necessita assumir suas responsabilidades e que ela não precisa ajudar sempre nem se dedicar tanto. Nesse caso, observa-se que Laura, na verdade, impõe o que ela quer e acha bom na vida da irmã. Laura precisa aprender que está frustrada. Está melindrada por perder sua imposição na vida de Joana, quando ela reclama.

A principal lição da frustração é aprender a lidar com as perdas, incluindo a perda de um conceito errado que possamos ter a respeito do que acreditávamos ser correto.

Frustrações fazem parte da vida. Se a pessoa não se conhecer, não trabalhar seus pensamentos, apresentará traços de melindres que irão dar lugar à raiva, ao ódio, à tristeza e ao ressentimento. Todos nocivos. E poderão levar a muito sofrimento durante a vida inteira.

Quando não puder ter ou fazer o que se quer, é melhor usar sua inteligência para algo que possa contornar a situação em vez de revoltar-se e gastar suas energias com reclamações ou tristezas inúteis que, com certeza, não trarão conquistas e realizações.

Quando faltar paciência para enfrentar as adversidades da frustração ou os melindres, é melhor procurar ajuda, pois a paciência é uma ferramenta poderosíssima para o ajustamento social e para compreender a si mesmo.

Estar otimista pode ajudar a superar as frustrações que provocam os melindres, pois encaminha os pensamentos para outras possibilidades que não são as do desespero e de impossibilidade infinita.

Estar otimista e ter esperança ajuda muito a conseguir o que de melhor se pode obter daquilo que se deseja. Mantenha o pensamento otimista, pois estará se ajustando e disparando mecanismos de autoajuda inconsciente, que irão, por sua vez, atraí-lo para situações boas e com propósitos nobres.

A humildade é um bom treino para desfazer a parte de orgulho que os melindres provocam. Colocar-se humildemente em situações, quaisquer que sejam, pode ajudar a enxergar os demais e igualmente reconhecer que eles também possuem o seu grau de importância assegurado no mundo. Também ajuda a lembrar que todos nós possuímos um grau de frustração na vida, mas nem por isso precisamos nos ofender ou nos melindrar, pois esses sentimentos nos impedem de realizar grandes feitos ou alcançar novas conquistas.

O mais importante nisso tudo é saber que a frustração não é privilégio na vida de alguns, mas é condição na vida de todos. Ter e perceber as frustrações ajuda a entender que não estamos no controle absoluto das coisas. Temos uma participação nesse controle, mas não é total e sim parcial.

Aquele que se melindra, que se ofende e fica magoado com situações corriqueiras do cotidiano é porque quer estar sempre certo nas coisas que pensa, fala e realiza ou deseja ser reconhecido e tratado com prediletismo. Quando alguém mostra que o que ele pensa, fala e realiza não é correto ou, quando ele não é tratado de forma diferenciada, fica triste e desmotivado.

Para não sofrer por conta do melindre, é preciso organizar os pensamentos a fim de que se esteja sempre aberto para novas considerações, lembrando que nem todas as críticas são negativas. As críticas ou as opiniões alheias podem nos fazer conhecer a vida por outros ângulos. Aceitar a nova visão e determinar se ela é boa ou não para aplicá-la em nossa vida é uma questão de análise.

O mais importante é entender que são os pensamentos positivos e otimistas que governam o nosso humor. Entender os outros faz parte do nosso crescimento. Quando conquistarmos isso, seremos mais tranquilos e viveremos em paz interior.

CAPÍTULO 18

O pensamento e a resiliência

A Psicologia desenvolveu seus conceitos sobre as psicopatologias, que são as classificações dos transtornos e doenças mentais, bem como suas origens, evolução e tratamento.

Nas psicopatologias, o alvo das investigações é o comportamento anormal, é o comportamento que se distingue dos demais considerados normais.

Com isso podemos perceber que a maioria das ciências inicia o seu processo de crescimento e amadurecimento com base no anormal e no diferente.

O mesmo acontece com os jornais e revistas nos quais, geralmente, o destaque da página principal é sempre uma atrocidade, uma aberração social ou um fato criminoso.

Dificilmente vamos ver um jornal que, na primeira página, destaque um benfeitor da humanidade ou que elogie alguém por ter devolvido uma carteira ao seu dono, alguém que encontrou uma criança perdida ou, ainda, o relato de quem salvou uma mulher e seu filho do desabamento de um prédio em chamas, a não ser que alguém tenha morrido no mesmo incidente. Caso contrário, o acontecimento não é digno de notícia.

Seria muito bom e saudável se tivéssemos um jornal ou revista positivos, em termos de notícia, nos quais o foco fossem as notícias de pessoas dignas e que fazem coisas boas, com exemplos de si mesmas para servirem de inspiração para um caminho mais honesto e cheio de superação.

O nosso pensamento está viciado em tragédia, em desastres e no anormal, está infectado com atenção seletiva. As pessoas só vêm o que querem ou o que aprenderam a ver. Na nossa cultura, se não queremos ver tragédias, é necessário desligarmos a televisão. Caso contrário, é provável que sejamos obrigados a ficar de reféns de notícias desse tipo em meio aos assuntos dos telejornais que necessitamos saber ou queremos ver.

Assim é com os pensamentos. Culturalmente, aprendemos a pensar do mesmo jeito que os nossos ancestrais e, dessa forma, passamos a cultura adiante.

Se ficarmos atentos aos desastres, informações do que é ruim e danoso, assaltos, agressões de toda ordem, podemos, através da atenção seletiva, focarmo-nos em cenas como alvo daquilo que nos acostumamos a ver. Não podemos esquecer que os pensamentos são energias e vagam pelo campo onde focamos nossa atenção e assim começaremos a atrair situações e pessoas nesse sentido.

Por exemplo: se temos medo de que um crime nos acometa ou que sejamos vítimas de um assalto ou enganados por falsários, essa ideia estará rondando as nossas cabeças em forma de pensamentos. Desse modo, deixaremos de viver o que é bom e saudável por medo, e esse medo pode atrair mais temores de forma inconsciente sem que percebamos isso.

Precisamos mudar a sintonia dos nossos pensamentos se quisermos ser felizes de verdade. A felicidade começa dentro de nós. Ela não vem de fora. É nossa e por isso está em nosso âmago. Essa felicidade só vai se manifestar se entramos em contato com ela. Assim, deixamos que se manifeste em nossos pensamentos, sentimentos e ações a fim de que possamos nos transformar em pessoas melhores.

A orientação de que é interessante alguém se desligar de notícias ruins e de falatórios desagradáveis de qualquer espécie é para, justamente, livrá-lo dos pensamentos que giram em torno de assunto do mesmo nível, que geram pensamentos acelerados e, muitas vezes, inúteis e que lhe fazem mal, como, por exemplo, sentem um mal-estar, um azedume e mau humor que a pessoa não sabe de onde vem nem por que está assim. Com o tempo, pode tornar-se pessimista, hipocondríaca, chata, antissocial, desagradável e inconveniente.

Tudo começa nos pensamentos e termina nas ações ou verbalizações infelizes e inoportunas que prejudicam a si mesmo e aos outros que lhe fazem companhia.

Afastar-se das notícias ruins não significa ficar desinformado, viver longe de TV, rádio, internet ou desligar-se do mundo. É importante ir atrás das informações que são proveitosas, que procure saber o que lhe interessa.

A atitude de receber passivamente as notícias mexe com as emoções e sentimentos de muitos.

As pessoas devem ficar atentas a tudo o que mexe com os sentimentos, pois eles alteram os pensamentos, a capacidade de tomar decisões e de calcular riscos, como por exemplo o medo, ele ajuda as pessoas a calcularem os riscos que correm em tudo o que fazem, quer seja na vida pessoal ou profissional. Se alguém não tem medo, é preocupante, pois não saberá calcular os riscos que o envolvem. Provavelmente, os seus sentimentos estarão alterados em relação ao medo que o ajudaria.

É muito comum a pessoa estar tomada por uma confusão de sentimentos e não conseguir tomar decisões por conta disso, pois os seus pensamentos não se focam e ela não consegue reunir ideias suficientes para encontrar uma saída. Esse é o exemplo mais clássico em que as emoções e sentimentos sequestram a capacidade de tomada de decisões.

Os sentimentos e as emoções são atributos superiores das faculdades humanas; portanto, se ficarmos submetendo e impressionando a nossa mente com assuntos, imagens e acontecimentos degradantes de forma desnecessária, estaremos alterando os nossos sentimentos e emoções, transformando-os em uma montanha russa, em um sobe e desce que pode terminar em uma confusão emocional e que, consequentemente, acaba desencadeando uma série de pensamentos degradantes por parte dessas emoções.

"Brincar" com as emoções requer cuidado, lembrando que a maioria das doenças da mente é proveniente das emoções e sentimentos em estado de desajuste.

Ao ouvirmos uma música calma ou assistirmos a um filme bem tranquilo, a nossa mente está sendo impregnada por algo superior, em termos de pureza dos sentimentos, porque os sentimentos que foram cultivados e repassados a nossa mente é de ordem mais elevada. Automaticamente, estaremos enlevados espiritualmente na ordem de pensamentos e isso causará um bem estar em nós e nos sentiremos bem de uma forma geral.

No Sistema Límbico (responsável pelas emoções) o Hipotálamo é um dos principais responsáveis no papel das emoções. Ele possui áreas específicas como a de prazer e desprazer, que podem levar à ansiedade e ao pânico, dependendo dos estímulos que recebe.

É certeza que, se estimularmos o hipotálamo com imagens degradantes, as emoções que produzidas irão influenciar os pensamentos, conduzindo-os nesse sentido.

O cultivo das emoções é primordial para o ser humano, por isso a meditação, a prática e leitura de uma filosofia de vida são fundamentais para tirar o ser humano arraigado nas emoções perdidas do instinto e construir pensamentos superiores com base em emoções salutares.

O aperfeiçoamento do ser humano se dará na forma do pensamento, que é composta pela emoção, e no conteúdo do pensamento que, juntos, irão compor o campo psicosférico responsável pela atração de pessoas, coisas e situações que se assemelham com a polaridade da psicosfera da pessoa que os produz.

O pensamento, bem como as emoções, são fundamentais para a composição desse campo, de forma que dominá-los ainda é uma tarefa que exige disciplina e treinamento.

Os sentimentos irão determinar os motivos de interesse da pessoa, direcionar o pensamento a conseguir os seus objetivos, estabelecendo um campo de influência mental ao redor da pessoa que os emana.

Sendo assim, tendo paz interior, as emoções se elevam e o pensamento fica mais poderoso e claro, aumentando sua eficiência.

Ao mesmo tempo em que as emoções ditam os tipos de pensamento, os pensamentos também irão influenciar os sentimentos da pessoa.

Uma coisa está ligada à outra. À medida que os dois, pensamento e emoção, estejam juntos numa sintonia, eles irão criar uma psicosfera que irá afetar o corpo físico, a mente e o campo de energia que circunda a pessoa, alterando todo o complexo humano, corpo e mente, deixando-os mais harmônicos e pacíficos para atingirem uma potencialidade maior, com ambos atuando conjuntamente.

Isso posto, vamos recorrer a um exemplo comentando algo que, talvez, seja óbvio, mas que aqui se faz importante. Tomemos como exemplo uma criança que cresce de forma saudável na vida do campo e que teve uma vida produtiva e hoje se encontra na fase adulta. Nessa fase, ela reflete um comportamento maduro e estável. Vamos a outro exemplo: uma criança cresce em uma cidade que está em guerra e vê, a todo instante, tristeza e destruição. Além da tensão constante de extermínio, passa fome e medo. Como você acha que a mente dessa criança ficará quando adulta? É muito provável que estará cheia de impressões negativas e terá desenvolvido alguma espécie de transtorno relacionado aos medos que presenciou.

Com esse exemplo, entendemos que a mente reage ao que lhe acontece. Assim, dependendo do grau de entendimento e da maturidade emocional, alguns estarão preparados a lidar com isso e outros não.

Imagens negativas podem causar perturbações na mente e começam a produzir emoções de medo, revolta, insegurança, ansiedade e depressão, dependendo da capacidade da pessoa em lidar com tais imagens.

Cabe lembrar que a mente humana não sabe distinguir ficção da realidade. Tomar conhecimento das notícias, atualizar-se, é bom, necessário e faz bem. Porém, as manias obsessivas de dedicar a ouvir algo agressivo, acompanhar acontecimentos e notícias revoltantes que ressaltem desgraça pode ser bem prejudicial. Assim como assistir a filmes violentos, por exemplo, por mais que saibamos que seja ficção, ele, assim como as notícias, acionam mecanismos cerebrais que irão disparar cargas hormonais violentas e desnecessárias, provocando estresse físico e mental, desgastando as emoções e sentimentos como se o que estamos vendo ou ouvindo estivesse ocorrendo conosco. Então, quando, no decorrer da vida, nós nos depararmos com situações reais que nos deixem nervosos ou preocupados e que deveríamos enfrentar com um nível de estresse mediano, estaremos extremamente esgotados, podendo ficar altamente irritados, ansiosos, termos pensamentos confusos e alterados e até entrarmos em pânico, uma vez que nossa mente já se desgastou, desnecessariamente, com as observações simuladas a que nos proporcionamos.

Com isso, observamos que a educação das emoções é algo muito importante, e, se possível, é recomendável que se inicie cedo na vida. Caso isso não ocorra, é possível que a pessoa enfrente uma vida relativamente afetada por uma ausência de maturidade e equilíbrio emocional.

Quando se está adulto, a carga emocional a que se expõe é alta. Quando adulto e com maturidade emocional inadequada a essa fase, a pessoa apresenta uma tendência de desenvolver transtornos de humor, como Depressão e Ansiedade, por exemplo.

Se a pessoa experimentou a ausência de educação emocional positiva na infância, quando adulta pode educar-se adequadamente. Pode, a partir daí, começar a cuidar do seu lado emocional, evitando passar por emoções negativas desnecessariamente, negando o cultivo de péssimos hábitos que lhe tragam mal-estar e procurando pelo indispensável à boa saúde e equilíbrio emocional.

Dessa forma, trabalhando e educando o emocional, o indivíduo se permite um crescimento pessoal de expressão, aumentando sua capacidade geral, que irá refletir em todo o seu ser.

Resiliência

Em termos gerais, resiliência refere-se à capacidade de superação do indivíduo às situações impostas pela vida, na qual enfrenta suas dificuldades e desafios e acaba por superá-los sem que lhes acarrete problemas quaisquer, principalmente os psicológicos.

O termo resiliência, no Brasil, é relativamente novo e tem origem na Física, Odontologia e Ecologia. Essas ciências usam o termo resiliência para fazerem referência à resistência de materiais quando são colocados sob pressão constante ou em momento de colisão.

No dicionário, o termo resiliência está definido como:

1 - Ato de retorno de mola; elasticidade.
2 - *Ato de recuar (arma de fogo); coice.*
3 - *Poder de recuperação.*
4 - *Trabalho necessário para deformar um corpo até seu limite elástico.*[17]

Nos quatro significados apontados pelo dicionário, a ideia global fica em torno do significado de que é uma capacidade de flexibilização na qual o indivíduo sofre pressões de várias formas e de vários pontos que, no final, até o ponto máximo de capacidade de flexão, esse consegue voltar ao estado original sem perder sua estrutura ou forma.

Em termos práticos, pode-se notar o efeito com um simples elástico, quando, com as suas duas mãos, podemos esticá-lo até sentir que esse oferece uma resistência que apresente a impossibilidade de maior flexão. Nesse ponto, encontramos a medida de carga máxima do elástico. Ao soltá-lo, perceberemos que ele voltou ao estado original de plasticidade, sem perder a sua capacidade de expandir-se novamente na mesma proporção limite.

Essa capacidade do elástico voltar a ser o que era, antes de ter sido esticado, é conhecida como resiliência.

Se por ventura o elástico se romper, significa que ele foi forçado além da sua capacidade de resiliência.

Alguns psicólogos chegaram a sugerir que o termo "invulnerabilidade" fosse usado para explicar a capacidade das pessoas conseguirem enfrentar os desafios da vida e que, ao término desses desafios, saíssem ilesas, restabelecendo a sua integridade psicológica original, como se nada tivesse acontecido a elas. Mas, Resiliência e Invulnerabilidade não são a mesma coisas. A Resiliência é a capacidade de superação pessoal das adversidades e, dependendo dos desafios a que foi submetida, não existe garantia de que a pessoa não saia ferida.

A Resiliência é uma capacidade universal. Quando aplicada às pessoas, diz respeito à superação aos efeitos nocivos contidos nos desafios cotidianos.

---

17 - Michaelis, 1998.

Inconscientemente, as pessoas sabem dessa capacidade de superação. É é por isso que, muitas vezes, alguém chega para outra, que está com dificuldades, e diz a ela que precisa ser forte e que irá superar esse momento.

Todas as pessoas possuem a capacidade de resiliência e todas são dotadas de recursos de superação para que possam sair de situações bem difíceis e complexas. Porém, nem todas conhecem a maneira de explorar esses recursos.

A resiliência, por assim dizer, é uma capacidade própria desenvolvida ao longo da vida, permitindo que a pessoa acumule conhecimentos, experiências e resistência às dificuldades da vida, de forma que se proteja da influência do meio ambiente, quando for conveniente para ela.

Podemos citar, como exemplo, situações em que algumas crianças e jovens foram criados em meio à violência e não se deixaram perturbar. Conseguiram adquirir resistência e superaram as tentações de aderirem ao ambiente dominante em que viveram.

Eles conseguiram vencer as adversidades porque acreditaram em sua capacidade de resiliência e conduziram suas vidas apoiados em princípios de valor, preservando a autoestima. Talvez, ao se tornarem conscientes de que o caminho marginalizado é cheio de armadilhas e de difícil retorno, esses jovens reforçaram sua autoestima, preservando-se e, consequentemente, aumentaram seus recursos de resiliência à situação.

A resiliência não é em si uma atitude, uma ideia ou opinião de uma pessoa sobre si mesma. Não se pode simplesmente pensar e acreditar nela para que exista.

A resiliência é a ponta do *iceberg*, e embaixo dessa ponta estão muitos atributos pessoais que contribuem para a sua formação. Vamos apresentar alguns deles a fim de tornar a sua vida melhor.

Questionando as crenças - Albert Ellis

Albert Ellis foi um psicólogo estadunidense que contribuiu para a psicologia através da TREC (Terapia Racional Emotiva Comportamental). Ele criou o método ABCD.

Através desse método, Ellis menciona o fato de que as pessoas baseiam-se em suas crenças para tomarem atitudes. Afirma que algumas crenças são racionais e outras irracionais.

Segundo ele, as crenças racionais estão ligadas a estados emocionais negativos equilibrados, como tristeza, mágoa, pesar, desprazer, aborrecimentos. E que as crenças irracionais produzem reações emocionais perturbadas, como pânico, depressão, fúria etc.

O modelo ABCD:

A   Adversidade

B   Crenças (Beliefs)

C   Consequências

D   Disputa

Muitas pessoas acreditam que as (A) Adversidades disparam sentimentos de raiva, tristeza ou mágoa. Errado, pois, segundo Ellis, antes de sentir algo, a pessoa submete as (A) Adversidades às (B) crenças para, depois, chegar a (C) Consequências de uma situação com um determinado sentimento.

Isso nos diz que, antes de sentirmos algo diante de uma situação, primeiro nós analisamos o que ocorreu sob o olhar de nossas crenças para depois sentirmos alguma coisa.

E se as crenças às quais submetemos as nossas vivências estiverem equivocadas? Teremos um sentimento distorcido diante do fato.

Se, por exemplo, um amigo discorda das suas opiniões e você se chateia. Nesse momento, você deve perguntar-se por que se chateou. Provavelmente, existe em você uma crença do tipo *"todos devem concordar com o que eu digo, todos devem aprovar o que penso e falo"*. Isso é uma crença equivocada; portanto, você terá um sentimento de contrariedade diante da situação.

O que deve ser feito, nesse exemplo, é você combater a crença equivocada, pensando *"nem todos devem concordar comigo, todos têm direito a uma opinião pessoal e devo respeitar isso"*. A partir do momento que considerar uma opinião diferente, estará combatendo a sua crença, estará (D)-Disputando a crença que está em você por uma mais sensata. Nessa disputa pela crença a adotar, poderá rever o que ela representa e poderá trocá-la por outra. Fazendo isso, provavelmente a raiva irá se amainar ou passar de vez diante de situações como essa.

As opiniões de uma pessoa baseiam-se em suas crenças. Quando não se tem opiniões a respeito de um determinado assunto, suas crenças relacionadas a ele poderão ter uma carga flutuante e indecisa. Lembrando que crenças equivocadas ou flutuantes geram confusão nos sentimentos e nas ideias, além disso contribuem para a distorção dos pensamentos, prejudicando novas opiniões.

Ficar atento ao pensamento é a chave para entendê-lo. Quando eles o estiverem perturbando, dê um comando para que parem. Diga a si mesmo através da autofala (em pensamento): - *Pare!*

Examine os pensamentos para identificar suas crenças. Entre em contato com elas e as combata com a razão crítica para verificar se elas são ou não verdadeiras.

Segundo Seligman, psicólogo estadunidense, para combater os pensamentos em tempo real, na hora em que acontecem, existem três estratégias para desafiar as crenças catastróficas[18]:

1 - **Reunir evidências** - seria como verificar se aquilo em que se acredita é verdade ou é uma distorção cognitiva, ou seja, a pessoa entendeu de forma errada uma ideia e passa a acreditar que aquilo é real e certo, como por exemplo quando uma pessoa acredita que sua namorada não gosta mais dele e que está com ele apenas para passar o tempo. Isso deve ser verificado e reunir evidências, como fala, gestos e outros sinais que confirmem que isso é real. Caso contrário, é uma crença falsa.

---

18 - Seligman, 2011.

2 - **Usar o otimismo** - ser otimista quando colocarem as suas crenças em dúvida é uma ferramenta poderosa e pode ajudar a fazer com que você se coloque fora da cena para enxergar a si mesmo na situação e se veja com mais descontração. Analise, de forma racional, a possibilidade de sua crença estar equivocada ou não.

3 - **Colocar os fatos em perspectiva** - seria como ver a situação sob novo ângulo, usando a criatividade para tentar entender todas as possibilidades que se encaixam numa situação qualquer como, por exemplo, se algum de seus amigos faz aniversário e não convida nem você nem ninguém que você conhece para ir a sua casa ou para sair, pode passar pela sua cabeça muitas coisas, não é mesmo? Mas coloque a imaginação para funcionar e tente entender, sob nova perspectiva, o que poderia ter acontecido como, por exemplo, ele estar sem recursos financeiros para sair ou para dar uma festa de aniversário em sua casa, ou, ainda, ele pode estar doente ou preocupado com alguma coisa que não lhe traga ânimo para sair ou para preparar uma festa. Veja sob outra perspectiva e poderá entender melhor a situação para combater as suas crenças.

Essas técnicas nos ajudarão, com certeza, a ver as situações sob outro ângulo e nos trarão, ao mesmo tempo, um momento para refletir se nossas crenças são verdadeiras ou se são fantasiosas. Com isso, poderemos ponderar os nossos pensamentos melhorando-os muito em qualidade, proporcionando-nos uma vida melhor e mais plena.

Identificando momentos importantes

No caminho para desenvolver a resiliência, está o fato de encontrar os momentos ricos em felicidade e muito importantes para todos, principalmente, na convivência em família. Esses momentos em especial irão dar força a todos, a fim de que continuem a buscar mais realização. Sempre.

Muitos fatos que acontecem em família passam despercebidos. Nesse momento, é importante que as pessoas procurem, no seu dia a dia, por momentos que são importantes para elas e para os outros, a fim de identificá-los e a valorizá-los em ocasião oportuna.

Lembro-me de um senhor, executivo de uma empresa metalúrgica, que me procurou dizendo que, nos últimos tempos, chegava ao trabalho com um sentimento depressivo e com uma expressão de cansado e de derrotado. Ele me contou que, em casa, sentia-se um pai fracassado e que também se via como um marido que mais dava sofrimento para sua esposa do que alegria. Então, nesse insucesso familiar, o homem sofria e não sabia o que fazer. Perguntei a ele se conversava com o seu filho. Ele disse que sim, mas só um pouco, pois chegava tarde da noite e não se sentia animado para isso, o mesmo desânimo ele sentia em relação à esposa. Afirmou que sentia um vazio e que não sabia o que fazer. Perguntei quais eram os momentos alegres dos dois. O homem não soube dizer e não entendeu muito bem o que eu queria saber. Pedi que contasse um pouco da rotina de cada um. Ele mencionou o fato de a mulher gostar muito de mexer com suas plantas e que, nesse momento, ela se transformava. Até chegava a conversar com elas. Indaguei se não seria esse o melhor momento da sua esposa durante o dia e ele afirmou que sim. Disse também que acreditava que esse era o momento mais intenso para ela durante o dia, pois demonstrava estar muito feliz nessa hora.

Partimos para identificar o melhor momento do seu filho durante o dia. Depois de refletir, lembrou que era quando ele ia para a aula de natação, pois o menino adorava nadar.

Tendo identificado o que precisava, só restava a ele participar desses momentos e estar junto, vivendo com eles essas ocasiões especiais. Dessa forma, estaria fazendo parte do momento que eles mais amavam em suas vidas.

Reforcei o fato de ele integrar-se com sua mulher e filho sobre os seus melhores momentos, perguntando a eles sobre o que fazia e como fazia, mesmo no caso de ele não estar presente quando isso ocorresse. Era importante ele saber como sua família se sentia quando fazia o que mais gostava, assim como era importante que eles soubessem sobre o que ele mais gostava de fazer e como se sentia com isso. Ele aprendeu a interagir com o filho, frequentando algumas aulas de natação quando podia e falando a respeito do assunto. Chegou a fazer algumas aulas de natação. Aprendeu a nadar e participou de competições recreativas que ajudaram a estreitar os laços de amor e amizade entre ele e o filho. Esse homem também passou a frequentar o jardim de sua casa no momento em que a esposa cuidava das plantas, interessando-se em conhecer as espécies e a ajudá-la com a jardinagem. Com isso, cultivou um belo jardim no coração de sua mulher. Ao mesmo tempo, o filho e a esposa se propuseram a acompanhá-lo naquilo que ele mais gostava de fazer, que eram caminhadas em parques arvorejados. Todos passaram a apreciar tanto as caminhadas que começaram a praticar trilhas mais longas, mais desafiadoras, munidos de equipamentos especiais junto a grupos orientados por instrutores especializados.

A vida desse homem mudou. Nem foi preciso qualquer esforço seu para que, em seu trabalho, seu ânimo, seu bom humor e sua disposição voltassem.

Ele passou a cultivar uma vida mais saudável em todos os sentidos: mental, verbal, física e espiritualmente falando.

Nesse exemplo, a simplicidade da pequena ação fez toda a diferença na vida daquele homem.

Martin Seligman conta um ocorrido na base militar do exército americano, quando ministrava um curso chamado Programa de Aptidão Abrangente para Soldados. Treinava os soldados, sargentos e oficiais do exército na questão do desenvolvimento da resiliência, quando ouviu um relato de um sargento falando de suas experiências em casa:

> Conversei com meu filho de oito anos na noite passada. Ele me contou sobre um prêmio que tinha ganhado na escola. Normalmente, eu diria algo como "Que legal". Mas usei a habilidade que aprendemos ontem e fiz um monte de perguntas sobre o episódio: Quem estava lá quando ele ganhou o prêmio? Como ele se sentiu ao recebê-lo? Onde ele preten-

dia pendurar o prêmio? No meio da conversa, meu filho me interrompeu e disse: "Pai, esse é mesmo você?" entendi o que ele queria dizer. Essa foi a conversa mais longa que já tivemos e acho que nós dois ficamos surpresos com isso. Foi ótimo.[19]

O relato do sargento foi muito significativo para Seligmam, que até o publicou em seu livro. Da mesma forma que o sargento aproximou-se de seu filho, todas as pessoas podem aproximar-se das pessoas que amam, para compartilharem dos seus momentos importantes e despertar nelas a autoestima e autoconfiança.

Quando vejo uma pessoa reclamando de sua família, reclamando de seu relacionamento que não está indo bem, costumo orientar para que pare e se questione sobre o quanto de si está sendo doado para melhorar a convivência, ou quanto de si está empenhado com amor, carinho e harmonia para melhorar um relacionamento. Reclamações e queixas nunca ajudam na convivência, é preciso algo mais. É preciso compreensão e a atitude de participar.

Uma vida melhor em todos os sentidos começa nos pensamentos, nas boas vibrações e na esperança de viver em alegria e paz, apesar das dificuldades.

Comunicação positiva

A Dra Shelly Gable, psicóloga, professora da Universidade da Califórnia, em Los Angeles (EUA), menciona uma atividade com casais, na qual trabalhou o aspecto da comunicação positiva entre 79 casais que foram pesquisados. No final, Gable pôde verificar que as conversas entre eles estavam mais animadoras, positivas e muito mais voltadas ao bem-estar dos casais com relação às primeiras conversas.

A ferramenta utilizada foi a comunicação positiva de forma a tratar os aspectos:

---

19 - Seligman, 2011.

- Ativo
- Passivo
- Construtivo e
- Destrutivo

Segundo Gable, em um exemplo que cita no seu artigo, menciona que existem quatro modos de se estabelecer uma comunicação positiva:

- **Ativo-construtivo** - dá suporte entusiasmado, mostra-se interessado.
- **Passivo-construtivo** - dá suporte tranquilo e discreto.
- **Ativo-destrutivo** - humilha a pessoa e o evento.
- **Passivo-destrutivo** - ignora a pessoa e o evento.[20]

Veja o caso abaixo como forma de ilustração à comunicação positiva:

Uma advogada chega a sua casa e diz ao seu marido que esteve em uma reunião com a Gerência Sênior na empresa em que trabalha, e que surgiu um caso de grande importância para a empresa e que os diretores confiaram o caso a ela, tornando-a a advogada principal. Ela sentiu-se honrada e reconhecida pelos seus trabalhos.

Segue abaixo a resposta do marido nos quatro estilos de comunicação mencionados:

Resposta 1 – **Ativo-construtivo** (*Uau! Que ótima notícia! Isso significa que o seu trabalho duro está sendo recompensado. O fato de se tornar sócia da companhia não está longe de acontecer. Qual é o caso?*).

Resposta 2 – **Passivo-construtivo** (*Seria a demonstração de um sorriso caloroso com um simples "Que bom, querida!"*).

Resposta 3 – **Ativo-destrutivo** (*Uau! Aposto que o caso vai ser complicado! Você tem certeza de que pode lidar com isso? Esse caso parece que é mais um monte de trabalho. Talvez ninguém mais queira o caso! Você terá que trabalhar ainda mais este mês!*).

Resposta 4 – **Passivo-destrutivo** (*Você não vai acreditar no que aconteceu comigo hoje! O que você quer fazer hoje para o jantar?*)

Nesse experimento, a psicóloga pôde notar que a forma de comunicação **Ativa** e **Construtiva** eram mais benéficas para os ca-

---

20 - Gable, Gonzaga & Strachman, 2006.

sais do que a comunicação **Passiva** e **Destrutiva**, que, por sua vez, eram prejudiciais para eles.

As respostas ativas e construtivas ampliam a importância da pessoa e do evento que acontece. Ela se sente valorizada e o seu bem-estar aumenta com isso.

Ao contrário, com as comunicações destrutivas ou passivas, que em vez de valorizar a pessoa e o evento, despreza e diminui a importância das pessoas na relação dos casais.

Esse método pode e deve ser aplicado aos casais e filhos. Ele irá potencializar o meio de comunicação entre eles, e a partir do momento que tomam ciência do método passam a se vigiar para não utilizarem os meios de comunicação destrutivos e passivos, por saberem dos prejuízos que são provenientes.

As pessoas ampliam as capacidades de diálogo e ao mesmo tempo exploram os momentos felizes das outras pessoas da família, a fim de fazerem crescer a comunicação e o bem-estar no prazer da companhia uns dos outros nas suas interações. É muito positivo!

Quando as pessoas aprendem a comunicação positiva, aprendem também a elogiar, não se satisfazendo mais com o que *"Que Bom!"* ou *"Bom Trabalho!"*. Elas aprendem que precisam falar ou elogiar mencionando o que foi feito e de que forma foi feito. Isso ajudará aquele que está sendo elogiado a entender que o que realizou fez diferença e o elogio não é apenas falatório desprovido de sentimento, é autêntico, e que está realmente sendo observado, porque o outro prestou atenção no que ele fez.

Pratique você também a comunicação positiva!

Considerações finais

O intuito principal de escrever este livro foi o fato de saber que as pessoas podem utilizar sua forma de pensar de modo produtivo, benéfico e sadio. Esse modo possibilita que os leitores consigam entender que o pensamento pode ser manipulado para se conseguir sucesso pessoal na vida e um modo de vida saudável em todos os sentidos.

Alguns aspectos mencionados são fáceis de aprender e outros nem tanto assim. Isso se dá por conta dos vícios e hábitos que cultivamos em nossas mentes ao longo da vida. Quando chegamos à fase adulta, notamos que podem existir lacunas na educação de nossos pensamentos para uma vida mais satisfatória. Porém, isso ainda pode ser corrigido e precisa ser trabalhado desde já a fim de termos uma vida mais plena e feliz o quanto antes.

Podemos perceber que a Ansiedade e a Depressão podem ser trabalhadas na mente de quem passa por esse problema, a fim de melhorar e mudar a sintonia desses pensamentos. Isso ajudará, não só no tratamento desses transtornos de humores, mas também estará exercitando a pessoa para outras atividades de sua mente, como várias conquistas de bem-estar e um viver bem mais amplo e em paz interior. Que é o que todos buscamos.

Este livro mostrou também o que os pensamentos venenosos podem fazer com a mente e exibe uma amostra do resultado desses na sociedade atual. Tais pensamentos venenosos podem acabar com a paz interior e desfigurar a personalidade, deixando-a deformada e sem caráter construtivo. Porém, o mais importante é que esta obra apresenta os meios e antídotos para combater tais venenos mentais.

De forma prática e objetiva tem-se a oportunidade de aprender a colocar ordem nos pensamentos e também de mudá-los de perspectiva em certas circunstâncias. Isso ajudará a perceber situações de armadilhas que podem provocar um desleixo psicológico, mas, acima de tudo, ensina a prevenir isso de uma forma produtiva e construtiva.

O coração pulsante deste trabalho fala, principalmente, da procrastinação, a fim de que não se deixe para depois toda e qualquer melhoria que se pode fazer na vida, a começar dos pensamentos.

Esta obra se encerra no estudo e desenvolvimento dos aspectos da resiliência que, de forma resumida, entende-se a capacidade de superação nas mais diferentes situações. E que, hoje, é uma poderosa ferramenta humana no trato com o mundo.

Podemos desenvolver uma vida muito saudável, psicologicamente falando, se cuidarmos de nós e daqueles que amamos através do entendimento e da prática da resiliência que, a meu ver, é a habilidade humana que garantiu e garantirá a sobrevivência da espécie humana.

Abraços.

Paz e luz a todos.

André Luiz Gomes Coelho
psicologoandrecoelho@uol.com.br

Bibliografia

DSM-IV-TR. Manual diagnóstico e estatístico de transtornos mentais (Texto revisado). *American Psychiatric Association*. 4. ed. revisada. Rio Grande do Sul: Artmed, 2002.

FORTES, J. R. Albuquerque; CARDO, Walter Nelson. *Alcoolismo*: diagnóstico e tratamento. São Paulo: Sarvier, 1991.

GABLE, Shelly L.; GONZAGA, Gian C.; STRACHMAN, Amy. Will You Be There for Me When Things Go Right? Supportive Responses to Positive Event Disclosures. *Journal of Personality and Social Psychology*, V. 91, n. 5, p. 904-917, 2006.

GOODWIN, C. James. *História da psicologia moderna*. São Paulo: Cultrix, 2005.

MAXWELL, John C. *Competências pessoais que as empresas procuram*. São Paulo: Mundo Cristão, 2004.

MICHAELIS. *Moderno Dicionário da Língua Portuguesa*. São Paulo: Melhoramentos, 1998.

PONTES, Marcos. *É possível!* Como transformar seus sonhos em realidade. São Paulo: Chris Mchilliard, 2010.

PROGOFF, Ira. Jung, sincronicidade e destino humano: *a Teoria da Coincidência Significativa de C. G. Jung*. 10. ed. São Paulo: Cultrix, 1973.

SADOCK, Benjamin James; SADOCK, Virginia Alcott. *Compêndio de Psiquiatria*. 9. ed. Porto Alegre: Artmed, 2007.

SELIGMAN, Martin E. P. *Florescer:* uma nova compreensão sobre a natureza da felicidade e do bem-estar. Rio de Janeiro: Objetiva, 2011.

GRÁFICA PAYM
Tel. (11) 4392-3344
paym@terra.com.br